Geschichte und Geschehen

OBERSTUFE

THEMENHEFT

**Geschichts- und Erinnerungskultur:
Nationale Gedenk- und Feiertage
in verschiedenen Ländern
Mythen**

Michael Sauer (Herausgeber)

Michael Epkenhans
Sönke Jaek
Michael Sauer
Andreas von Seggern

Ernst Klett Verlag
Stuttgart · Leipzig

Umschlagbild links: Mahnmal in der Gedenkstätte im ehemaligen Konzentrationslager Theresienstadt; **rechts:** Kolumbusdenkmal in der Altstadt von Havanna, Kuba.

1. Auflage   1 5 4 3 2 1 | 16 15 14 13 12

Alle Drucke dieser Auflage sind unverändert und können im Unterricht nebeneinander verwendet werden. Die letzte Zahl bezeichnet das Jahr des Druckes.

Herausgeber: Prof. Dr. Michael Sauer
Autoren: Prof. Dr. Michael Epkenhans: S. 36–83, 94–131; Sönke Jaek: S. 138–139; Prof. Dr. Michael Sauer: S. 8–35, 142–145, 147; Dr. Andreas von Seggern: S. 84–93

Redaktion: Dr. Gabriele Möhring; Carsten Loth
Herstellung: Kerstin Heisch
Bildassistenz: Katja Schnürpel

Gestaltung: Grafikdesign Petra Michel, Bamberg
Umschlaggestaltung: Grafikdesign Petra Michel, Bamberg
Satz: Kristin Drechsler, Leipzig
Kartografien: Ingenieurbüro für Kartografie J. Zwick, Gießen
Reproduktion: Meyle+Müller GmbH+Co. KG, Pforzheim
Druck: Offizin Andersen Nexö, Leipzig

Printed in Germany
ISBN 978-3-12-430081-2

SEITE

8 Einführung in das Themenheft

Geschichte versteht sich als ein Denkfach, in dem nicht auswendig gelerntes Wissen im Vordergrund steht, sondern das Deuten und Reflektieren von Geschichte. Damit dies gelingen kann, benötigen Sie grundlegende fachspezifische Kompetenzen. Einige davon haben Sie sich bereits angeeignet, in der Oberstufe kommen neue hinzu. Welche das sind, wodurch sie sich auszeichnen und worauf Sie bei deren Anwendung achten sollten, erfahren Sie in diesem Kapitel.

SEITE

14 Geschichts- und Erinnerungskultur

Geschichte ist im Alltag allgegenwärtig und fordert jeden heraus, sich mit ihr auseinanderzusetzen. In welchen Formen uns historische Erinnerung entgegentritt, welche Funktion historische Erinnerung in der Gesellschaft einnimmt und wie man damit umgeht, ist Gegenstand dieses Kapitels. Es liefert gleichzeitig theoretische Grundlagen für die Dekonstruktion und Deutung von Geschichtsdarstellungen in den unterschiedlichen Erscheinungsweisen.

Die Erinnerungs- und Geschichtskultur einer Nation zeigt sich exemplarisch in den von ihr begangenen Gedenk- und Feiertagen. Einige davon sind Inhalt dieses Kapitels. Welche Deutungen von Geschichte mit diesen Tagen verbunden sind, können Sie dekonstruieren und bewerten. Darüber hinaus erhalten Sie Anregungen, eine Form des Gedenkens in der Öffentlichkeit in Eigenverantwortung zu gestalten.

Die Vielfalt von Formen und Formaten, mit der Geschichte den Alltag der Menschen durchzieht, lernen Sie in diesem Kapitel zu analysieren und zu deuten. Daneben stehen Art und Weise der jeweiligen Rezeption von Geschichte im Zentrum der Betrachtungen. Auf dieser Grundlage können Sie unterschiedliche Perspektiven auf die Frage, was für eine Gesellschaft erinnerungswürdig ist und wie Geschichtskultur gepflegt wird, analysieren und deuten.

In der kollektiven Erinnerung von Menschengruppen nehmen seit altersher Mythen einen besonderen Platz ein. Insbesondere nationale Mythen prägen die Geschichtskultur und nehmen Einfluss auf die nationale Identität. Welche Wirkmächtigkeit Mythen dabei entwickeln, können Sie anhand ausgewählter Beispiele analysieren und deuten.

In diesem Abschnitt werden Hilfen für Ihre individuelle Vorbereitung auf die Abiturprüfung bereitgestellt. Von Beginn an können Sie anhand der einzelnen Elemente überprüfen, welche Inhalte und Kompetenzen Sie bereits beherrschen und in welchen Teilbereichen noch Übungsbedarf besteht. So werden Sie sicher ins Abitur geführt.

So arbeiten Sie mit dem Themenheft

In diesem Heft zum Rahmenthema „Krisen, Umbrüche und Revolutionen"
sind die Pflichtthemen „Theorien und Modelle zu Umbruchsituationen" und
„Krise(n) der römischen Republik seit dem 2. Jahrhundert v. Chr." sowie das
Wahlthema „Krise und Umbruch in Osteuropa Ende des 20. Jahrhunderts"
aufbereitet.

Orientierungs-
seiten zu Beginn
eines jeden Kapitels
geben Ihnen einen
Problemaufriss und
schlagen **Leitfragen**
für die Arbeit am
Thema vor.

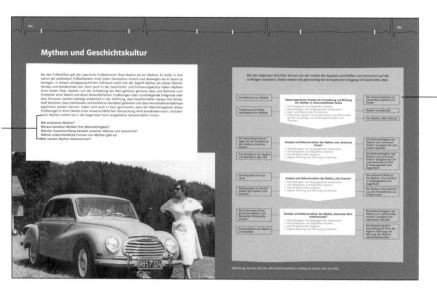

Eine Verlaufsskizze
verdeutlicht die **Kapitel-
struktur,** einen möglicher
Untersuchungsgang durc
das Thema sowie die
Fachkompetenzen, die Si
erwerben und anwenden
können.

Der Darstellungsteil
jedes Unterkapitels
beginnt mit einem
Problemaufriss sowie
Anregungen für die
Arbeit mit den Verfas-
sertexten und Abbildun-
gen. Darin eingebettet
sind Hinweise auf die zu
übenden **Fachkompe-
tenzen.**

**Geschichte-und-Gesche-
hen-Codes** führen Sie zu
zusätzlichen Informati-
onen und Übungen im
Internet. Sie brauchen nu
die Code-Nummern in da
Suchfeld auf www.klett.d
einzugeben.

Der Materialteil beginnt immer mit einer Erläuterung der **inhaltlichen Schwerpunkte** und der **konzeptionellen Überlegungen,** unter denen die Materialien ausgewählt wurden, sowie einer Darlegung des **Lernpotenzials,** das ihnen innewohnt. Es folgen **Untersuchungsaufträge** für die Arbeit mit dem Material.

Historische Quellen sind durch Q (z. B. **Q 3**), **Geschichtsdarstellungen** immer mit D (z. B. **D 2**) gekennzeichnet.

Am Ende des Buches finden Sie den Bereich „Abitur kompakt".

Anhand eines **Überblicks des Abiturwissens,** der **Methoden** sowie der **Operatoren und Anforderungsbereiche** können Sie selbst überprüfen, inwieweit Sie fit fürs Abitur sind.

Wie kompetent Sie hinsichtlich der Arbeit mit Quellen und Materialien sind, können Sie auch mit Hilfe der **Probeklausur** selbst überprüfen.

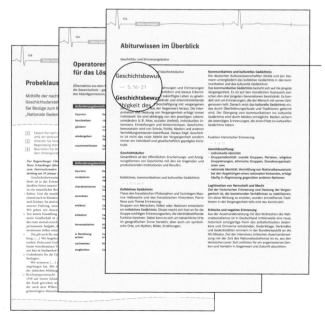

Seitenverweise erleichtern Ihnen einen **schnellen Zugriff auf die Inhalte,** die Sie noch einmal vertiefen möchten.

Geschichte deuten und reflektieren

Geschichte hat Hochkonjunktur. Sie fasziniert – in einem Spielfilm, in einer Fernsehdokumentation oder als kulturelles Event. Sie verkauft sich gut – als Geschichtsmagazin oder als historischer Roman. Sie fungiert als Werbeträger – für Konsumprodukte oder für Reiseziele. Sie dient als Argument – in Gedenkreden oder bei Auseinandersetzungen mit politischen Gegnern. Aber zugleich ist Geschichte etwas schwer Fassbares, denn ihr Gegenstand, die Vergangenheit, ist unwiederbringlich dahin. Wir können ihr nicht direkt begegnen, allenfalls einzelnen Überbleibseln; wir können uns nur in unseren Köpfen ein Bild von ihr machen und uns im Rückblick Urteile über sie bilden. Dafür bedarf es spezifischer Kompetenzen, die Sie in diesem Kapitel kennenlernen.

D 1

Karikatur von Roland Beier, 1990

K. Marx:
„Tut mir leid Jungs!
War halt nur so'ne Idee von mir..."
„Sorry guys!
It was just an idea..."

1

Erläutern Sie, welche historischen Sachverhalte der Karikaturist deutet und zu welchem Sachurteil er gelangt.

Historisch denken und arbeiten

Sie sind es gewohnt, dass in Ihrem Geschichtsunterricht viel mit Quellen gearbeitet wird. Dahinter steht die Absicht, dass Sie wie ein Historiker Ereignisse und Prozesse aus der Vergangenheit anhand überlieferter Zeugnisse untersuchen sollen.

Bei der Arbeit des Historikers geht es jedoch nicht nur um die Analyse einzelner Quellen. Sie sind zwar wichtigste Grundlage und Ausgangspunkt der Arbeit, doch es stellt sich die Frage: Wie kommt man nun vom Quellenstudium zu allgemeinen Darstellungen und Deutungen der Vergangenheit? Oder anders gefragt: Wie „schreibt man Geschichte"? Dafür müssen Sie auf eine bestimmte Art und Weise über Geschichte nachdenken. Wichtige Kompetenzen, die zu diesem Nachdenken gehören, werden im Folgenden erläutert. Mit einzelnen Aspekten davon sind Sie sicherlich auch schon in der Sekundarstufe I in Berührung gekommen. Mithilfe dieses Themenheftes sollen Sie diese Kompetenzen ausdrücklich verstehen können und anwenden lernen.

KOMPETENZTIPP

Zur Arbeit mit Quellen

Wie man mit unterschiedlichen Arten von Quellen arbeitet, haben Sie schon in der Sekundarstufe I gelernt. Die Methoden, die Sie dabei beherrschen und anwenden sollen, finden Sie im Teil „Abitur kompakt" ab S. 126.

In den Grafiken sind die Ausführungen zu einzelnen Kompetenzen noch einmal prägnant zusammengefasst. Sie können als Gedächtnisstütze bei der Arbeit an den Themen dieses Heftes dienen.

Eigene Deutungen/Darstellungen von Vergangenheit vornehmen

In der Sekundarstufe II wird von Ihnen verlangt, dass Sie – meist ausgehend von einer Quelleninterpretation – umfassendere und eigenständige Darstellungen von Geschichte vornehmen. Worauf müssen Sie dabei achten? Zu Beginn einer Darstellung müssen Sie deutlich machen, wovon diese handelt: Mit welchem historischen Ereignis, welcher Situation, welchem Problem beschäftigen Sie sich? Was ist der weitere thematische, zeitliche oder räumliche Zusammenhang? Wie lautet Ihre genaue Fragestellung, die Sie selbst gewählt haben oder die von außen vorgegeben sein kann? Welchen Untersuchungsgang haben Sie gewählt? Dann gilt es zu erklären, wer die historischen Akteure sind, mit denen Sie es zu tun haben, worin ihre Handlungen, deren Ursachen, Motive, Ziele, Mittel und Wirkungen bestehen. Darüber hinausgehend müssen Sie aber auch allgemeinere gesellschaftliche, politische oder wirtschaftliche Rahmenbedingungen in den Blick nehmen.

Ihre Darstellung sollte klar strukturiert sein und einen erkennbaren roten Faden besitzen. Zentral sind präzises historisches Argumentieren und angemessene sprachliche Darstellung. Sie müssen Ihre Aussagen begründen und möglichst anhand von Quellen (mit korrekt nachgewiesenen Zitaten) belegen. Auf widersprüchliche Aussagen in den Quellen müssen Sie hinweisen. Es gilt zu unterscheiden zwischen Begriffen, die aus den Quellen oder aus deren zeitgenössischem Zusammenhang stammen, und Ihren eigenen bzw. den fachwissenschaftlichen Begriffen oder Theorien. Korrekt ausgedrückt werden müssen zeitliche Beziehungen (vorher, nachher, später, während, Jahreszahl…) und Ursache-Folge-Beziehungen (weil, infolgedessen, dadurch, …; aber auch obwohl, dennoch …). Unterscheiden müssen Sie zwischen verschiedenen Graden von Wahrscheinlichkeit (mit Sicherheit, wahrscheinlich, vermutlich, vielleicht …). Sie sollten auch auf mögliche abweichende Sichtweisen und Deutungsalternativen hinweisen (einerseits – andererseits, dagegen ließe sich einwenden, man könnte dies auch so interpretieren …) oder die Möglichkeit eines anderen historischen Verlaufs in den Blick nehmen (wenn … gewesen wäre, dann hätte vielleicht …).

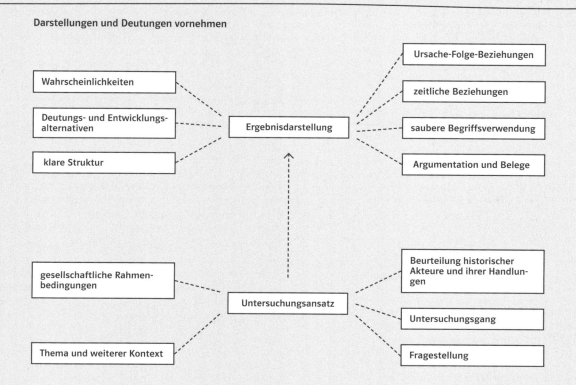

Darstellungen und Deutungen vornehmen

- Wahrscheinlichkeiten
- Deutungs- und Entwicklungsalternativen
- klare Struktur

Ergebnisdarstellung
- Ursache-Folge-Beziehungen
- zeitliche Beziehungen
- saubere Begriffsverwendung
- Argumentation und Belege

- gesellschaftliche Rahmenbedingungen
- Thema und weiterer Kontext

Untersuchungsansatz
- Beurteilung historischer Akteure und ihrer Handlungen
- Untersuchungsgang
- Fragestellung

Sach- und Werturteile formulieren

Wie kann man überhaupt zu Deutungen der Vergangenheit gelangen? Bei der Untersuchung von historischen Sachverhalten lassen sich drei Schritte unterscheiden: Sachanalyse, Sachurteil, Werturteil. An erster Stelle steht die Sachanalyse: Ausgehend von Quellen und ihrer Interpretation kann man einzelne Sachaussagen über historische Ereignisse oder Prozesse machen. Auf der Basis dieser Sachaussagen gelangt man zu einem zusammenfassenden Sachurteil: Man erklärt und deutet den historischen Sachverhalt. Abhängig von der jeweiligen Fragestellung, der Auswahl, Gewichtung und argumentativer Verknüpfung von Sachaussagen kann man zu durchaus unterschiedlichen Sachurteilen über denselben Sachverhalt gelangen. Das Werturteil schließlich bezieht persönliche und gegenwartsbezogene Sichtweisen und Wertungen mit ein, zum Beispiel heutige, weitverbreitete Vorstellungen von Menschenrechten oder Demokratie.

Wenn Sie sich mit historischen Themen befassen, sollten Sie diese drei Schritte so genau wie möglich auseinanderhalten. Besonders wichtig ist die Unterscheidung von Sach- und Werturteil. Beim Werturteil müssen Sie ausdrücklich darüber reflektieren, was die Grundlagen und Maßstäbe Ihrer Beurteilung sind. In vielen historischen Situationen war Gewaltausübung, Grausamkeit, Unterdrückung alltäglich. Aus heutiger Sicht verurteilen wir das. Aber wie dachten eigentlich die Zeitgenossen darüber? Wie verhalten sich unsere Wertmaßstäbe zu ihren? Nur wenn Sie solche Fragen im Blick haben, vermeiden Sie die allzu einfache Besserwisserei eines später Lebenden.

Wie drückt sich der Unterschied zwischen Sach- und Werturteil in Aufgabenformulierungen aus? Aufgaben wie „Erklären" und „Beurteilen" beziehen sich auf Sachurteile, „Erörtern" und „Stellung nehmen" beziehen sich auf Werturteile. Dieses Bewerten vollzieht sich häufig in Form eines Vergleichs zwischen unterschiedlichen Lebens- und Denkweisen in Vergangenheit und Gegenwart.

Mit Dimensionen und Begriffen arbeiten

Wer sich mit der Vergangenheit beschäftigt, kann sein Interesse auf ganz unterschiedliche Bereiche richten – sie werden als Dimensionen bezeichnet: Politik, Wirtschaft, Krieg, Technik, Arbeit, soziale Verhältnisse, Geschlecht, Kultur, Religion, Alltag usw. Es handelt sich dabei gewissermaßen um Scheinwerfer, mit denen Sie in die Vergangenheit hineinleuchten können: Je nachdem, für welche Sie sich entscheiden, bekommen Sie ganz Unterschiedliches in den Blick und gelangen zu verschiedenartigen Einsichten. Es gibt daher nicht die „eine Geschichte", sondern viele verschiedene Teil-Geschichten, die man über die Vergangenheit schreiben kann.

Wenn man selbst die Vergangenheit untersuchen will, muss man also wissen, welche Dimensionen der Geschichte einen besonders interessieren und welche im Hinblick auf eine bestimmte Zeit vielleicht besonders ergiebig sind; und man muss erkennen und nachvollziehen können, was jemand anders in seiner Geschichtsdarstellung in den Mittelpunkt gerückt hat. Auch im Geschichtsunterricht können sehr unterschiedliche Dimensionen im Mittelpunkt der Betrachtung stehen.

In allen Wissenschaften spielen Fachbegriffe eine zentrale Rolle. In der Geschichtswissenschaft unterscheiden wir verschiedene Arten von Begriffen. Am einfachsten sind solche Begriffe, mit denen in der Vergangenheit bestimmte Ereignisse oder Objekte benannt wurden, zum Beispiel Schwertleite oder Manufaktur. Es gibt jedoch auch Begriffe, die über lange Zeit gleich bleiben, während sich die Dinge, die sie bezeichnen, tief greifend verändern können. Weil es diese Begriffe auch noch heute gibt, meinen wir zunächst, sie seien klar definiert und bedeuteten stets dasselbe, zum Beispiel Staat. Um sie historisch angemessen zu verwenden, müssen wir sie aber in ihrem jeweiligen Zusammenhang betrachten. Und schließlich gibt es sehr komplexe Begriffe, mit denen Historiker die Geschichte deuten wollen und hinter denen sich ganze Theorien verbergen: Feudalismus, Imperialismus, Modernisierung. Nur wenn man diese Theorien kennt, kann man die Begriffe angemessen verwenden. Die unterschiedlichen Arten und Reichweiten von Begriffen müssen Sie also im Blick haben, wenn Sie sorgsam mit ihnen umgehen wollen.

Von der Sachanalyse zum Werturteil

Werturteil
Bewertung unter Einbeziehung heutiger Sichtweisen und Maßstäbe

Sachurteil
Erklärung und Deutung im historischen Zusammenhang

Sachanalyse
Erkenntnisse und Sachaussagen über historische Ereignisse und Prozesse

Mit Perspektivität umgehen

Mit Perspektivität umgehen zu können, ist eine zentrale Kompetenz bei der Beschäftigung mit Geschichte. Das gilt zunächst für die Arbeit mit Quellen. Historische Quellen aller Art sind geprägt durch den Standpunkt, den Blickwinkel, die Interessen desjenigen, von dem sie stammen. Kulturelle, religiöse, nationale Zugehörigkeit, soziale Position, Geschlecht, politische oder wirtschaftliche Interessen können dabei eine Rolle spielen. Aber auch die Fragen, die wir heute an die Vergangenheit richten, sind von solchen Standpunkten und Interessen beeinflusst. Wir haben es also mit Perspektivität auf verschiedenen Zeitebenen zu tun, in der Vergangenheit wie in der Gegenwart.

Wie bekommt man bei der Quellenarbeit Perspektivität in den Blick? Sie müssen dafür zum Beispiel wissen, wer der Verfasser eines Quellentextes war, welches Amt, welche Stellung er innehatte, zu welcher sozialen Schicht er gehörte, in welcher Beziehung er zu dem von ihm beschriebenen Vorgang stand, was er darüber aus erster Hand wissen konnte. Solche Informationen können Sie zumeist nicht selbst erheben, sondern erhalten Sie in Ihrem Geschichtsbuch mitgeteilt. Ihre Aufgabe ist es dann zu prüfen, inwieweit sich solche Gesichtspunkte in den Äußerungen des Verfassers niederschlagen. Besonders gut können Sie dies herausfinden und üben, wenn Quellen gezielt multiperspektivisch zusammengestellt sind, wenn also mindestens zwei unterschiedliche Positionen vertreten sind. Wie schätzen zum Beispiel der Besitzer und eine Arbeiterin die Arbeitsbedingungen in einer Textilfabrik um 1900 ein? Multiperspektivität lässt die Unterschiedlichkeit von Aussagen besonders markant zum Vorschein treten und lädt zur gezielten vergleichenden Analyse der zugrunde liegenden Perspektiven ein. Sie finden solche Zusammenstellungen beispielsweise auf S. 24 f. Genauso kann man auch unterschiedliche, anders wertende oder einander widersprechende Urteile von Historikern multiperspektivisch gegeneinanderstellen. Ein Beispiel dafür sind D 2–D 5 auf S. 100 f.

Über dieses Erkennen und Analysieren von Perspektivität hinaus führt die historische Perspektivenübernahme. Es geht darum, die Gedanken, Gefühle, Einstellungen und Handlungen von Menschen in der Vergangenheit nachzuvollziehen, sich auf sie einzulassen, gewissermaßen probehalber die Welt mit ihren Augen zu sehen. Das ist sehr anspruchsvoll, denn man muss dafür die vergangene Zeit, um die es geht, möglichst genau kennen: Was konnten Menschen damals überhaupt wissen oder denken? Was war für sie ganz unvorstellbar? Hätte sich derjenige, mit dem wir uns beschäftigen, überhaupt anders verhalten können, als er es getan hat? Ein weiterer Schritt ist dann, mehrere Perspektiven miteinander zu vergleichen.

Das Übernehmen von Perspektiven kann auch angeregt und trainiert werden durch entsprechende Arbeitsaufträge. Diese können Ihnen helfen, sich in eine historische Situation zu versetzen und dort aus einer bestimmten Perspektive heraus zu denken oder zu handeln. Ein solcher Arbeitsauftrag könnte zum Beispiel folgendermaßen lauten: „Versetzen Sie sich in die Situation eines kleinen Adligen, der 1095 vom Kreuzzugsaufruf des Pastes hört. Ihr Besitz ist nicht groß, Sie kümmern sich selber um alles und kommen gerade zurecht. Sie sind noch nicht lange verheiratet und haben zwei Kinder. Ist es nicht Ihre Pflicht als gläubiger Christ und Ritter, an diesem Zug teilzunehmen? Gott will es – was zählt da alles andere? Sie versuchen Ihre Gedanken zu ordnen, um dann mit Ihrem Geistlichen zu reden." Sinnvoll sind dafür auch oft spezielle Textsortenvorgaben – Brief, Tagebuch, Zeitungsartikel, Rede –, die ganz unterschiedliche Überlegungen und Darstellungsweisen erforderlich machen. In diesem Themenheft finden Sie an vielen Stellen Beispiele dafür.

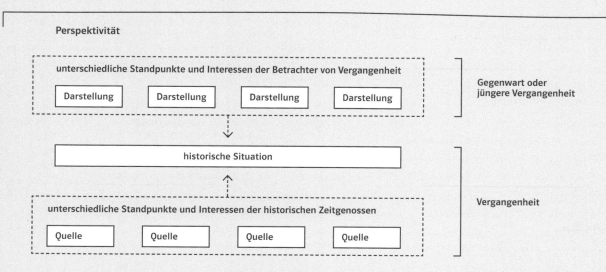

Perspektivität

unterschiedliche Standpunkte und Interessen der Betrachter von Vergangenheit

| Darstellung | Darstellung | Darstellung | Darstellung |

Gegenwart oder jüngere Vergangenheit

historische Situation

unterschiedliche Standpunkte und Interessen der historischen Zeitgenossen

| Quelle | Quelle | Quelle | Quelle |

Vergangenheit

Darstellungen von Vergangenheit analysieren

Bei den bislang beschriebenen Kompetenzen ging es vorwiegend um die Frage, wie man selbst mit der Vergangenheit und den überlieferten Quellen umgeht, um zu einem eigenen Verständnis und Urteil zu gelangen. Im Alltag tritt uns Geschichte allerdings eher in Form fertiger Darstellungen gegenüber, die andere erstellt haben. Das sind nicht etwa nur die Bücher von Historikern, sondern viel häufiger Fernsehdokumentionen oder Spielfilme, Romane oder Zeitschriften, Ausstellungen oder Computerspiele und natürlich auch Verfassertexte in Schulbüchern. In allen diesen Darstellungsformen können vergangene Ereignisse, Situationen und Prozesse unterschiedlich, unter Umständen sogar gegensätzlich gedeutet werden. Das hängt ab von den jeweiligen Fragestellungen, von den herangezogenen Quellen, deren Gewichtung und Auslegung, aber auch von den Interessen, die mit der Darstellung verfolgt werden. Eine wichtige Aufgabe des Geschichtsunterrichts besteht deshalb darin, Sie dazu zu befähigen, mit solchen unterschiedlichen Formaten von Geschichtsdarstellung kompetent umzugehen – Sie sollen gewissermaßen zu einem mündigen und kritischen Geschichtsverbraucher werden.

Dafür ist es zunächst einmal wichtig, dass Sie einige grundlegende Kenntnisse über die Besonderheiten der jeweiligen Darstellungsform besitzen. Worauf muss ich besonders achten, wenn ich eine Fernsehdokumentation genauer betrachten will? Woran kann ich erkennen, wie gut eine Ausstellung ihrem historischen Thema gerecht wird? Für alle Arten von Geschichtsdarstellung gilt es einige wichtige Fragen im Blick zu behalten: Welche zentralen Aussagen werden über das Thema gemacht? Wie werden sie gemacht – werden zum Beispiel in einer Dokumentation Filmdokumente und Zeitzeugenaussagen argumentativ sinnvoll miteinander verknüpft oder sind sie nur Illustration für einen unsichtbaren und allwissenden Erzähler? Wird eine bestimmte Sichtweise gegenüber anderen besonders bevorzugt? Geht man stillschweigend von irgendwelchen Vorannahmen aus, die die Darstellung von vornherein maßgeblich beeinflussen? Basiert die Darstellung auf einem überholten Forschungsstand? Wird die Darstellung an einzelnen Personen festgemacht, denen – im Guten oder im Bösen – eine übergroße Bedeutung zugeschrieben wird? Dient – im Roman oder im Computerspiel – das Historische nur als Fassade für eine eigentlich moderne Handlung oder Spielidee? Liegen der Darstellung stereotype Geschichtsvorstellungen – zum Beispiel von einer Epoche wie dem Mittelalter – zugrunde? Wird Geschichte zu Verkaufszwecken fragwürdig reißerisch aufgemacht? Welches Publikum hat man im Blick, welches Vorwissen wird vorausgesetzt, von welchen Interessen geht man aus? Und werden die eigene Herangehensweise an die Geschichte, der Umgang mit Quellen und die Urteilsmaßstäbe thematisiert und reflektiert?

Solche Fragen sollten Sie gerade bei der Beschäftigung mit populären Formen der Geschichtsdarstellung immer mitdenken, ohne dass Ihnen dabei das Vergnügen beim Schmökern eines Romans vergehen muss.

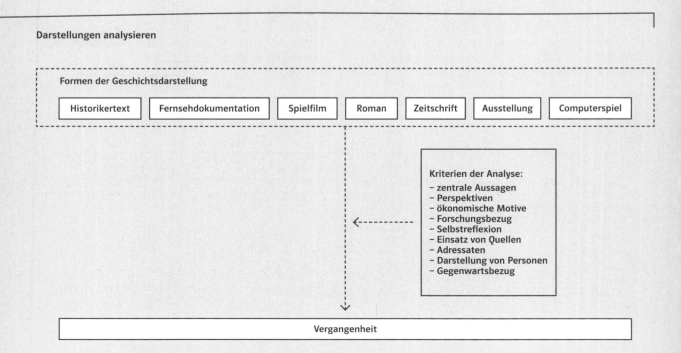

Darstellungen analysieren

Formen der Geschichtsdarstellung

| Historikertext | Fernsehdokumentation | Spielfilm | Roman | Zeitschrift | Ausstellung | Computerspiel |

Kriterien der Analyse:
- zentrale Aussagen
- Perspektiven
- ökonomische Motive
- Forschungsbezug
- Selbstreflexion
- Einsatz von Quellen
- Adressaten
- Darstellung von Personen
- Gegenwartsbezug

Vergangenheit

Gegenwartsbezüge herstellen und reflektieren

Unsere Beschäftigung mit der Vergangenheit geht immer von unserer Gegenwart aus. Aus unserer Gegenwart stammt das Interesse an der Vergangenheit und aus ihr kommen die Fragen, die wir an die Vergangenheit richten. Für unsere Gegenwart wollen wir aus der Vergangenheit Aufschlüsse, Anregungen und Hilfestellungen gewinnen.

Welche unterschiedlichen Bezüge zwischen Vergangenheit und Gegenwart lassen sich unterscheiden? Erstens kann Vergangenheit in unserer Gegenwart unmittelbar präsent sein. Das gilt zum Beispiel für historische Überbleibsel wie Bauten, Denkmäler oder Friedhöfe. Die Vergangenheit kann aber auch in der Erinnerung, im Gedenken oder in der Diskussion gegenwärtig sein. So ist es zum Beispiel bei der gesamten öffentlichen Auseinandersetzung mit Geschichte – anlässlich von Gedenktagen und Jubiläen oder in kontroversen Debatten. Wenn Sie solche Auseinandersetzungen nachvollziehen und sich ein Urteil darüber bilden wollen, müssen Sie die historischen Bezugspunkte kennen, um die es geht.

Zweitens kann zwischen Vergangenheit und Gegenwart ein direkter Ursachenzusammenhang bestehen: Die jüngere Vergangenheit ist die direkte Vorgeschichte der Gegenwart, ohne sie lässt sich kaum verstehen, warum unsere heutigen Verhältnisse so sind, wie sie sind. Wie weit eine solche Gegenwartsvorgeschichte zurückreicht, darüber kann man immer streiten; für die deutsche Geschichte müssen wir sicherlich bis ins 1871 gegründete Kaiserreich zurückgehen.

Drittens lässt sich zwischen Vergangenheit und Gegenwart ein Sinnzusammenhang herstellen. Dabei geht es nicht um zeitliche Nähe, sondern um die Ähnlichkeit von Situationen und Problemen: Welche Herausforderungen, Reaktionen und Ideen gab es damals, welche gibt es heute oder welche könnte es geben? Können wir historische Modelle, Erfahrungen oder auch Misserfolge für uns heute nutzbar machen? So haben schon vor längerer Zeit die Probleme mit aktuellen Migrationsprozessen in der Bundesrepublik mit dazu beigetragen, dass man sich genauer mit solchen Prozessen in der Vergangenheit – ihrem Verlauf, ihren Rahmenbedingungen, den Motiven und Erfahrungen der Beteiligten – beschäftigt hat.

Sowohl beim Ursachenzusammenhang als auch beim Sinnzusammenhang sind die Bezüge zwischen Gegenwart und Vergangenheit nicht einfach vorgegeben: Wir selbst müssen sie für uns erkennen oder überhaupt erst herstellen, und das heißt: gezielt danach fragen und suchen. Dabei geht es im einen Fall um die Analyse von Entwicklungs- und Wandlungsprozessen, im anderen um einen kritischen Vergleich.

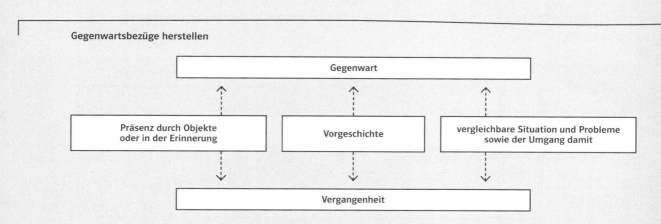

Gegenwartsbezüge herstellen

Gegenwart

Präsenz durch Objekte oder in der Erinnerung

Vorgeschichte

vergleichbare Situation und Probleme sowie der Umgang damit

Vergangenheit

ZUSAMMENFASSENDE AUFGABEN

I   Analysieren Sie die Verfassertexte auf den Seiten 44–47 im Hinblick auf die Dimensionen von Geschichte, die dort Berücksichtigung finden.

II Analysieren Sie die Verfassertexte auf den Seiten 16–17 im Hinblick auf die Formulierung von Zeit-Beziehungen, Ursache-Folge-Beziehungen, Wahrscheinlichkeiten, unterschiedliche Perspektiven und historische Alternativen.

III Vergleichen Sie jeweils ein Heft der Geschichtsmagazine „Damals", „Geo-Epoche" sowie „PM-History" unter ausgewählten Analysekriterien (Grafik nebenstehende Seite) miteinander.

Geschichts- und Erinnerungskultur

Geschichte ist in unserer Öffentlichkeit in vielfacher Weise präsent. Ganz unmerklich begegnen wir ihr in Bauwerken, Denkmälern und Straßennamen. Bei Gedenkfeiern, an Jubiläen und in öffentlichen Debatten wird sie ausdrücklich zum Thema gemacht. Fernsehdokumentationen, Geschichtsmagazine und Sachbücher wollen über Geschichte informieren, Spielfilme, historische Romane und Computerspiele vor allem unterhalten. Alle diese Formen von öffentlicher Geschichte bilden die uns umgebende Geschichtskultur, und alle gemeinsam beeinflussen sie unser Geschichtsbewusstsein. Geschichte wird hier in ganz anderer Weise präsentiert und verhandelt als üblicher Weise im Geschichtsunterricht, in dem es um das Kennenlernen historischer Ereignisse und Prozesse und deren Analyse auf der Basis von Quellenarbeit geht. Eben deshalb aber sollte es auch eine Aufgabe des Geschichtsunterrichts sein, Ihnen den kenntnisreichen und reflektierten Umgang mit Geschichtskultur zu ermöglichen und sich mit den dort angebotenen Deutungen von Geschichte kritisch auseinanderzusetzen.

Was verstehen wir unter zentralen Begriffen wie Geschichtsbewusstsein, Geschichtskultur, Erinnerungskultur oder Geschichtspolitik?
Welche Funktionen hat historische Erinnerung für die Gegenwart?
In welchen Formen begegnet uns historische Erinnerung und was sind ihre jeweiligen Besonderheiten?
Wie lassen sich historische Mythen untersuchen?
Welche Bedeutung haben Gedenk- und Feiertage in unterschiedlichen Ländern?
Was für ein Mittelalterbild wird in der heutigen Geschichtskultur transportiert?
Wie wird heute an die Opfer des Nationalsozialismus erinnert – und wie stand es damit in der Zeit nach 1945?

Bei der Arbeit mit dem vorliegenden Themenheft werden Sie an Beispielen lernen, Wendepunkte und beschleunigte Veränderungsprozesse in der Geschichte zu analysieren, zu deuten und zu bewerten. Folgende Schritte führen Sie zum Ziel:

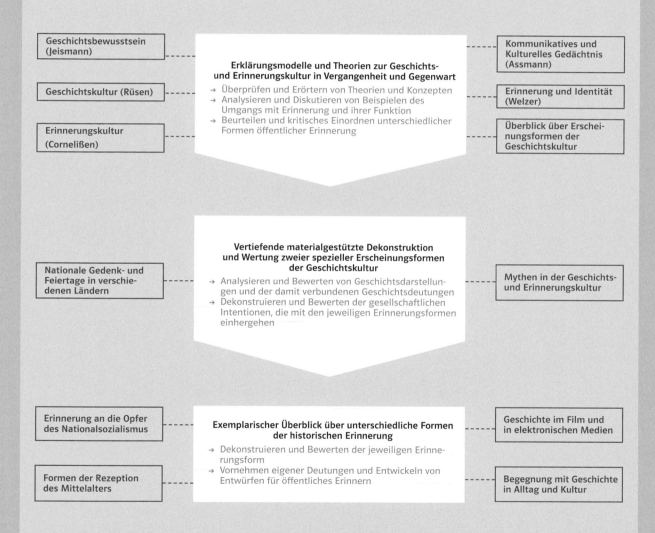

Geschichtsbewusstsein (Jeismann)

Geschichtskultur (Rüsen)

Erinnerungskultur (Cornelißen)

Kommunikatives und Kulturelles Gedächtnis (Assmann)

Erinnerung und Identität (Welzer)

Überblick über Erscheinungsformen der Geschichtskultur

Erklärungsmodelle und Theorien zur Geschichts- und Erinnerungskultur in Vergangenheit und Gegenwart
→ Überprüfen und Erörtern von Theorien und Konzepten
→ Analysieren und Diskutieren von Beispielen des Umgangs mit Erinnerung und ihrer Funktion
→ Beurteilen und kritisches Einordnen unterschiedlicher Formen öffentlicher Erinnerung

Nationale Gedenk- und Feiertage in verschiedenen Ländern

Mythen in der Geschichts- und Erinnerungskultur

Vertiefende materialgestützte Dekonstruktion und Wertung zweier spezieller Erscheinungsformen der Geschichtskultur
→ Analysieren und Bewerten von Geschichtsdarstellungen und der damit verbundenen Geschichtsdeutungen
→ Dekonstruieren und Bewerten der gesellschaftlichen Intentionen, die mit den jeweiligen Erinnerungsformen einhergehen

Erinnerung an die Opfer des Nationalsozialismus

Formen der Rezeption des Mittelalters

Geschichte im Film und in elektronischen Medien

Begegnung mit Geschichte in Alltag und Kultur

Exemplarischer Überblick über unterschiedliche Formen der historischen Erinnerung
→ Dekonstruieren und Bewerten der jeweiligen Erinnerungsform
→ Vornehmen eigener Deutungen und Entwickeln von Entwürfen für öffentliches Erinnern

Abbildung: Blick in die ständige Ausstellung im Haus der Geschichte in Bonn, Foto vom 14. Juni 1994

Geschichtsbewusstsein und Geschichtskultur

Geschichtsbewusstsein ist eine Besonderheit und ein Wesensmerkmal des Menschen. Wie prägt es sich aus und welche Rolle spielt es für sein Leben und Handeln? Und was bedeutet die Fähigkeit, sich zu erinnern, und die Möglichkeit, Geschichte in vielerlei Weise zu deuten und zu nutzen, für menschliche Gesellschaften?

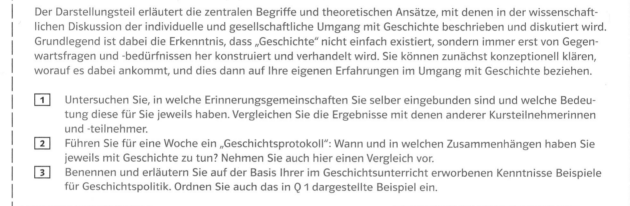

Der Darstellungsteil erläutert die zentralen Begriffe und theoretischen Ansätze, mit denen in der wissenschaftlichen Diskussion der individuelle und gesellschaftliche Umgang mit Geschichte beschrieben und diskutiert wird. Grundlegend ist dabei die Erkenntnis, dass „Geschichte" nicht einfach existiert, sondern immer erst von Gegenwartsfragen und -bedürfnissen her konstruiert und verhandelt wird. Sie können zunächst konzeptionell klären, worauf es dabei ankommt, und dies dann auf Ihre eigenen Erfahrungen im Umgang mit Geschichte beziehen.

1 Untersuchen Sie, in welche Erinnerungsgemeinschaften Sie selber eingebunden sind und welche Bedeutung diese für Sie jeweils haben. Vergleichen Sie die Ergebnisse mit denen anderer Kursteilnehmerinnen und -teilnehmer.

2 Führen Sie für eine Woche ein „Geschichtsprotokoll": Wann und in welchen Zusammenhängen haben Sie jeweils mit Geschichte zu tun? Nehmen Sie auch hier einen Vergleich vor.

3 Benennen und erläutern Sie auf der Basis Ihrer im Geschichtsunterricht erworbenen Kenntnisse Beispiele für Geschichtspolitik. Ordnen Sie auch das in Q 1 dargestellte Beispiel ein.

Geschichtsbewusstsein

Nur der Mensch ist in der Lage, langfristig Erfahrungen und Erinnerungen zu überliefern, sie auf die Gegenwart zu beziehen, sich selber, seine Mitmenschen und seine Welt als geschichtlich wahrzunehmen. Dies alles bezeichnen wir mit dem Begriff Geschichtsbewusstsein. Wenn wir uns mit Vergangenheit beschäftigen, tun wir dies immer aus unserer Gegenwart heraus: Welche Fragen wir an die Vergangenheit richten, hängt ab von unseren gegenwärtigen Verhältnissen, Interessen und Bedürfnissen. Und die Antworten, die wir dabei gewinnen, enthalten stets eine Perspektive für unser zukünftiges Leben, Denken und Handeln. Geschichtsbewusstsein meint deshalb auch immer diese Verknüpfung der Zeitebenen von Vergangenheit, Gegenwart und Zukunft.

Das Geschichtsbewusstsein des einzelnen Menschen ist von vielen äußeren Einflüssen abhängig und kann sich ganz unterschiedlich ausformen. Was und wie man über Geschichte denkt, hängt natürlich ab vom Lebensalter, von den Bedingungen und Anregungen des sozialen Umfeldes, von individuellen Interessen und Vorkenntnissen. Es wird beeinflusst durch Vermittlungsinstanzen wie Schule, Museen oder Medien. Es kann sich auf unterschiedliche Ebenen oder Erinnerungsgemeinschaften beziehen, die eine ganz verschiedene Reichweite haben. Die erste und nächste Erinnerungsgemeinschaft ist die eigene Familie, weitere Kreise können das Dorf oder die Stadt, in der man wohnt, ein Verein oder eine Religionsgemeinschaft sein. Seit der Entstehung und Ausprägung des Nationalismus im 18. und 19. Jahrhundert war vor allem die Nation die wichtigste Bezugsebene für Geschichtsbewusstsein und historische Identität – oft in Abgrenzung und Feindschaft zu anderen Nationen, so in Deutschland zum „Erbfeind" Frankreich.

Geschichtskultur – Erinnerungskultur – Geschichtspolitik

Die Geschichtswissenschaft gelangt durch methodisch kontrollierte Forschung auf der Basis von Quellen zu Erkenntnissen über die Vergangenheit. Arbeit mit Quellen und die Entwicklung von methodischer Kompetenz stehen auch im Mittelpunkt des Geschichtsunterrichts in der Schule. Im Alltag jedoch jedoch beruht die Beschäftigung mit Geschichte in aller Regel nicht auf Quellen, sondern auf ganz unterschiedlichen Formen der Begegnung mit Geschichte und der populären Darstellung von Geschichte: Wir treffen auf Geschichte in Bauwerken, Denkmälern und Straßennamen, aus Anlass von Gedenkfeiern, Jahrestagen und öffentlichen Debatten. Geschichte wird präsentiert in Museen und Gedenkstätten. Wir finden sie dargestellt in Spielfilmen und Dokumentationen, in Romanen und Computerspielen, in Zeitschriften und Sachbüchern für Erwachsene und Kinder, natürlich auch im Internet. Ob und wie intensiv wir uns mit diesen Geschichtsangeboten befassen, ist – anders als in der Schule – jedem selbst überlassen, auch wenn etwa bei Gedenktagen Erinnerung politisch erwünscht ist. Und es geht dabei meist nicht um historische Analyse und gezielte Erkenntnisgewinnung. Menschen nehmen diese Angebote aus eigenem Antrieb wahr: aus allgemeinem historischem Interesse, aus einem Bedürfnis nach Identität und Orientierung, vor allem aber zum Vergnügen, zur Unterhaltung und zur Entspannung – Geschichte als Abenteuer.

Die Gesamtheit all dieser öffentlichen Erscheinungs-, Verwendungs- und Aneignungsformen von Geschichte mit den sie tragenden und produzierenden Institutionen und Berufen wird als Geschichtskultur bezeichnet. Aber Geschichtskultur ist nicht nur ein Phänomen unserer Gegenwart. Es hat sie schon immer gegeben, zuerst in Form von Sagen, Legenden und Mythen, in religiösen Schriften und Ritualen, in Bildern und Erzählungen. Die wissenschaftliche Forschung ist dagegen eine recht junge Form des Umgangs mit Vergangenheit. Heutige historische Forschung beschäftigt sich nun nicht nur mit der Vergangenheit „an sich", sondern auch damit, wie in früheren Zeiten Vergangenheit gedeutet, vermittelt oder funktionalisiert worden ist – sie betreibt also die Analyse vergangener Geschichtskultur. Das ist deswegen wichtig, weil diese vergangene Geschichtskultur wiederum das Denken und Handeln von Menschen damals bestimmt hat und auf diese Weise selber historisch wirkungsmächtig geworden ist.

Kaum von dem Begriff „Geschichtskultur" abgrenzen lässt sich ein zweiter, ebenfalls in der Forschung verwendeter Begriff: die „Erinnerungskultur". Am ehesten lässt sich sagen, dass „Erinnerungskultur" den Akzent etwas stärker auf die gegenwartsbezogene Nutzung von Vergangenheit legt, wogegen „Geschichtskultur" eher verschiedene Felder und Formate der Vermittlung in den Blick nimmt.

Der Begriff „Geschichtspolitik" schließlich meint eine politisch funktionalisierte Deutung von Vergangenheit, die man in der Öffentlichkeit durchsetzen will. Debatten über grundsätzliche Unterschiede in der Deutung historischer Phänomene haben auch immer geschichtspolitischen Charakter: so etwa die Frage, ob die sogenannten Achtundsechziger einen tief greifenden, geradezu revolutionären politisch-kulturellen Wandel in Deutschland angestoßen haben oder aber nur eine Randerscheinung in einem weitaus längeren gesellschaftlichen Veränderungsprozess darstellten. Besonders durchschlagend wird Geschichtspolitik in Diktaturen praktiziert: Neben der offiziellen Lesart von Geschichte sind keine anderen erlaubt.

Kollektives, kommunikatives und kulturelles Gedächtnis

Wichtige Anstöße dafür, dass sich die Forschung in den letzten Jahren intensiv dem Thema Erinnerung zugewendet hat, haben Arbeiten des französischen Philosophen und Soziologen Maurice Halbwachs, des französischen Historikers Piere Nora und der deutschen Kulturwissenschaftler Aleida und Jan Assmann gegeben. Halbwachs hat bereits in den 1920er- und 1930er-Jahren den Begriff des „kollektiven Gedächtnisses" geprägt, das – über das Individuum hinaus – Gruppen von Menschen entwickeln. Nach Nora macht sich dieses kollektive Gedächtnis an bestimmten „Erinnerungsorten" fest, die für die jeweilige Gruppe identitätsstiftende Funktion besitzen. Dabei kann es sich um Orte im Wortsinn, also geografisch auffindbare Plätze, aber auch um symbolische Orte, um Begriffe, Mythen, Bilder, Erzählungen handeln. In fast allen europäischen Ländern sind inzwischen Bücher erschienen, in denen solche nationalen Erinnerungsorte beschrieben werden. Die Assmanns haben den Begriff des kollektiven Gedächtnisses differenziert. Sie unterscheiden ein kommunikatives und ein kulturelles Gedächtnis. Das kulturelle Gedächtnis ist auf den mündlichen Austausch unter den drei jüngsten Generationen begrenzt, danach setzt das kulturelle Gedächtnis ein, das durch Überlieferungsrituale und Traditionen bestimmt und geformt wird. Heute können sich zum Beispiel kaum noch Menschen über persönliche Erfahrungen verständigen, die bis in die Anfangszeit des Nationalsozialismus zurückreichen.

Q 1 *Bauern unterste Klasse, sollen durch DDR unterstützt werden*

Banknote der DDR, auf der Vorderseite ein Porträt des Theologen und Anführers im Bauernkrieg Thomas Müntzer (um 1489–1525)

Rückseite: Erntearbeit in einer Landwirtschaftlichen Produktionsgenossenschaft (LPG)

Im Folgenden sind zentrale Texte zusammengestellt, in denen grundsätzliche Fragen des Umgangs mit Geschichte skizziert, die Leitbegriffe des Kapitels beschrieben und darauf basierende Forschungsperspektiven umrissen werden. Sie können anhand dieser Materialien konzeptionelle Differenzen bzw. Differenzierungen feststellen und diskutieren und die Tragfähigkeit dieser Konzepte an historischen Beispielen erproben.

1. Nehmen Sie anhand von D 1 und D 2 eine Differenzierung der Begriffe „Vergangenheit" und „Geschichte" vor. Überprüfen Sie, inwieweit eine solche Differenzierung in den Texten konsequent verfolgt wird.

2. Erläutern Sie, weshalb es fragwürdig ist, von „historischer Wahrheit" zu sprechen. Diskutieren Sie, ob damit jedes Wissen über und jede Deutung von Geschichte relativ und unverbindlich wird (D 1, D 2).

3. Erstellen Sie zu D 3 eine Skizze, in der Sie die genannten Institutionen, Strategien und Funktionen unterscheiden und Bezüge zwischen ihnen herstellen.

4. Analysieren und benennen Sie nach D 3 und D 4 unterschiedliche Akzentsetzungen zwischen „Geschichtskultur" und „Erinnerungskultur".

5. Benennen Sie in D 5 die Punkte, in denen der Autor einen seiner Meinung nach zu eng gefassten Begriff von „Erinnerungskultur" differenziert.

6. Erörtern Sie auf der Basis von D 6 an einem anderen Beispiel als der NS-Geschichte, wie ein historisches Geschehnis vom kommunikativen ins kulturelle Gedächtnis übergeht und was dies für den gesellschaftlichen Umgang damit bedeutet.

7. Das Konzept der Assmanns ist zunächst im Hinblick auf die frühgeschichtliche ägyptische Gesellschaft entwickelt worden. Diskutieren Sie, ob es ohne Weiteres auf moderne Gesellschaften übertragbar ist. Berücksichtigen Sie dabei auch die Rolle moderner Speichermedien für Ton und Bild (D 6).

8. Beschreiben Sie, inwiefern sich die Ausführungen in D 7 von dem Konzept der Assmanns unterscheiden.

9. Formulieren Sie die zentrale These des Textes D 8 und diskutieren Sie diese an Ihnen bekannten historischen Beispielen.

10. Interpretieren Sie Q 2–Q 5 als Bestandteile einer unterschiedlichen Erinnerungskultur in den beiden deutschen Staaten.

D 1

Geschichte ist nicht einfach da

Die Historiker Martha Howell und Walter Prevenier schreiben in einer Einführung in die Methoden der historischen Forschung:

Alle Kulturen, alle Völker erzählen Geschichten über sich selbst, und es sind diese Geschichten, die dazu beitragen, jene Sinnhaftigkeit zu ver-
5 mitteln, die eine Kultur ausmacht. In seiner grundlegendsten Bedeutung ist dies, was Geschichte ist: Geschichten, die wir über jene erzählen, die vor uns waren, oder die andere über uns erzäh-
10 len. Beim Niederschreiben dieser Geschichten entdecken Historiker jedoch weniger die Vergangenheit, als dass sie sie selbst schaffen; sie wählen die Ereignisse und Persönlichkeiten aus, die
15 ihrer Meinung nach die Vergangenheit konstituieren, und sie entscheiden, was man über sie wissen muß. [...] immer kreieren Historiker eine Vergangenheit, indem sie sie niederschreiben. Geschich-
20 te ist nicht einfach da und wartet auf ihre Entdeckung durch den Forscher. Im Gegensatz zu einem in Vergessenheit geratenen Gedicht, den Ruinen einer Kathedrale oder einem verloren gegan-
25 genen Gesetzeswerk, welche wieder neu entdeckt werden können, existiert Geschichte nicht, bevor sie niedergeschrieben wird.

Martha Howell/Walter Prevenier, Werkstatt des Historikers. Eine Einführung in die historischen Methoden, Köln/Wien/Weimar 2004, S. 5 f.

D 2

Geschichtsbewusstsein

Der Historiker Karl-Ernst Jeismann hat in den 1970er-Jahren den Begriff „Geschichtsbewusstsein" in die Diskussion eingebracht. Er beschreibt, welche grundsätzlichen Einsichten sich mit diesem Begriff verbinden:

Geschichte tritt uns entgegen als ein auf Überreste und Tradition gestützter Vorstellungskomplex von Vergangenheit, der durch das gegenwärtige
5 Selbstverständnis und durch Zukunftserwartungen strukturiert und gedeutet wird. Nur in dieser Form haben wir Geschichte in unserer Vorstellung; sie ist eben nicht die reale Vergangenheit
10 selbst oder ihr Abbild, sondern ein Bewußtseinskonstrukt, das von einfachen Slogans bis zu elaborierten [differenziert ausgearbeitet], mit wissenschaftlichen Methoden gestützten Rekonstruk-
15 tionen reicht. Wir „haben" Geschichte

in der Form solcher Vorstellungen, die Auslegungen von Auslegungen sind – Auslegungen, die bereits konstitutiv in den Quellen stecken und nicht etwa nur Unvollkommenheiten späterer Erkenntnis sind. „Geschichte" erfassen wir nicht [...] als eine „richtige" Widerspiegelung von Vergangenheit, sondern nur als eine immer auch von gegenwärtigen Erfahrungen und Wertungen, von zukünftigen Perspektiven mitbestimmte Deutung – eine Deutung allerdings, mit der sich Ansprüche, Verpflichtungen, Appelle an unser Fühlen, Urteilen und Verhalten bisweilen aufs engste verbinden.

Karl-Ernst Jeismann, „Geschichtsbewußtsein" als zentrale Kategorie des Geschichtsunterrichts, in: Gerold Niemetz (Hrsg.), Aktuelle Probleme der Geschichtsdidaktik, Stuttgart 1990, S.49.

D 3

Geschichtskultur

Der Geschichtstheoretiker Jörn Rüsen definiert den Begriff Geschichtskultur:

Der Begriff „Geschichtskultur" rückt die Geschichte in einen Horizont, der bislang eher separat betriebene Bereiche und Strategien der historischen Erinnerung zu komplexen Gebilden zusammenfügt, in der sie sich neu und anders ausnehmen als in den meisten bislang etablierten Formen der Selbstthematisierung und Selbstverständigung. Fachwissenschaft, schulischer Unterricht, Denkmalspflege, Museen und andere Institutionen werden über ihre wechselseitigen Abgrenzungen und Unterschiede hinweg als Manifestationen eines übergreifenden gemeinsamen Umgangs mit der Vergangenheit in Augenschein genommen und diskutiert. Der Terminus „Geschichtskultur" rückt die unterschiedlichen Strategien der wissenschaftlichen Forschung, der künstlerischen Gestaltung, des politischen Machtkampfes, der schulischen und außerschulischen Erziehung, der Freizeitanimation und anderer Prozeduren der öffentlich-historischen Erinnerung so in den Blick, dass sie alle als Ausprägungen einer einzigen mentalen Kraft begriffen werden können. So synthetisiert der Begriff auch Universität, Museum, Schule, Verwaltung, die Massenmedien und andere kulturelle Einrichtungen zum Ensemble von Orten der kollektiven Erinnerung und integriert die Funktionen der Belehrung, der Unterhaltung, der Legitimation, der Kritik, der Ablenkung, der Aufklärung und anderer Erinnerungsmodi in die übergreifende Einheit der historischen Erinnerung.

Jörn Rüsen, Geschichtskultur (Stichworte zur Geschichtsdidaktik), in: Geschichte in Wissenschaft und Unterricht 46, 1995, H.9, S.513–521.

D 4

Erinnerungskultur

Der Historiker Christoph Cornelißen begründet und definiert den Begriff „Erinnerungskultur":

Indem sich die Geschichte seit der Aufklärung als forschende Wissenschaft konstituierte, stellte sie sich in einen Gegensatz zur Tradition, ja, sie verstand sich ihr gegenüber als eine kritische Prüfinstanz. Gleichwohl haben Studien zur Geschichtskultur, aber auch Arbeiten zur Historiographiegeschichte wiederholt verdeutlicht, dass das fachwissenschaftliche Interesse von praktischen Orientierungsbedürfnissen angeleitet, streckenweise sogar dominiert blieb. Folglich müssen die Historiker und ihre Werke als integraler Bestandteil der Erinnerungskultur moderner Gesellschaften begriffen werden. [...] Es scheint aus den genannten Gründen sinnvoll, „Erinnerungskultur" als eine formalen Oberbegriff für alle denkbaren Formen der bewussten Erinnerung an historische Ereignisse, Persönlichkeiten und Prozesse zu verstehen, seien sie ästhetischer, politischer oder kognitiver Natur. Der Begriff umschließt also neben Formen des ahistorischen oder sogar antihistorischen kollektiven Gedächtnisses alle andern Repräsentationsmodi von Geschichte, darunter den geschichtswissenschaftlichen Diskurs sowie die nur „privaten" Erinnerungen, jedenfalls soweit sie in der Öffentlichkeit Spuren hinterlassen haben. Als Träger dieser Kultur treten Individuen, soziale Gruppen oder sogar Nationen und Statten in Erscheinung, teilweise in Übereinstimmung, teilweise aber auch in einem konfliktreichen Gegeneinander.

Christoph Cornelißen, Was heißt Erinnerungskultur? Begriff – Methoden – Perspektiven, in: Geschichte in Wissenschaft und Unterricht 54, 2003, H.10, S.555.

D 5

Reichweite der Erinnerungskultur

Der Historiker Christoph Cornelißen relativiert die Verwendung des Begriffs „Erinnerungskultur":

Was jedoch bei dem Blick auf bislang vorgelegte Studien zum Thema „Erinnerungskultur" ins Auge sticht, ist der oftmals geradezu unbekümmert wirkende Umgang mit dem Begriff. Für eine kritische wissenschaftliche Aneignung des Themas erscheint deswegen an dieser Stelle der Hinweis notwendig, dass überhaupt erst mit dem Aufkommen einer bürgerlichen Öffentlichkeit seit dem 18. Jahrhundert von makrokollektiven Erinnerungen gesprochen werden kann. Die Kenntnis von der nur zögerlichen Alphabetisierung der Bevölkerungen im 19. und teilweise erst im 20. Jahrhundert sowie von der erst späten Ausbildung nationaler Kommunikationsmärkte mithilfe moderner Massenmedien sollte folglich vor falschen historischen Annahmen über die Reichweite und gesellschaftliche Durchdringung von Erinnerungskulturen schützen. Das schließt durchaus die Anwendung des Begriffs auf frühere Epochen nicht aus, aber er bezieht sich in diesen Fällen primär auf die Erinnerungsvorgaben oder -formen politischer, gesellschaftlicher oder kultureller Herrschaftsinstitutionen, also beispielsweise monarchischer Herrscher, des Adels oder auch der Kirche. [...]

Q 2

Briefmarke der Bundespost,
Ausgabe: 9. Mai 1953

Q 3

Briefmarke der Bundes-
post, Ausgabe: 28. Juli 1965

Q 4

DDR-Briefmarke,
Ausgabe: 5. Mai 1960

Q 5

DDR-Briefmarke, Ausgabe: 5. August 1986

Denn zum einen hat man in der Konzentration auf Typen gemeinschaftlicher Großgedächtnisse von Völkern,
35 Nationen oder Religionsgemeinschaften differierende Gedächtniskonstruktionen auf regionaler Ebene oder die noch tiefer angesiedelten „privaten" Erinnerungen ausgeblendet beziehungs-
40 weise allzu rasch für die „Nation" vereinnahmt. Nicht nur die deutsche Geschichte bietet sowohl für die Jahre vor als auch nach 1945 vielfältige Beispiele dafür, dass die Regionalität oder
45 Lokalität spezifischer Erinnerungskulturen scheinbar homogene Gedächtnisnationen aufbrechen konnte. Zum andern ist der diametral gegenläufig angelegte internationale Vergleich bislang
50 nicht hinreichend als ein Weg genutzt worden, um die postulierte Nationalität ausgewählter „Erinnerungsorte" und übergeordneter Erinnerungskulturen überhaupt erst unter Beweis zu stellen.

Christoph Cornelißen, Was heißt Erinnerungskultur? Begriff – Methoden – Perspektiven, in: Geschichte in Wissenschaft und Unterricht 54, 2003, H. 10, S. 559 f.

D 6

Das Gedächtnis einer Gesellschaft

Die Kulturwissenschaftler Aleida und Jan Assmann über die Formen des gesellschaftlichen Gedächtnisses:

Das kommunikative Gedächtnis bezieht sich auf die rezente [gegenwärtige oder jüngste] Vergangenheit. Es sind dies

Erinnerungen, die der Mensch mit seinen Zeitgenossen teilt. Der typische Fall ist das Generationen-Gedächtnis […]
5 es entsteht in der Zeit und vergeht mit ihr, genauer: mit seinen Trägern. Wenn die Träger, die es verkörpern, gestorben sind, weicht es einem neuen Gedächtnis.

Vergleich von kommunikativem Gedächtnis und kulturellem Gedächtnis

	kommunikatives Gedächtnis	kulturelles Gedächtnis
Inhalt	Geschichtserfahrung im Rahmen indiv. Biographien	Mythische Urgeschichte, Ereignisse in einer absoluten Vergangenheit
Formen	Informell, wenig geformt, entstehend durch Interaktion Alltag	Gestiftet, hoher Grad an Geformtheit, zeremonielle Kommunikation Fest
Codes, Speicherung	Lebendige Erinnerung in organischen Gedächtnissen, Erfahrungen und Hörensagen	Feste Objektivationen, traditionelle symbolische Kodierung/Inszenierung in Wort, Bild, Tanz usw.
Zeitstruktur	80–100 Jahre, mit der Gegenwart mitwandernder Zeithorizont von 3–4 Generationen	Absolute Vergangenheit einer mythischen Urzeit
Träger	Unspezifisch, Zeitzeugen einer Erinnerungsgemeinschaft	Spezialisierte Traditionsträger

Meist vergeht das kommunikative Gedächtnis leise und unmerklich. [...] Historisch signifikant [bedeutungsvoll] wird das unmerkliche Absterben eines Gedächtnis-Abschnitts erst, wenn damit bleibende Erfahrungen verbunden sind, die dauerhaft sicherzustellen sind. Das ist der Fall der Greuel der NS-Zeit. Nach diesen Jahrzehnten wird jene Generation ausgestorben sein, für die Hitlers Judenverfolgung und -vernichtung Gegenstand persönlich traumatischer Erfahrung ist. Was heute z.T. noch lebendige Erinnerung ist, wird morgen nur noch über externe Speicher-Medien vermittelt sein. Dieser Übergang drückt sich schon jetzt in einem Schub schriftlicher Erinnerungsarbeit der Betroffenen sowie einer intensivierten Sammelarbeit der Archivare aus.

Der Übergang aus dem kommunikativen Gedächtnis ins kulturelle Gedächtnis wird durch Medien gewährleistet. [...] Durch Materialisierung auf Datenträgern sichern die Medien den lebendigen Erinnerungen einen Platz im kulturellen Gedächtnis. [...] Als Kommunikationsraum für die Zirkulation kulturellen Sinns kommen in erster Linie Feste, Feiern und andere Anlässe rituellen und zeremoniellen Handelns infrage. In dieser zeremoniellen Kommunikation wird das kulturelle Gedächtnis in der ganzen Multimedialität ihrer symbolischen Formen inszeniert: In mündlichen Stammesgesellschaften sind dies vor allem Rituale, Tänze, Mythen, Muster, Kleidung, Schmuck, Tätowierungen, Wege, Male, Landschaften usw., in Schriftkulturen sind es die Formen symbolischer Repräsentation (Monumente), Ansprachen, Kommemorationsriten [Riten gemeinsamen Gedenkens]. Vorrangiger Zweck dieser Übungen ist dabei jeweils die Sicherung und Kontinuierung einer sozialen Identität.

Aleida und Jan Assmann, Das Gestern im Heute. Medien und soziales Gedächtnis, in: Klaus Merten/Siegfried J. Schmidt/Siegfried Weischenberg (Hrsg.), Die Wirklichkeit der Medien. Eine Einführung in die Kommunikationswissenschaft, Opladen 1994, S.119–121.

D 7

Verschränkung von Erinnerungskulturen?

Der Historiker Jürgen Reulecke argumentiert für Veränderungen am Konzept des kommunikativen und des kulturellen Gedächtnisses:

Allerdings haben die Diskussionen [in unserer Arbeitsgruppe] dazu geführt, dass jene gängige, auf Aleida und Jan Assmann zurückgehende und [...] oft recht plakativ formulierte Entgegensetzung eines „kommunikativen" und eines „kulturellen Gedächtnisses" nicht unkritisch übernommen worden ist. Wir gehen eher davon aus, dass zwischen den Erinnerungsprozessen, die sich auf Individuen und ihre Umfelder beziehen, und den im weitesten Sinn kulturell-kollektiven Erinnerungen ein intensives Wechselverhältnis besteht. Gegenüber dem doch wohl recht statisch und homogen gedachten Begriff „kulturelles Gedächtnis" betont das Konzept der „Erinnerungskulturen" das In-, Mit- und Nebeneinander eines von diversen Erinnerungskonkurrenzen geprägten dynamischen Erinnerungsgeschehens: Generationen- und geschlechtsspezifische, religiöse, ethnische, soziale und milieubedingte Kontexte, in denen die Individuen eingebunden sind, bewirken das Entstehen jeweils eigener Erinnerungskulturen, in denen unterschiedliche Trägergruppen oder Wortführer immer wieder neu Erfahrungen aus der Vergangenheit aufgreifen, in gruppenspezifischer Weise so etwas wie eine eigene „soziale Autobiographie" konstruieren und somit dem Individuum eine zumindest partielle Identitätsfindung ermöglichen.

Jürgen Reulecke, In memoriam memoriae. Zur Tagung „Erinnerungskultur als Aufgabe der Universitäten", in: Vadim Oswalt/Hans-Jürgen Pandel (Hrsg.), Geschichtskultur. Die Anwesenheit von Vergangenheit in der Gegenwart, Schwalbach/Ts. 2009, S.15.

D 8

Identitätsarbeit durch Erinnerungsorte

Der Sozialpsychologe Harald Welzer schreibt über die Funktion von Erinnerungspraxis in Deutschland:

So geht es auch in der erinnerungskulturellen Praxis der Gegenwart um die Beglaubigung eines historischen Geschehens durch einen Ort, den man heute noch aufsuchen kann, um einen Fixpunkt, den die Geschichte eines Kollektivs oder einer Gesellschaft umkreist. Genau deshalb ist Deutschland übersät mit Gedenktafeln, Gedenkorten, „Stolpersteinen" und zahllosen anderen örtlichen Markierungen. Solche Fixpunkte werden historisch genau in dem Augenblick gefunden und markiert, in dem das Bezugskollektiv nach Identität sucht – im Generationenwechsel zum Beispiel. Dann muss Identität über Ursprungsereignisse und -orte symbolisiert werden. Solange Traditionen stabil sind und ohne Explikation funktionieren, bedarf es keiner Identitätsarbeit; Erinnerungs- und Geschichtsorte sind in diesem Sinn paradoxerweise transitorische [vorübergehend existierende] Orte. Ihnen wird dann Bedeutung zugewiesen, wenn das betreffende Kollektiv nach Orientierung sucht, was es ist, und vor allem, was es sein möchte. Stabile Identität ist fraglos. Fragile Identität dagegen braucht historische Vergewisserung: Orte, Stätten, Rituale, Anlässe.

Dana Giesecke/Harald Welzer, Das Menschenmögliche. Zur Renovierung der deutschen Erinnerungskultur, Hamburg 2012, S.13 f.

Funktion von und Umgang mit historischer Erinnerung

Geschichte entsteht und lebt nur in der Erinnerung der Spätergeborenen. Indem sie Vergangenheit wahrnehmen, deuten und funktionalisieren, wird diese in der Gegenwart wiederum geschichtsmächtig. Welche Funktionen hat eine solche Erinnerung gehabt oder hat sie noch heute? Und wer sind ihre Träger?

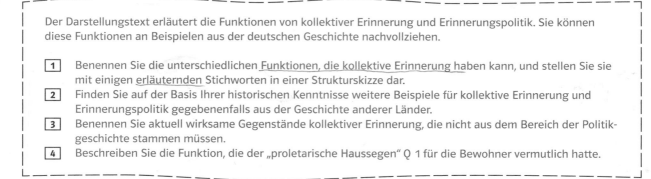

Der Darstellungstext erläutert die Funktionen von kollektiver Erinnerung und Erinnerungspolitik. Sie können diese Funktionen an Beispielen aus der deutschen Geschichte nachvollziehen.

1 Benennen Sie die unterschiedlichen Funktionen, die kollektive Erinnerung haben kann, und stellen Sie sie mit einigen erläuternden Stichworten in einer Strukturskizze dar.

2 Finden Sie auf der Basis Ihrer historischen Kenntnisse weitere Beispiele für kollektive Erinnerung und Erinnerungspolitik gegebenenfalls aus der Geschichte anderer Länder.

3 Benennen Sie aktuell wirksame Gegenstände kollektiver Erinnerung, die nicht aus dem Bereich der Politikgeschichte stammen müssen.

4 Beschreiben Sie die Funktion, die der „proletarische Haussegen" Q 1 für die Bewohner vermutlich hatte.

Identitätsstiftung durch Erinnerung

Kollektive historische Erinnerung hat in der Geschichte zumeist der Identitätsstiftung oder Identitätssicherung sozialer Gruppen oder der Legitimation von Herrschaft und Privilegien gedient. Eine allgemein verbindliche Deutung der Vergangenheit sollte also bestehende Verhältnisse stabilisieren. Um diese Wirkung zu erzielen, wurden sinnstiftende Traditionen häufig auch erst konstruiert. Ein gutes Beispiel dafür sind Märchen, Sagen und Volkslieder. Sie scheinen aus einer uralten Volksüberlieferung zu stammen, sind aber im Wesentlichen erst von Sammlern und Forschern um 1800 zusammengetragen und in jene Form gebracht worden, die wir heute kennen. Damals aber meinte man, aus diesen Texten spreche unmittelbar die Stimme, die Seele des Volkes. Dahinter stand die vor allem von Johann Gottfried Herder vertretene Vorstellung von einer Kulturnation: Die Gesamtheit eines Volkes definiere sich durch ihre sprachlich-kulturelle Gemeinsamkeit. Für die Deutschen, die in einer Vielzahl von kleinen Staaten lebten, war das eine wichtige und wirkungsmächtige Quelle von Nationalgefühl und Nationalbewusstsein.

Dessen Entwicklung wurde zusätzlich befördert durch die gemeinsame Ablehnung Frankreichs. Die Französische Revolution war in bürgerlichen Kreisen Deutschlands zunächst auf Zustimmung gestoßen und hatte Hoffnungen geweckt. Mit der Terrorherrschaft und der napoleonischen Expansion änderte sich das. Vor allem im besiegten und besetzten Preußen entwickelte sich ein neuer, antifranzösisch begründeter Nationalismus, der bürgerliche und adelige Kräfte einte. Das nationale Bündnis gegen die Franzosen wurde nicht nur zur Triebkraft der Befreiungskriege. Die Vorstellung von einer „Erbfeindschaft" gegenüber Frankreich verdichtete sich im Laufe der Zeit immer stärker und wurde im neuen Kaiserreich, das 1871 aus dem militärischen Sieg gegen Frankreich hervorging, endgültig zur nationalen Ideologie. Sie fand ihren Ausdruck in Gedichten, Liedern, Bildern, die bei allen möglichen festlichen Anlässen vorgetragen, gesungen und gezeigt wurden. Der sogenannte Sedantag diente der Erinnerung an den größten Sieg im Krieg gegen Frankreich – die Schlacht bei Sedan. Er wurde in jedem Jahr festlich begangen und entwickelte sich zu einem Nationalfeiertag. Franzosenfeindschaft und Nationalismus im Kaiserreich sind also ein gutes Beispiel für die Stiftung und Festigung von Identität durch eine politisch aufgeladene Form von Erinnerung.

Eine weitere wichtige Säule der Erinnerungskultur im Kaiserreich war das Mittelalter. Besonders die Herrschaft der Stauferkaiser wurde als Blütezeit deutscher Macht und Kultur verherrlicht. Nach einer langen Phase des Niedergangs und der politischen Zersplitterung war nun – so sahen es viele Zeitgenossen – das alte Reich in neuer Pracht und Herrlichkeit wiedererstanden. Das legitimierte zugleich die Herrschaft der Hohenzollern als Nachfahren der Staufer. Angelehnt an den Beinamen des Stauferherrschers

Friedrich I. Barbarossa (Rotbart) wurde Kaiser Wilhelm I. als „Barbablanca" (Weißbart) tituliert. Maler und Schriftsteller propagierten schon vor der Reichsgründung diesen Bezug aufs Mittelalter und sahen sich nun bestätigt. Mittelalterbilder fanden in Ausstellungen und Nachdrucken weite Verbreitung.

Auch der Geschichtsunterricht in den einzelnen Ländern des Kaiserreichs hatte die Aufgabe, nationale Identität zu stiften. Zugleich und wohl mehr noch aber sollte er die Liebe zum jeweiligen Herrscherhaus fördern und diese Herrschaft historisch und moralisch legitimieren. Dass schulischer Geschichtsunterricht nationale Identität stiften und festigen soll, ist allerdings keine deutsche Besonderheit und auch keine Besonderheit des 19. Jahrhunderts. Vielmehr wurde diese Aufgabe dem Geschichtsunterricht in allen Nationalstaaten zugeschrieben. Und auch heute ist ein kritisch-analytischer Umgang mit der Geschichte des eigenen Landes, wie er im deutschen Geschichtsunterricht praktiziert wird, im weltweiten Vergleich eher die Ausnahme als die Regel.

Kritische und negative Erinnerung

Aus gutem Grunde hat Deutschland zu seiner Geschichte ein distanzierteres Verhältnis als andere Länder. Die große historische Schuld, die Gräueltaten im Nationalsozialismus, lässt sich nicht umgehen. Daraus ist eine neue, historisch einzigartige Form eines selbstkritischen Gedenkens erwachsen. Seinen Ausdruck findet es in zahlreichen Erinnerungseinrichtungen, die von dieser Schuld Zeugnis ablegen und das Gedenken an die Opfer lebendig halten sollen. Auch hier geht es um ein gemeinsames Bewusstsein, eine gemeinsame Identität, die sich aus der fortdauernden kritischen Auseinandersetzung mit der eigenen Geschichte speist.

Kollektive Erinnerung kann auch mit Ängsten besetzt sein und für die Gegenwart neue Befürchtungen hervorrufen. Das ist in Deutschland beispielsweise beim Thema Wirtschaft der Fall. Die Erfahrungen der Hyperinflation von 1923 und der 1929 einsetzenden weltweiten Wirtschafts- und Finanzkrise, die zudem stets in engem Zusammenhang mit dem Aufstieg des Nationalsozialismus gesehen wird, haben sich tief ins kollektive Gedächtnis der Nation eingebrannt und wirken über die persönlich betroffenen Generationen hinaus bis in die Gegenwart nach. So wurde die 2009 beginnende weltweite Bankenkrise sogleich auf der Folie der historischen Krise wahrgenommen und diskutiert.

Subkulturen der Erinnerung

Wenn man sich mit der Funktion historischer Erinnerung befasst, darf man den Blick allerdings nicht nur auf die Ebene des Staates, auf die großen nationalen „Meistererzählungen" richten. Dabei handelt es sich zwar um die stärkste, sichtbarste, politisch wirkungsmächtigste Deutung. Aber es gibt immer auch andere Erzählungen über die Vergangenheit, die auf anderen Ebenen liegen: etwa der Parteien, der Religionsgemeinschaften, der Vereine, der Städte und Dörfer, natürlich auch der Familien. Noch einmal das Beispiel Deutsches Kaiserreich: Neben der nationalen Erinnerungskultur, deren Trägerschicht nicht nur, aber vor allem das Bürgertum war, gab es auch eine besondere Erinnerungskultur der Arbeiterbewegung. Sie bezog sich vor allem auf Ferdinand Lassalle, der 1863 den Allgemeinen Deutschen Arbeiterverein ins Leben gerufen hatte. Schon bald nach seinem frühen Tod 1864 entwickelte sich in der Arbeiterschaft ein regelrechter Lassalle-Kult. Nach Aufhebung des Sozialistengesetzes 1890 wurden an seinem Todestag regelmäßig Lassalle-Gedächtnisfeiern durchgeführt. Sie bildeten eine Gegenkultur zu den bürgerlichen Gedenktagen wie dem Sedantag oder dem Kaisergeburtstag, unterschieden sich allerdings im Zeremoniell mit Ansprachen, Liedern und Appellen von diesen kaum.

Q 1

„Proletarische Haussegen". Er hing in einem Arbeiterhaushalt (zwischen 1900 und 1910). Der Text stammt aus einem 1842 entstandenen Gedicht von Hoffmann von Fallersleben.

Die folgenden Materialien befassen sich mit zwei Themen: Zunächst geht es darum, welche Aufgaben dem Geschichtsunterricht als staatlich kontrollierter historischer Erinnerung in wechselnden historischen Situationen vorgeschrieben worden sind bzw. heute werden. Anschließend wird die Frage thematisiert, zu welchem Zweck und welcher Weise des wohl wichtigsten deutschen Erinnerungsthemas, nämlich des Holocaust, gedacht werden soll. In beiden Fällen können Sie die kontrastierenden Konzepte und Urteile analysieren und diskutieren und dabei zu eigenen Werturteilen gelangen.

1. Vergleichen Sie die in Q 2–Q 5 angeführten Bestimmungen zum Geschichtsunterricht. Stellen Sie dazu mithilfe eines Rasters zusammen, welche Angaben jeweils zu den Zielen, den Inhalten, den Vermittlungsmethoden und den Kompetenzen, die Schülerinnen und Schüler erwerben sollen, gemacht werden.

2. Erschließen Sie, was sich über gesellschaftspolitische Bildungsziele und -inhalte an amerikanischen Schulen aus dem Foto (Q 6) entnehmen lässt.

3. Analysieren Sie insgesamt den Zusammenhang zwischen den staatlichen und gesellschaftlichen Rahmenbedingungen und den Aufgaben des Geschichtsunterrichts.

4. Analysieren Sie, welche Funktion Weizsäcker und Welzer (Q 7/D 1) der Erinnerung an den Holocaust zuschreiben und für welchen Umgang damit sie plädieren. Berücksichtigen Sie dabei auch den Entstehungszeitpunkt der beiden Texte. Diskutieren Sie im Kurs, inwieweit Sie die Kritik Welzers teilen.

5. Beantworten Sie für sich selber die Fragen aus D 2. Überlegen Sie, wie die Schülerantworten in anderen Ländern wahrgenommen werden könnten.

6. Vergleichen Sie anhand von Q 7/D 1 und D 3 die unterschiedlichen Funktionen von öffentlichem und privatem Erinnern. Benennen Sie eventuelle Gegensätze zwischen den beiden Texten von Welzer (D 1/D 3). Diskutieren Sie zusammenfassend, welche Konsequenzen für den Geschichtsunterricht aus den Überlegungen Welzers gegebenenfalls zu ziehen wären.

7. Diskutieren Sie im Kurs, ob der in Q 8 festgehaltene Umgang mit dem Holocaust-Mahnmal angemessen ist.

Q 2

„Vaterländischer Geschichtsunterricht" im 19. Jahrhundert

Im Jahre 1854 werden in Preußen zum ersten Mal Vorgaben für die Ausbildung der Volksschullehrer im Fach Geschichte formuliert:

Dagegen muß es als eine wichtige Aufgabe der Schullehrer angesehen werden, bei dem heranwachsenden Ge-
5 schlecht und in ihrer Umgebung Kenntnis der vaterländischen Erinnerungen, Einrichtungen und Personen aus der Vergangenheit und Gegenwart, und damit Achtung und Liebe zu der Herrscherfamilie vermitteln zu helfen. [...]
10 Der vaterländische Geschichtsunterricht ist zugleich mit dem Leben und der Anschauungsweise des Volkes in fruchtbare Verbindung zu setzen, und sind deshalb in demselben ebenso wohl
15 die vaterländischen Gedenk- und Erinnerungstage besonders hervorzuheben

und als Anknüpfungspunkte zu benutzen [...].

Regulativ für den Unterricht in den evangelischen Schullehrer-Seminarien der Monarchie vom 1. Oktober 1854, in: Das Volksschulwesen im Preußischen Staate [...], bearb. von K. Schneider und E. von Bremen, Bd. I, Berlin 1886, S. 376.

Q 3

Die Ziele des Geschichtsunterrichts im Nationalsozialismus

1938 erscheinen zum ersten Mal nach der Machtübernahme der Nationalsozialisten neue Lehrpläne für alle Schulfächer. Sie gelten – anders als zuvor und auch als heute – für ganz Deutschland:

Das deutsche Volk in seiner Wesensart und Größe, in seinem schicksalhaften Ringen um innere und äußere Selbstbehauptung ist Gegenstand des
5 Geschichtsunterrichts. Er baut auf der

naturgegebenen Verbundenheit des Kindes mit seinem Volke auf und ist, indem er die Geschichte als den schicksalhaften Daseinskampf der Völker verste-
10 hen läßt, in besonderes Maße berufen, die Jugend zu erziehen zur Ehrfurcht vor der großen deutschen Vergangenheit, zum Glauben an die Sendung und Zukunft des eigenen Volkes und
15 zur Achtung vor dem Lebensrecht anderer Völker. Der Geschichtsunterricht soll die Vergangenheit so zum jungen Deutschen sprechen lassen, daß sie ihm das Verständnis für die Gegenwart
20 erschließt, ihn die Verpflichtung jedes einzelnen gegenüber dem Volksganzen fühlen läßt und ihm einen Ansporn gibt für sein eigenes politisches Tun. Damit weckt er im jungen Geschlecht jenes
25 Verantwortungsgefühl gegenüber den Ahnen und Enkeln, das es fähig macht, sein Leben aufgehen zu lassen im ewigen Deutschland. [...] Zugleich wird

durch einen solchen Geschichtsunter-
30 richt das heranwachsende Geschlecht
unter die Maßstäbe der edelsten Gehal-
te unserer Vergangenheit gestellt und
erfährt dadurch eine Vertiefung und
Erweiterung des Wertgefühls und Wert-
35 bewußtseins, die auf keine andere Weise
gewonnen werden können.

Zit. nach: Gerhard Giese, Quellen zur deutschen Schulgeschichte seit 1800, Göttingen
1961, S. 284 f.

Q 4

Die Ziele des Geschichtsunter-
richts in der DDR

*In einer Anleitung für Geschichtslehrer
werden 1968 verbindliche Vorgaben für
die Ziele und die Gestaltung des Geschichtsunterrichts formuliert:*

Der spezifische Beitrag des Geschichtsunterrichts zur ideologischen
Bildung und Erziehung […] besteht
im wesentlichen in der Vermittlung
5 des marxistischen Geschichtsbildes,
das die Vergangenheit exakt widerspiegelt, zum Verständnis der politischen Grundfragen unserer Gegenwart
führt und den gesetzmäßigen Sieg des
10 Sozialismus-Kommunismus in nicht
allzu ferner Zukunft nachweist. Nur
auf der Grundlage des Geschichtsbildes der Arbeiterklasse kann ein hohes
sozialistisches Geschichtsbewußtsein
15 entstehen, das den Menschen befähigt,
sich des gesetzmäßigen historischen Zu-
sammenhangs aller Erscheinungen in
der Natur und Gesellschaft bewußt zu
werden, die dialektisch-historische Me-
20 thode zur Erklärung aktueller Probleme
anzuwenden und auf Grund partei-
licher Überzeugungen klassenmäßig zu
handeln. Diese drei Komponenten des
Geschichtsbewußtseins widerspiegeln
25 sich in den Zielen des Geschichtsunterrichts, die den Bedürfnissen unserer
gesellschaftlichen Praxis entsprechen
und, kurz formuliert, darin bestehen,
historisches Wissen zu vermitteln, das
30 historisches Denken zu entwickeln sowie Überzeugungen herauszubilden,
die zu einem parteilichen Verhalten und

aktiver Teilnahme am sozialistischen
Aufbau führen.

Bernhard Stohr, Methodik des Geschichtsunterrichts, Berlin 3. Aufl. 1968, S. 16 f.

Q 5

Die Ziele des Geschichtsunter-
richts heute

*Das 2011 in Kraft getretene niedersäch-
sische Kerncurriculum Geschichte beschreibt den Bildungsbeitrag des Faches:*

[Der Geschichtsunterricht] leistet
einen wesentlichen Beitrag zur Ausbildung der persönlichen Identität und
zur sozialen Orientierung und somit
5 zur Teilhabe an der Gesellschaft. Aus
der Beschäftigung mit Geschichte er-
wächst die Fähigkeit, die geschichtliche
Bedingtheit der eigenen Person und die
der sie umgebenden Welt zu erkennen
10 und zu bewerten, aber auch den Konstruktionscharakter interessengeleiteter
historischer Erklärungen und Modelle. So fördert die Analyse politischer,
gesellschaftlicher, ökonomischer, öko-
15 logischer, geistesgeschichtlicher und
kultureller Ereignisse, Prozesse und
Strukturen der Vergangenheit die weitere Entwicklung eines reflektierten und
selbstreflexiven Geschichtsbewusstseins.
20 Geschichtsunterricht stärkt die Fähigkeit zur Empathie, bietet die Möglichkeit zur Identifikation mit vorbildhaften
Personen, vermittelt aber auch die Fähigkeit zur kritischen Distanz.
25 Zentrales Ziel des Geschichtsunterrichts ist die Entwicklung der Fähigkeit,
Fertigkeit und Bereitschaft historisch
zu denken. Historisches Denken zeigt
sich in der Fähigkeit zur Untersuchung,
30 Klärung und Darstellung geschichtli-
cher Phänomene und zur Deutung von
Zusammenhängen und Zeitverläufen.
Dies fördert die Bereitschaft zur Teilnahme am historischen Diskurs und
35 zur Mitgestaltung von Gegenwart und
Zukunft. […]

Dadurch gewinnen Schülerinnen
und Schüler z.B. Einsichten in anthro-
pologische Grundkonstanten und his-
40 torische Strukturen wie die Entstehung

und Lösung von Konflikten, den Umgang mit dem Fremden, die Legitimation von Herrschaft, die Bedingungsfak-
toren von Schuld und Verantwortung
45 bzw. historische oder politische Hand-
lungsalternativen. Insofern werden sie
befähigt, sich mit unterschiedlichen
Menschenbildern und Weltdeutungen
auseinanderzusetzen.
50 […] Nicht zuletzt leistet das Fach so
einen Beitrag zu einer Kultur der Toleranz in einer pluralen Gesellschaft und
zur Erhaltung und Ausgestaltung unserer pluralistischen und demokratischen
55 Rechts- und Gesellschaftsordnung.

Joachim Biermann, Daniela Brüsse-Haustein,
Angelika Engelhard u. a., hrsg. v.: Niedersäch-
sisches Kultusministerium, Kerncurriculum für
das Gymnasium – gymnasiale Oberstufe […],
Hannover 2011, S. 7 f. (http://db2.nibis.de/1db/
cuvo/datei/kc_geschichte_go_i_03-11.pdf,
eingesehen am 3. 4. 2012).

Q 6

**Eine Schulklasse in den USA
leistet den Eid auf die Flagge,
Foto 2001**

Q 7

Verpflichtung für Nachgeborene

Bundespräsident Richard von Weizsäcker hält am 8. Mai 1985 in der Gedenkstunde des Bundestages eine Ansprache zum 40. Jahrestag von Kriegsende und nationalsozialistischer Gewaltherrschaft:

Der ganz überwiegende Teil unserer heutigen Bevölkerung war zur damaligen Zeit entweder im Kindesalter oder noch gar nicht geboren. Sie können
5 nicht eine eigene Schuld bekennen für Taten, die sie gar nicht begangen haben. Kein fühlender Mensch erwartet von ihnen, ein Büßerhemd zu tragen, nur weil sie Deutsche sind. Aber die Vorfah-
10 ren haben ihnen eine schwere Erbschaft hinterlassen.

Wir alle, ob schuldig oder nicht, ob alt oder jung, müssen die Vergangenheit annehmen. Wir alle sind von ihren
15 Folgen betroffen und für sie in Haftung genommen. Jüngere und Ältere müssen und können sich gegenseitig helfen, zu verstehen, warum es lebenswichtig ist, die Erinnerung wachzuhalten.

20 Es geht nicht darum, Vergangenheit zu bewältigen. Das kann man gar nicht. Sie läßt sich ja nicht nachträglich ändern oder ungeschehen machen. Wer aber vor der Vergangenheit die Augen
25 verschließt, wird blind für die Gegenwart. Wer sich der Unmenschlichkeit nicht erinnern will, der wird wieder anfällig für neue Ansteckungsgefahren.

Das jüdische Volk erinnert sich und
30 wird sich immer erinnern. Wir suchen als Menschen Versöhnung. Gerade deshalb müssen wir verstehen, daß es Versöhnung ohne Erinnerung gar nicht geben kann. Die Erfahrung millionenfa-
35 chen Todes ist ein Teil des Innern jedes Juden in der Welt, nicht nur deshalb, weil Menschen ein solches Grauen nicht vergessen können. Sondern die Erinnerung gehört zum jüdischen Glauben.

40 Das Vergessenwollen verlängert das Exil, und das Geheimnis der Erlösung heißt Erinnerung.

Diese oft zitierte jüdische Weisheit will wohl besagen, daß der Glaube an
45 Gott ein Glaube an sein Wirken in der Geschichte ist.

Würden wir unsererseits vergessen wollen, was geschehen ist, anstatt uns zu erinnern, dann wäre dies nicht nur
50 unmenschlich. Sondern wir würden damit dem Glauben der überlebenden Juden zu nahe treten, und wir würden den Ansatz zur Versöhnung zerstören

Ansprache des Bundespräsidenten Richard von Weizsäcker am 8. Mai 1985 in der Gedenkstunde im Plenarsaal des Deutschen Bundestages: Zum 40. Jahrestag der Beendigung des Krieges in Europa und der nationalsozialistischen Gewaltherrschaft. Bundeszentrale für Politische Bildung (www.hdg.de/lemo/html/dokumente/ NeueHerausforderungen_redeVollstaendig-RichardVonWeizsae-cker8Mai1985/index.html, eingesehen am 3.4.2012).

D 1

Kritik an Erinnerungsritualen

Der Sozialpsychologe Harald Welzer kritisiert die Art, in der in Deutschland der NS-Gräueltaten gedacht wird:

Vieles an der geschichts- und erinnerungskulturellen Praxis ist schal geworden, petrifiziert [versteinert], inhaltsleer – und zwar exakt wegen ihrer
5 Vergangenheitsfixierung. Schülerinnen und Schüler werden zugleich in mehreren Fächern parallel mit dem Nationalsozialismus und dem Holocaust traktiert, wobei die Praxis, Fakten in
10 einem Atemzug mit der dazugehörigen moralischen Botschaft zu vermitteln, seit Jahrzehnten unproblematisiert bleibt. Immer noch hält man es für eine gedenktafelrelevante Erkenntnis, wenn
15 man dabei feststellt, dass auch an Ort X oder Y nationalsozialistische Verbrechen begangen worden sind.

Das war überall in Deutschland und in den besetzten Gebieten der Fall, wes-
20 halb der Erkenntniswert des einzelnen Falles inzwischen gegen null geht. […]

Zur Eröffnung des neuen Museums der Gedenkstätte Bergen-Belsen am 28. Oktober 2007 wurden sage und
25 schreibe sechzehn Grußworte und Reden gehalten, und alle waren sie inhaltlich völlig deckungsgleich. Alle repräsentieren jene „historisch entkernte Frömmigkeit" (Volkhard Knigge [Leiter

30 der Gedenkstätte Bergen-Belsen]) deren Sinn allenfalls noch darin erkennbar ist, dass die Liturgie eben das Sprechen der Formeln erfordert, aber dass in all dem etwas läge, was für die Zukunft des
35 Erinnerns tauglich sein wird, wird niemand mehr behaupten wollen. Jugendliche jedenfalls werden damit nicht erreicht, sondern vor allem abgeschreckt.

Es ist heute nicht mehr nötig zu for-
40 dern, dass an den Holocaust zu erinnern und der Opfer zu gedenken sei – daran hat gesamtgesellschaftlich außer ein paar Neonazis niemand auch nur den geringsten Zweifel und die geringste
45 Kritik. Gleichwohl geht das Pathos der erinnerungskulturellen Redeformeln, Jahrestage, Gedenkveranstaltungen etc. auf die längst gegenstandslos gewordene Behauptung zurück, man müsse
50 „gegen das Vergessen" ankämpfen. Das ist heute obsolet [überflüssig, überholt], und gerade deshalb wirken die Rituale der Holocausterinnerung inzwischen merkwürdig abgestanden und gerade
55 für Jüngere kaum anschlussfähig – man weiß nicht recht, wogegen eigentlich anerinnert wird, wo doch alle für das Erinnern und Gedenken sind.

Das hat selbst etwas mit dem Gene-
60 rationenverhältnis zu tun: Während die in den 1950er und 1960er Jahren geborenen Lehrer und Gedenkstättenpädagogen noch von der mühseligen Durchsetzungsgeschichte der Thematisierung
65 der nationalsozialistischen Verbrechen geprägt sind, haben die Schülerinnen und Schüler zwei Generationen später überhaupt keine Erfahrung damit, dass diese Geschichte „verleugnet" oder
70 „verdrängt" werden sollte. Im Gegenteil: In ihrem Erfahrungsraum ist sie durch die Medien, die Schule und den öffentlichen Raum omnipräsent.

Dana Giesecke/Harald Welzer, Das Menschenmögliche. Zur Renovierung der deutschen Erinnerungskultur, Hamburg: Körber-Stiftung 2012, S. 19–24.

D 2

Schülermeinungen zur Erinnerung an schuldhafte Geschichte

Im Jahre 2006 wurden über 800 Schülerinnen und Schüler befragt, die das Berliner Holocaustdenkmal und das dazugehörende Informationszentrum besucht hatten. Hier sind einige wichtige Fragen und die Zustimmung bei den Schülerantworten (in Prozent) wiedergegeben:

7. Frage: Deutschland ist die einzige Nation, die in ihrer Hauptstadt ein Denkmal „zur Erinnerung an die eigene Schande" bauen ließ. Ist das ein Zeichen
5 von Schwäche oder Stärke?

– Ein Zeichen von Schwäche: Das Denkmal wurde den Deutschen aufgezwungen, sie waren zu schwach sich dagegen zu wehren: 6,2
10 – Ein Zeichen für Stärke: Wer stark und selbstbewusst ist, kann auch über seine Fehler und Sünden reden: 89,5

8. Frage: Sollten andere Nationen
15 auch Denkmäler für Menschen bauen, denen sie Leid angetan haben?
– Ja: 67,5
– Nein: 22,2

9. Frage: Wenn ja, für welche Natio-
20 nen/welche Taten?
– USA für Atombombe, Indianergenozid, Sklaverei, Vietnam, Irak, Afghanistan: 25,3
– Russland/UdSSR für Stalinismus,
25 Verbrechen gegen Europäer und Deutsche: 10,6
– Frankreich für Kolonialismus, Sklaverei: 3,1
– China für Maoismus, Tibet: 3,0
30 – [...]
– Türkei für Genozid an den Armeniern: 2,1

Zit. nach: Christian Saehrendt, Bewegendes Erlebnis oder lästiger Pflichttermin? Wie erleben Schülerinnen und Schüler den Besuch des Denkmals für die ermordeten Juden Europas in Berlin?, in: Geschichte in Wissenschaft und Unterricht 58, 2007, H. 12, S. 7 f.

D 3

Holocaust im Familiengedächtnis

Der Sozialpsychologe Harald Welzer und seine Mitarbeiterinnen haben untersucht, wie in der Familienkommunikation mit der Erinnerung an den Nationalsozialismus umgegangen wird:

In 40 Familiengesprächen und 142 Interviews wurden die Familienangehörigen sowohl einzeln als auch gemeinsam nach erlebten und überlieferten
5 Geschichten aus der nationalsozialistischen Vergangenheit befragt.

In diesen Gesprächen werden insgesamt 2535 Geschichten erzählt. Nicht wenige davon verändern sich auf ihrem
10 Weg von Generation zu Generation so, dass aus Antisemiten Widerstandskämpfer und aus Gestapo-Beamten Judenbeschützer werden. [...]

Das ist eine paradoxe Folge der ge-
15 lungenen Aufklärung über die nationalsozialistische Vergangenheit: Je umfassender das Wissen über Kriegsverbrechen, Verfolgung und Vernichtung ist, desto stärker fordern die familialen
20 Loyalitätsverpflichtungen, Geschichten zu entwickeln, die beides zu vereinbaren erlauben – die Verbrechen „der Nazis" oder „der Deutschen" und die moralische Integrität der Eltern und Groß-
25 eltern. [...]

Für das Geschichtsbild vom Nationalsozialismus und vom Holocaust bedeutet das Phänomen der kumulativen Heroisierung aber etwas ganz anderes:
30 nämlich eine Restauration der tradierten, aber eigentlich längst abgelöst scheinenden Alltagstheorie, dass „die Nazis" und „die Deutschen" zwei verschiedene Personengruppen gewesen
35 seien, dass „die Deutschen" als Verführte, Missbrauchte, ihrer Jugend beraubte Gruppe zu betrachten seien, die selbst Opfer des Nationalsozialismus war.

Harald Welzer/Sabine Moller/Karoline Tschugnall, „Opa war kein Nazi". Nationalsozialismus und Holocaust im Familiengedächtnis, Frankfurt a. M.: Fischer 2002, S. 11, 53, 79.

Q 8

Junge Leute auf dem Stelenfeld des Holocaust-Mahnmals in Berlin, Foto vom 30. August 2005

Formen der Erinnerung

Geschichte ist in der Öffentlichkeit in vielerlei Erscheinungsformen präsent. Wir finden sie im öffentlichen Raum, sie wird uns durch Medien vermittelt oder wir suchen sie in speziellen Einrichtungen auf. Welche Intentionen verbinden sich mit den jeweiligen Darstellungsformen? Was sind ihre spezifischen Darstellungsmittel? Und wie nutzen wir sie?

Mithilfe des Darstellungstextes können Sie einen Überblick über Erscheinungsformen der Geschichtskultur gewinnen. Die Untersuchungs- und Diskussionsanregungen geben Ihnen die Möglichkeit, einzelne Formen der öffentlichen Geschichtsdarstellung genauer zu analysieren und ihre Funktion an Beispielen zu diskutieren. Sie erwerben so die Kompetenz, mit unterschiedlichen Formaten populärer Geschichtsdarstellung reflektiert umzugehen.

1. Entwerfen Sie ein Raster, in dem Sie die erwähnten Präsentationsformen von Geschichte anhand der vier genannten Aspekte einzuordnen versuchen.
2. Nehmen Sie zu einem der in Q 1 abgebildeten Straßennamen im Kurs eine Untersuchung vor. Stellen Sie Argumente zusammen, die heute für oder gegen eine Umbenennung der Straße sprechen könnten.
3. Skizzieren Sie, welches Konzept der Titelseite Q 2 zugrunde liegen könnte.
4. Untersuchen Sie vergleichend zwei der genannten populären Geschichtsmagazine genauer. Achten Sie dabei auf Themenwahl, Layout, Bildauswahl, Länge der Beiträge und Schreibstil.
5. Diskutieren Sie über Ihnen bekannte Verwendungsweisen von „Living History" unter der Fragestellung: Hilfreiches Mittel der Geschichtsvermittlung oder Unterhaltungsspektakel?

Geschichtskultur und Geschichtswissenschaft

Geschichte ist in unserer und in anderen Gesellschaften in vielerlei Formen präsent. Sie wird auf unterschiedliche Weise dargeboten wie aufgenommen. Sollte bis vor nicht allzu langer Zeit öffentlich vermittelte Geschichte – etwa in Fernsehdokumentationen oder Museen – vornehmlich der Bildung und Aufklärung dienen, so haben inzwischen andere Intentionen und Bedürfnisse – Unterhaltung und Entspannung – an Raum gewonnen. Das allgemeine Interesse an Geschichte scheint zugenommen zu haben – und für den, der es gut bedient, wird Geschichte zum Geschäft.

Die Geschichtswissenschaft hat diese Entwicklung lange Zeit eher mit Misstrauen beobachtet. Ein nichtanalytischer Zugang zur Geschichte schien ihr fragwürdig und unangemessen zu sein. Populäre Formen von Geschichtspräsentation wie etwa Computerspiele hat sie vorwiegend kritisch in den Blick genommen: Sie wollte vor allem Defizite gegenüber der „eigentlich richtigen", nämlich der wissenschaftlichen Herangehensweise an historische Themen nachweisen. Erst in den letzten Jahren ist die „Public History", wie es im englischen Sprachraum heißt, zu einem Forschungsgegenstand der Geschichtswissenschaft geworden, die nun auch spezifische Präsentations- und Aneignungsweisen von Geschichte in ihren Funktionen für ihre Nutzer und innerhalb der Geschichtskultur untersucht.

Präsentationsformen von Geschichte

Die unterschiedlichen Formen des öffentlichen Umgangs mit Geschichte lassen sich nicht in eine eindeutige Systematik bringen. Man kann aber versuchen, sie unter verschiedenartigen Aspekten zu ordnen. Einer davon ist die Intentionalität: Wo geht es ausdrücklich darum, das Gedenken an oder das Nachdenken über bestimmte historische Personen, Ereignisse oder Prozesse anzustoßen? Dies ist natürlich der Fall bei Gedenk- und Feiertagen, bei öffentlichen Kontroversen, bei Denkmälern und Gedenkstätten, wohl nicht ganz so ausgeprägt bei Straßennamen. Es trifft in der Regel nicht zu auf die Medien, die Geschichte vermitteln, denn sie wollen und müssen ein breiteres Interesse an Geschichte bedienen.

Ein anderer Aspekt ist die Reichweite: Eine Fernsehdokumentation erreicht Millionen von Zuschauern, eine populäre Geschichtszeitschrift pro Ausgabe Zehn- oder Hunderttausende; die Besucherzahlen eines Geschichtsmuseums bleiben dahinter weit zurück, wenn es sich nicht um eine große zentrale Einrichtung wie zum Beispiel das Deutsche Historische Museum in Berlin handelt.

Ein dritter Aspekt ist die Art der Nutzung: Stolpert man gewissermaßen auf der Straße über Geschichte? Begibt man sich mit anderen Menschen an einen Ort, an dem Geschichte ausgestellt wird oder sich abgespielt hat? Oder gelangt die jeweilige Geschichtsdarstellung medial in die eigene Wohnung? Handelt es sich um ein geschlossenes Format, das man in der Regel so aufnimmt, wie es vorgefertigt ist? Oder kann man die Portionen, die Zeit, die Dauer seiner Rezeption beliebig einteilen, wie es bei allen schriftlichen Vermittlungsformen der Fall ist?

Ein letzter Aspekt ist die Motivation für die eigene Beschäftigung mit Geschichte: Bei einem Gedenktag wird diese Beschäftigung gleichsam verordnet; bei einem Spielfilm oder einer Fernsehdokumentation kann das Interesse punktuell und spontan sein; wer eine Zeitschrift abonniert, ist intensiver und dauerhafter an Geschichte interessiert. Bildung und Unterhaltung sind dabei kein Widerspruch, vermutlich geht es meist um beides, wenn auch in unterschiedlichen Anteilen.

Geschichte im öffentlichen Raum

In unseren Städten und Orten stoßen wir am ehesten auf Geschichte in Form von Straßennamen. Weil diese so alltäglich sind, fällt der historische Bezug oft nicht weiter auf. Manchmal wird die historische Bedeutsamkeit einzelner Namen durch Erläuterungsschilder unterstrichen. Straßennamen sind Träger kollektiver Erinnerung. Das gilt zumindest seit der ersten Hälfte des 19. Jahrhunderts. Zuvor wurden traditionelle Benennungen verwendet, bei denen es auf die lokale räumliche Orientierungsfunktion ankam: Gewerbebezeichnungen, Flurnamen, Namen von Grundbesitzern, Nachbarorte. Zu diesen gewachsenen Namen traten seit dem 19. Jahrhundert Namensgebungen, die gezielt Entscheidungen darüber trafen, was in der kollektiven Erinnerung als besonders bewahrenswert gelten sollte und soll: Menschen, Ereignisse, Orte.

Ebenfalls eine im öffentlichen Raum präsente Geschichtsdarstellung sind Denkmäler. Sie bilden gewissermaßen Knotenpunkte von öffentlichem Geschichtsbewusstsein und Erinnerungskultur. Denn sie verknüpfen die drei Zeitebenen von Gegenwart, Vergangenheit und Zukunft miteinander: Errichtet in einer früheren Gegenwart, sollen sie an eine davorliegende Vergangenheit erinnern; mit ihrer Deutung dieser Vergangenheit richten sie zugleich eine Botschaft an die (damalige) Zukunft. Denkmäler sollen festhalten, was für einen Kreis von Menschen – vom Dorf bis zur Nation – erinnerungswürdig erscheint und Eingang ins kollektive Gedächtnis finden soll.

Bei ihrer Errichtung haben Denkmäler üblicherweise eine affirmative, legitimierende und traditionsstiftende Funktion. Neu ist ein kritisches Gedenken, wie wir es etwa beim Berliner Holocaust-Mahnmal finden. Dass eine Nation durch Denkmäler an ihre eigene historische Schuld erinnert, ist äußerst ungewöhnlich, wenn nicht sogar weltweit einzigartig. Mit Denkmälern verbindet sich häufig eine Erinnerungspraxis in Form von besonderen Inszenierungen, Feiern oder Aufmärschen. Ein solches ritualisiertes Gedenken findet vor allem anlässlich von Jahrestagen oder Jubiläen statt.

Durch Straßennamen und Denkmäler entsteht im Laufe der Zeit im öffentlichen Raum eine Erinnerungslandschaft, in der sich sowohl allgemeine und lokale Erinnerungsbezüge mischen als auch die verschiedenartigen Orientierungen und Wertschätzungen verschiedener historischer Zeiten überlagern.

Wenn sich politische Grundausrichtungen massiv verändern oder wenn frühere Wertschätzungen für spätere Generationen fragwürdig werden, kommt es oft zu Auseinandersetzungen darüber, ob historische Ereignisse oder Personen überhaupt noch erinnerungswürdig sind bzw. wie heutzutage ihrer gedacht werden soll. In der Regel handelt es sich bei solchen Debatten um Personen, deren Lebensgeschichte, Wertvorstellungen und Verhaltensweisen aus heutiger Perspektive für eine Straßenbenennung oder für ein Denkmal als ungeeignet erscheinen. Häufig werden dann Straßen und Plätze umbenannt. Das Gleiche gilt auch für Einrichtungen wie Kasernen, Schulen oder Hochschulen. So war es für die Nationalsozialisten klar, dass es in ihrem Staat keine Friedrich-Ebert-Straße geben konnte. Nach 1945 wurden ebenso selbstverständlich die überall entstandenen Adolf-Hitler-Straßen und -Plätze wieder umbenannt. Schwieriger war es nach dem Ende der DDR mit manchen Straßennamen: Gehört Karl Marx nicht doch zum kulturellen Erbe aller Deutschen? Hierzu gab es zahlreiche

Q 1

Straßenschilder

Debatten. Heute entstehen diese vor allem um Namen, bei denen nachträglich ein Zusammenhang mit der NS-Geschichte entdeckt wird, aber zuweilen auch um solche, die sich auf die Geschichte des Kaiserreichs beziehen. So wurde zum Beispiel 1994 der Karl-Peters-Platz in Hannover umbenannt. Karl Peters hatte in den 1880er-Jahren in Ostafrika äußerst brutal die Errichtung eines eigenen Kolonialgebietes betrieben. 1891 wurde er zum Reichskommissar ernannt. Als seine Gewalttätigkeit zu einem Aufstand führte, berief man ihn ab und entließ ihn 1897 nach einem Disziplinarverfahren. Dennoch wurde er in der Öffentlichkeit als Kolonialpionier verehrt und von Hitler 1937 ausdrücklich rehabilitiert.

Denkmäler, die aus den gleichen Gründen wie Straßennamen nicht mehr zeitgemäß erscheinen, werden oft gestürzt oder demontiert. Das betraf beispielsweise Lenin-Denkmäler in der ehemaligen DDR und anderen Ländern des ehemaligen Ostblocks oder das Standbild Saddam Husseins im Irak. Über den Umgang mit Straßennamen und Denkmälern kann man streiten, handelt es sich dabei doch auch um historische Quellen für die Denkweisen vergangener Zeiten. Könnte man diese Geschichte nicht verstehbar machen, anstatt sie einfach zu entsorgen? Hinweise und Erläuterungen vor Ort wären eine Alternative, um diese Quellen in den historischen Kontext einzuordnen und heutige Urteile über Erinnerungswürdiges transparent zu machen.

In jüngster Zeit hat es auch Debatten um Denkmalserrichtungen gegeben: um das Holocaustmahnmal, um ein Denkmal für Freiheit und Einheit, um Denkmäler für die ermordeten Sinti und Roma, die verfolgten Homosexuellen, die Vertriebenen, die Gefallenen der Bundeswehr. Während in vormodernen und totalitären Gesellschaften Denkmäler als Herrschaftszeichen von Landesherren und Diktatoren gesetzt wurden, entstehen sie in demokratischen Gesellschaften als Ergebnis öffentlicher Aushandlungen zwischen gesellschaftlichen Gruppen und in politischen Gremien. Der intensive Diskurs darüber stellt ein wichtiges Element der historisch-politischen Bewusstseinsbildung dar.

Erinnerungsanlässe

Anlässe, die ausdrücklich dem Erinnern und Gedenken dienen sollen, sind Gedenktage und Jubiläen. Gedenktage werden häufig staatlich definiert, es gibt aber auch Gedenktage einzelner sozialer Gruppen. So gedenken Linke in Deutschland noch heute jährlich der Ermordung von Rosa Luxemburg und Karl Liebknecht am 15. Januar 1919. Auch die kirchlichen Hauptfeiertage sind im Grunde Gedenktage. Jubiläen werden von den unterschiedlichsten Gruppen und Institutionen gefeiert: von Städten und Dörfern, von Parteien, Vereinen und Unternehmen. Wie sehr Erinnerung anlassgebunden stattfindet, zeigen auch die Artikel, die an runden Geburts- und Todestagen bekannter Politiker und Künstler in der Presse erscheinen.

Wie bei Denkmälern geht es auch bei Gedenktagen um die Verpflichtung auf ein gemeinsames Geschichtsbewusstsein, ein gemeinsames Gegenwartsverständnis und einen gemeinsamen Zukunftsappell. Dabei handelt es sich heutzutage keineswegs immer um positive Gedenkanlässe, aus denen sich direkt Tradition, Legitimation und Identität gewinnen lassen. Vielmehr kann es auch darum gehen, aus negativer Erinnerung, aus Trauer und Selbstkritik Leitlinien für ein angemessenes Denken und Handeln in der Gegenwart und für die Zukunft abzuleiten.

Aus all dem ergibt sich, dass Gedenktage auch dem historischen Wandel unterliegen. So waren der Sedantag und der Kaisergeburtstag wichtige Gedenktage im Kaiserreich, in der Weimarer Republik der Verfassungstag und der 1. Mai, im „Dritten Reich" der „Führergeburtstag" und der Heldengedenktag. Hauptgedenktag in Deutschland ist heute der „Tag der deutschen Einheit" am 3. Oktober, der an die „Wiedervereinigung" von Bundesrepublik und DDR erinnert. Daneben gibt es zahlreiche andere Gedenktage wie den Tag des Widerstandes gegen die nationalsozialistische Herrschaft am 20. Juli oder den Holocaustgedenktag am 27. Januar (vgl. S. 44–49). Natürlich haben auch andere Staaten ihre nationalen Gedenktage, von denen hierzulande der 14. Juli in Frankreich (Sturm auf die Bastille) und der 4. Juli in den USA (Unabhängigkeitserklärung) die bekanntesten sind.

Institutionen der Geschichtsvermittlung

Es gibt zwei Institutionen, die ausdrücklich der Geschichtsvermittlung dienen sollen: das Museum und die Gedenkstätte. Nicht nur historische Museen, sondern auch Freilicht-, Heimat-, volks- oder völkerkundliche Museen haben es mit Geschichte zu tun. Sie alle sammeln, untersuchen und präsentieren historische Objekte. Solche Originale haben eine besondere Ausstrahlung, sie verkörpern gewissermaßen direkt Geschichte. Allerdings tritt auch im Museum das Objekt nicht in seinem ursprünglichen Verwendungszusammenhang in Erscheinung. Vielmehr wird es in einer künstlichen, konstruierten Ausstellungssituation vorgeführt, auch wenn es heute üblich ist, mithilfe von Inszenierungen – die Arbeiterküche oder das bürgerliche Wohnzimmer um 1900 – einzelne Objekte in weitere Kontexte einzubetten. Bei der Wahrnehmung der ausgestellten Objekte werden die Besucher außerdem unterstützt durch Informationstexte; für jüngere Besucher gibt es museumspädagogische Angebote.

Gedenkstätten sind Institutionen der Aufbewahrung und Erinnerung, die sich an einem historisch bedeutsamen Ort befinden. Abgesehen von wenigen Gedenkstätten zur DDR-Geschichte sind sie der Erinnerung an den Terror des Nationalsozialismus gewidmet. Am Ort der Tat soll der Opfer gedacht werden (vgl. S. 64 f.).

In beiden Fällen ergibt sich die Art der Geschichtspräsentation nicht einfach aus dem historischen Geschehen oder den vorhandenen Objekten selbst. Welche Geschichte diese Institutionen über die Vergangenheit erzählen, hängt von vielen konzeptionellen Entscheidungen ab, über die es auch immer wieder öffentliche Diskussionen gibt.

Medien der Geschichtsvermittlung

Die Zahl der Printmedien, die sich speziell mit Geschichte beschäftigen, hat in den letzten Jahren deutlich zugenommen. Neben die älteren Geschichtsmagazine „Geo Epoche", „Damals", „P.M. History" sowie „G/Geschichte" sind einschlägige Angebote von „DER SPIEGEL", „ZEIT" und „Stern" getreten – ein Beleg dafür, dass es sich um einen attraktiven Markt handelt. Diese Angebote sind teils eher wissenschaftsnah, teils eher populär und reißerisch ausgerichtet. Eingängige Texte und ein hoher Bildanteil sollen helfen, die allgemein geschichtsinteressierten, aber nicht unbedingt einschlägig vorgebildeten Leser zu gewinnen. Ähnlich funktionieren auch die populären historischen Sachbücher.

Historische Romane boomen ebenfalls seit Langem. Sie sind beliebt, weil sie Geschichte auf eingängige und anschauliche Weise präsentieren: in konkreten Gestalten, in atmosphärischen Lebensbildern und zumeist dramatischen Handlungsabläufen. Damit können sie ihre Leserinnen und Leser in die historische Zeit hineinversetzen, Emotionen, Spannung, innere Bilder hervorrufen. Allerdings gehen die Autoren von historischen Romanen sehr unterschiedlich mit Geschichte um. Für die einen ist sie nur eine Kulisse, in der sie eine Geschichte ablaufen lassen, die im Grunde aus der Gegenwart stammt. Andere bemühen sich darum, ihre Geschichte tatsächlich in der Vergangenheit anzusiedeln. Sie verwenden nicht nur einige historische Ausstattungsgegenstände, sondern versuchen, Vergangenheit so gut wie möglich zu rekonstruieren und ihre Personen entsprechend handeln, denken und sprechen zu lassen. Sie erzählen ihre Geschichte so, wie sie sich tatsächlich hätte abspielen können – aber natürlich ist ein Roman immer etwas anderes als das Buch eines Historikers.

Die wohl wirkungsmächtigsten öffentlichen Geschichtsvermittler sind Filme – und zwar sowohl Fernsehdokumentationen als auch Spielfilme mit historischem Hintergrund. Während früher Geschichtsdokumentationen eher ein Nischenprodukt waren, werden sie seit etwa 20 Jahren auch zur Primetime gezeigt. Dokumentationen beschäftigen sich vorwiegend mit der jüngeren Geschichte, an erster Stelle mit NS-Themen. Zum einen erhofft man sich hier das intensivste Publikumsinteresse, zum anderen lässt sich dabei auf die überlieferten Filmquellen zurückgreifen, die das Basismaterial der Dokumentationen bilden.

Mit den historischen Spielfilmen verhält es sich ähnlich wie mit den historischen Romanen. Sie können sich um größtmögliche historische Nähe bemühen oder die Vergangenheit nur als Staffage verwenden. Andere Filme erheben einen geradezu dokumentarischen Anspruch oder erzählen zumindest eine Geschichte, die sich so hätte abspielen können. Eine spezielle Gattung ist das Dokumentarspiel oder das Dokudrama (vgl. S. 85 f.).

Auch das Angebot an Simulations- und Strategiespielen für den Computer, die vor einem historischen Hintergrund spielen, ist breit. Die meisten dieser Spiele nutzen allerdings die Vergangenheit nur als Kulisse und sind häufig reich an Anachronismen. Wichtiger als der historische Zusammenhang sind für die Produzenten gut funktionierende Spielabläufe, denn sie machen für die Nutzer in erster Linie die Attraktivität des Angebots aus (vgl. S. 86 f.).

Gespielte Geschichte

Eine Form der Beschäftigung mit Geschichte, die in England und den USA seit Langem verbreitet ist, aber auch bei uns zunehmend auf Interesse stößt, bezeichnet man als „Living History" oder „Reenactment". Vergangene Ereignisse und Situationen sollen in der Gegenwart simuliert werden. Die Darsteller treten in historischen Kostümen auf und führen eine vergangene Lebenswelt vor. Sie können dabei ganz in ihrer Rolle verbleiben oder informierend und kommentierend aus ihr heraustreten. Living History kann als zusätzliches Element der Vermittlung in Museen oder an historischen Stätten wie Burgen eingesetzt werden. Mit dem Begriff lassen sich aber auch die mittlerweile weitverbreiteten Mittelaltermärkte und Ritterspiele bezeichnen, bei denen der Event-Gedanke im Vordergrund steht. (vgl. S. 74 f., 79) Sogar ins deutsche Fernsehen hat Living History mit Serien über historische „Experimente" wie „Schwarzwaldhaus 1902", „Abenteuer 1900 – Leben im Gutshaus" oder „Steinzeit – das Experiment" Einzug gefunden.

Q 2

Titel der Zeitschrift „Damals", Heft 3/2012

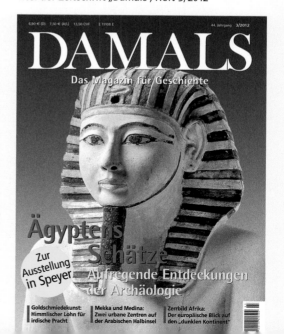

In den folgenden Materialien werden einige Formen von öffentlicher Erinnerung vertiefend vorgestellt und zum Gegenstand der Reflexion und Diskussion gemacht. Dabei werden allgemeinere konzeptionelle Überlegungen mit konkreten Beispielen verknüpft: der „Käfer" als „Erinnerungsort", die Dauerausstellung des Deutschen Historischen Museums als exemplarisches Museumskonzept, Denkmalssetzungen an einem historischen und einem aktuellen Fall. Insgesamt können Sie anhand dieser Materialien erkennen, dass Erinnerungskultur stets zeitbezogen und im Fluss befindlich ist und dass die Art des Erinnerns durch seine jeweiligen Formen bestimmt wird.

1. Erörtern Sie anhand von D 1, ob sich mit dem „Käfer" eine spezifisch westdeutsche Nachkriegserfahrung verbindet. Berücksichtigen Sie dabei auch, wie in Q 3 mit der Geschichte des Volkswagens geworben wird.
2. Vergleichen Sie das Konzept des DHM in D 3 mit den Vorstellungen der Historiker in D 2. Benennen Sie Übereinstimmungen und Unterschiede.
3. Diskutieren Sie die folgende These: Die Forderungen in D 2 kann man nicht in einer Ausstellung, sondern nur in einem Buch umsetzen. Ziehen Sie dabei auch Ihnen bekannte Ausstellungen heran.
4. Untersuchen Sie, welche Beziehung zwischen Vergangenheit und (damaliger) Gegenwart die Inschrift des Denkmals herstellt (Q 4). Stellen Sie sich vor, dass Sie als französischer Journalist kurz nach Errichtung das Denkmal besuchen (Q 4/Q 5). Verfassen Sie einen kurzen Zeitungsartikel mit passender Überschrift.
5. Analysieren Sie vergleichend D 4 und D 5. Formulieren Sie (auch anhand des Bildes Q 6) ein eigenes begründetes Urteil über den Denkmalsentwurf. Diskutieren Sie im Kurs über alternative Gestaltungsmöglichkeiten.

D 1

Der Erinnerungsort „Volkswagen"

Den Begriff „Erinnerungsort" kann man ganz konkret verstehen wie bei einem Denkmal oder einem Schlachtfeld. Man kann ihn aber auch in einem übertragenen Sinne auf symbolische „Orte" beziehen: Begriffe, Ereignisse, Bilder, Gegenstände. In ihrer Sammlung der Erinnerungsorte von 2005 die Herausgeber einen Artikel dem Stichwort „Volkswagen" widmen:

Volkswagen, das ist noch immer der Käfer, für viele das erste Auto, das Auto schlechthin, der Wagen, mit dem und in dem man tat, wozu irgendein Auto zu
5 benutzen war. Eine mobile Heimstatt. [...] der Käfer war erster Ort der mobilen Familienbande wie des erwachsenen Entronnenseins in Eigenständigkeit. Der Volkswagen war Arbeitsgerät und
10 Freizeitglück. Er war für die einen das nachgeholte Autowandern, Naturverbundenheit und Singen noch auf der Autobahn, für die nächsten Vehikel zur sonntäglichen Naherholung oder der
15 Italiensehnsucht, für die anderen ein Asphaltspielzeug und schließlich kurioses Nostalgieobjekt, verehrt und gepflegt in unzähligen „Käfer-Clubs" und Käfer-Rallyes.

20 Bewegt zwar, aber doch immer zugleich ein fester Ort, eingefügt in die als Gemeinschaft gedachte Gesellschaft und zugleich ein Laufstall der Individualisierung. Der Volkswagen war der Käfer,
25 und das war nicht nur das Auto der Deutschen im Westen schlechthin, sondern zugleich das rollende Wirtschaftswunder, das gute Gewissen und die feste Burg derjenigen, die entschlossen wa-
30 ren, ihren bescheidenen Wohlstand zwar bescheiden, aber wohl zu leben.

Erhard Schütz, Der Volkswagen, in: Etienne Francois/Hagen Schulze (Hrsg.), Deutsche Erinnerungsorte. Eine Auswahl, Bonn: 2005 (© Beck Verlag 2005), S. 351.

Q 3

Titelblatt eines Prospekts der Volkswagen AG, 1961

ALLES
IN
EINEM
VOLKSWAGEN

D 2

Leitlinien für Museumskonzepte

Die Historiker Katja Köhr und Karl Heinrich Pohl stellen Kriterien auf, die moderne Konzepte historischer Museen und Ausstellungen berücksichtigen sollten:

1. Ein historisches Museum ist zweifellos immer eine räumliche Inszenierung von Geschichte, in der ästhetische Aspekte eine wichtige Rolle spielen. [...] Zugleich wird es immer auch durch eine explizit genannte oder aber implizit dominierende Fragestellung geformt. Dieser Fragehorizont und diese Fragestellung müssen klar und dem Besucher bekannt gemacht werden und für ihn verständlich, einsichtig und relevant sein. Der Besucher muss erkennen können, dass andere Fragen (als die hier gestellten) möglich wären, aber auch, dass eine steuernde Fragestellung ein legitimes Instrument der Geschichtswissenschaft und der Museumsdidaktik darstellt. Nur auf diese Weise kann er den Konstruktionscharakter von Geschichte erkennen. Das ist von besonderer Bedeutung, weil gerade ein historisches Museum, mit seinen „echten" Ausstellungsgegenständen und der diese umgebenden „Aura des Einzigartigen", leicht den Eindruck erwecken kann, es repräsentiere, trotz seines erkennbaren Inszenierungscharakters – die „wirkliche" Vergangenheit. [...]

2. Ein historisches Museum muss ein offenes Geschichtsbild vermitteln. Es hat also zu vermeiden, dass seine Ausstellung für „absolute Wahrheit" gehalten, als einzig mögliche Darstellung verstanden wird. Offenheit zuzulassen bedeutet mithin, keine endgültigen Deutungen anzubieten, sondern auf das Vorläufige aller Aussagen zu verweisen, Alternativen vorzustellen und den Betrachter in jedem Fall zum Denken anzuregen. Nur durch diese Offenheit kann ein historisches Museum sein grundsätzliches Ziel erreichen, dem Besucher eine eigene reflektierte und kritische Interpretation der Vergangenheit zu ermöglichen.

3. Ein historisches Museum muss dem Prinzip der Multiperspektivität verpflichtet sein. [...] Jedes Geschehen kann (und sollte) auch dort – und nicht nur in der Geschichtswissenschaft – aus verschiedenen Perspektiven betrachtet werden. Das kann die Geschlechterperspektive sein, die Klassenlage oder eine transnationale Perspektive. Dabei sollte die Sicht von „unten" von der von „oben" nicht dominiert werden. Neben der Multiperspektivität ist zugleich auch die Kontroversität in der Forschung zu berücksichtigen. Denn: Es gibt keine eindeutig und endgültig interpretierten historischen Ereignisse, sondern immer nur mehr oder weniger plausible Erklärungen für die Geschichte. [...]

5. Ein historisches Museum muss exemplarisch arbeiten, muss „Wichtiges" von „Unwichtigem" trennen, muss – trotz aller möglichen Wünsche, die von außen an es herangetragen werden – mutig reduzieren und trotzdem die Vielzahl historischer Präsentationsmöglichkeiten sowie verschiedene methodisch-theoretische Ansätze berücksichtigen. Dabei ist auch der Wandel der Wahrnehmung historischen Geschehens zu berücksichtigen. Insofern ist auch immer der Fragehorizont des Publikums einzubeziehen.

Katja Köhr/Karl Heinrich Pohl, Affirmation statt Kritik? Das Deutsche Historische Museum in Berlin und seine ständige Ausstellung, in: Geschichte in Wissenschaft und Unterricht 58, 2007, H. 10, S. 580 f.

D 3

Das Konzept des DHM

Das „Deutsche Historische Museum" in Berlin ist das größte historische Museum Deutschlands. 2006 wurde die Dauerausstellung des Museums eröffnet. Im Museumsführer heißt es über das Konzept:

Auf einem Rundgang gelangt der Besucher durch eine Folge von chronologisch angeordneten Epochenbereichen, die sich in der langen Perspektive der Ausstellung zu einem Epochenüberblick über zwei Jahrtausende deutscher Geschichte vereinen. [...] An den Hauptweg nach außen angegliedert, bieten sich ferner in jeden Epochenbereich zahlreiche Themen- und Vertiefungsräume zum ergänzenden Besuch an. [...] In einer dritten Informationsebene erweitern zudem speziell im Hause erarbeitete, innovative Multimedia-Angebote sowie museumspädagogische Stationen das inhaltliche Spektrum der historischen Darstellungen. Diese dreistufige Gliederung des Informationsangebots erlaubt es dem Besucher, individuelle Schwerpunkte in der Auseinandersetzung mit der deutschen Geschichte zu setzen und den Rundgang ohne Wegzwänge durch die Fülle der Exponate zeitlich wie inhaltlich nach eigenen Interessen zu gestalten. [...]

Die Blickrichtung der Befragung wechselt in Abhängigkeit von den prägenden politischen und gesellschaftlichen Fragestellungen jeder Zeit. Im Sinne einer angestrebten Multiperspektivität werden außerdem, wo immer möglich, unterschiedliche zeitgenössische Haltungen und Beurteilungen historischer Ereignisse nebeneinander gestellt, zuweilen auch kontrastiert.

Im deutlichen Gegensatz zu Nationalmuseen des 19. und 20. Jahrhunderts entsteht somit kein einseitiges, lineares oder zielgerichtetes Bild der historischen Prozesse, sondern eine epochenspezifisch differenzierte, historisch-kritische Nachzeichnung der vielfältigen Verläufe, Kontinuitäten, aber auch der Brüche und Fehlentwicklungen der deutschen Geschichte. [...]

[...] von Beginn an [wurden] acht Leitfragen herausgestellt, die als Hilfsmittel zur Erschließung der Fülle des Exponat- und Informationsangebotes dienen können:

– Deutschland – wo liegt es?
– Die Deutschen – was hielt sie zusammen?
– Wer herrschte, wer gehorchte, wer leistete Widerstand?
– Woran glaubten die Menschen, wie deuteten sie die Welt?
– Wovon lebten die Leute?
– Wer mit wem gegen wen? Konflikt und Kooperation in der Gesellschaft

– Was führt zum Krieg, wie macht man Frieden?

– Wie verstehen die Deutschen sich selbst?

65 Die Ausstellung beantwortet diese Fragen nicht explizit selbst, sondern überlässt es dem Besucher, anhand der Darstellungen zu eigenen Antworten und Interpretationen der Zusammen-
70 hänge zu gelangen. Die Geschichtsvermittlung erfolgt damit absichtsvoll nicht in dozierender Form und mit dem Anspruch auf absolute Wahrheiten, sondern als Anleitung zur eigenen Aus-
75 einandersetzung mit der Vergangenheit im Hinblick auf Fragen unserer Zeit.

Grundsätzlich hat die Ausstellung nicht den Anspruch, eine umfassende Geschichte des Alltags, der Arbeit und
80 der Lebensbedingungen zu leisten, sondern sie setzt sich die politische Geschichte als Thema, welche durch Herrscher, Politiker und verfasste Gemeinschaften gestaltet wurde und wird. […]
85 Prinzipiell dienen alle Exponate nicht zur Illustrierung von historischen Erläuterungen, sondern bezeugen als Indizien des Geschichtsprozesses eine gelebte Wirklichkeit. Hier gilt es den
90 Blick zu schärfen und sich auf die Aussagen der nichtverbalen Kommunikation der Exponate einzulassen. Die Sprache der Dinge ist unmittelbarer und klarer, als es scheint.

Leonore Koschnik (Hrsg.), Deutsches Historisches Museum. Deutsche Geschichte in Bildern und Zeugnissen, München u. a. 2006, S. 8–11.

Q 4

Das Hermannsdenkmal

Das Hermannsdenkmal wurde von 1838 bis 1875 auf der Grotenburg, einem Berg im Teuteburger Wald, errichtet. Es sollte erinnern an die „Schlacht im Teutoburger Wald", in der 9. n. Chr. eine römische Armee von germanischen Stämmen unter der Führung des Cheruskerfürsten Arminius (lat.) vernichtet worden war. Heute geht man davon aus, dass diese Schlacht bei Kalkriese in der Nähe von Osnabrück stattgefunden hat.

Schon 1819 hatte der Bildhauer Ernst von Bandel (1800–1876) die Idee zur Errichtung eines Hermannsdenkmals. 1836/37 wählte er die Grotenburg als Standort aus und fertigte ein 7 m hohes Modell des Denkmals an. 1841 stand der Unterbau. Danach lag der Bau Jahrzehnte lang brach, zum einen wegen Geldmangels, zum anderen, weil nach 1848 die Idee, ein Symbol deutscher Gemeinsamkeit zu stiften, an Aktualität verloren hatte. Das änderte sich mit der Reichsgründung. Mit Unterstützung des Reichstages konnte das Denkmal fertiggestellt werden

Einschließlich Sockel hat es eine Höhe von ca. 54 m. Das Schwert Hermanns trägt die Inschrift: „Deutsche Einigkeit meine Stärke – meine Stärke Deutschlands Macht". Im Sockel befindet sich ein Bronzerelief Kaiser Wilhelms I., das aus einer erbeuteten französischen Kanone angefertigt wurde. Die Inschrift dazu lautet:

Der lang getrennte Stämme vereint mit starker Hand,

Der welsche Macht und Tücke siegreich überwand,

5 Der längst verlorne Söhne heim führt zum Deutschen Reich,

Armin, dem Retter, ist er gleich. […]

Am 17. Juli 1870 erklärte Frank-
10 reichs Kaiser, Louis Napoleon, Preußen Krieg, da erstunden alle Volksstämme Deutschlands und züchtigten von August 1870 bis Januar 1871 immer siegreich französischen Übermut unter
15 Führung König Wilhelms von Preußen, den das deutsche Volk am 18. Januar zum Kaiser erkor.

Nur weil deutsches Volk verwelscht und durch Uneinigkeit machtlos gewor-
20 den, konnte Napoleon Bonaparte, Kaiser der Franzosen, mit Hilfe Deutscher Deutschland unterjochen; da endlich 1813 scharten sich um das von Preußen erhobene Schwert alle deutschen Stäm-
25 me ihrem Vaterland aus Schmach die Freiheit erkämpfend. […]

http://westfalen-nord.net/sehenswerte-heimat/hermannsdenkmal. Eingesehen am 10. 4. 2012.

D 4

„Bürger in Bewegung"

Am 9. November 2007 hat der Bundestag die Errichtung eines Freiheits- und Einheitsdenkmals beschlossen. Dieses soll in erster Linie an die friedliche Revolution in der DDR und die anschließende Wiedervereinigung der beiden deutschen Staaten erinnern. Zugleich sollen frühere Freiheitsbewegungen in Deutschland aufgegriffen werden. Aus dem Wettbewerb um die Gestaltung des Denkmals ging das Modell einer begehbaren Schale mit dem Titel „Bürger in Bewegung" als Sieger hervor. In ihrem Konzept schreiben die Preisträger:

Ein nach oben geöffnetes, leichtes, schlankes und dynamisches Objekt. Es erinnert vielleicht an Flügel, an ein Blatt, eine Schale, ein Boot, eine ge-
5 öffnete Hand. All diese Assoziationen sind erwünscht – es soll beflügeln und gleichzeitig Geborgenheit ausstrahlen.

Das Denkmal ist offen für unterschiedlichste Nutzungen: Spontane,
10 informelle, spielerische oder auch offizielle.

Die Wölbung der Schale wie auch die Rundung des Schriftzuges bilden einen offenen Raum, einen Platz, eine
15 Bühne, die den Menschen offen steht: als Ort des Zeigens, Schauens, Aufführens, Diskutierens, Musizierens. Ein Speaker's Corner, ein Treffpunkt, eine Sitzlandschaft – ein Frei- und Spiel-
20 raum für die Besucher und Bürger der Stadt.

Die Buchstaben sind „besetzbar" im wahrsten Sinne des Wortes. Gerne können die Menschen auf den Buchstaben
25 verweilen, essen, sich verabreden. Es wird ein heiterer, nahbarer Ort sein

Die Besucher sind aufgefordert, das Erbe der Friedlichen Revolution fortzuführen.

In der Begründung der Jury heißt es:
30 Der Titel Bürger in Bewegung verweist darauf, dass Veränderungen mit der Aktivität der Bürgerinnen und Bürger verbunden sind, Kommunikation voraussetzen und selbst dann nur lang-
35 same, allmähliche Bewegung erzeugt.

Q 5

Das Hermannsdenkmal bei Detmold,
Foto 2011

Q 6

Entwurf für das Denkmal für Freiheit und Einheit Deutschlands,
von Johannes Milla und Sasha Waltz, 2010

Durch die Begehbarkeit des neuen Sockels in Form einer Schale werden die Bürger selbst zu Nutzern und zum Teil des Denkmals. Die Widmung „Wir
40 sind das Volk. Wir sind ein Volk." steht nicht plakativ im Stadtraum, sondern wird um so deutlicher und sichtbarer, je weiter man sich auf dieses Denkmal einlässt und es betritt.

D 5

Eine Mitmachskulptur

In einem Artikel in der „ZEIT" vom 20.4.2011 nimmt der Journalist Hanno Rauterberg zu dem Denkmalsentwurf Stellung:

Die Planer wollten keinen Ort der Besinnung, sondern eine Mitmachskulptur. Aus der historischen Freude machen sie einen jahrmarkthaften
5 Spaß, alle Bedeutung lösen sie auf in Event. […]

Im Auf und Ab der Großskulptur soll sich sinnbildhaft zeigen, was Bürger in Bewegung (so der Titel des Projekts)
10 zustande bringen. Beliebiger könnte das Konzept nicht sein: Falls demnächst irgendwo ein Denkmal für die Geschichte der Sozialversicherung, ein Denkmal für den Denkmalschutz oder
15 ganz allgemein für die Errungenschaften der Zivilgesellschaft geplant wird, könnten Milla und Waltz auch dort ihren Berliner Entwurf problemlos einreichen. […]
20   Doch die Metapher des neuen Denkmals krankt nicht allein an fürchterlicher Beliebigkeit. Sie zeugt auch von einem schwer deprimierten Geschichtsbild. Denn egal, wie munter und ange
25 regt sich „die Bürger" auf der Wippe auch bewegen, über ein gemächliches Auf und Nieder werden sie nie hinauskommen. Es ist eine Bewegung ohne Bewegung, es geht nicht voran: In die
30 sem Denkmal kommt die Geschichte nicht vom Fleck.
   Doch war es genau dieser Stillstand der Zeit, die eingefrorene Epoche des Kalten Krieges, die von den Revoluti
35 onären im November 1989 überwunden wurde. Es ging ihnen nicht um Freude

und Spaß und erst recht nicht um gemächliches Herumgewippe. Es ging um Mut, um politisches Aufbegehren, um
40 einen eigensinnigen Freiheitskampf. Und am Ende bewiesen sie dem Erdball: Ja, es kann geschehen, es gibt ein Voran! Die Welt lässt sich verändern!
   Nichts von alldem, von der Toll
45 kühnheit, dem Aufruhr, dem unfasslichen Glück steckt in dem neuen Denkmal. Zu Recht ist seine geschichtsferne Belanglosigkeit von vielen kritisiert worden. Selbst etliche Beamte
50 im Bundesbauministerium und beim Kulturbeauftragten stöhnen laut auf, wenn man sie auf den Siegerentwurf anspricht. Ungeheuer peinlich sei der Entwurf. Noch peinlicher jedoch sei
55 es, diese Peinlichkeit nicht zu bauen. Wie stünde Deutschland dann da, eine Nation, die es nicht hinbekommt, ihrer jüngsten Geschichte ein Denkmal zu setzen?
60   […] Es braucht kein Denkmal für Einheit und Freiheit, weil es bereits eines gibt. Eines, das in seiner Symbolkraft großartiger nicht sein könnte: das Brandenburger Tor.

Nationale Gedenk- und Feiertage

„Franzosen, wir sind frei" hieß es 1790 in einer Rede, die an den 14. Juli 1789, den Tag der Erstürmung der Bastille, erinnerte. Und nach dieser Rede beschloss die französische Nationalversammlung, dass fortan an jedem 14. Juli ein großes Fest stattfinden sollte, um dieses wichtiges Ereignis zu feiern. Diesen Festtag gibt es noch heute – es ist der französische Nationalfeiertag: Auf der Prachtstraße Les Champs-Elysées in Paris nimmt der Präsident feierlich eine Parade der Armee ab und auch in den Städten und Dörfern gibt es Feierlichkeiten. So wie die Franzosen haben alle anderen Nationen auch ihren Nationalfeiertag.

Gedenk- und Feiertage haben eine lange Tradition. Ihr Charakter hat sich über die Jahrhunderte hinweg gewandelt. Auch sind die Anlässe für das Gedenken und Erinnern unterschiedlich. Aber in einem Punkt gleichen sie sich alle: Sie erinnern an wichtige Ereignisse in der Geschichte des Landes oder an bedeutende Persönlichkeiten. Somit sind sie ein wichtiger Bestandteil der Geschichts- und Erinnerungskultur.

Welchen Ursprung haben nationale Gedenk- und Feiertage?
Wie änderte sich deren Bedeutung im Laufe der Zeit?
Wie spiegelt sich in den Gedenk- und Feiertagen die nationale oder auch internationale Geschichte wider?
Wie werden sie begangen?
Welche Bedeutung haben Gedenk- und Feiertage für das Selbstverständnis von Politik und Gesellschaft der jeweiligen Staaten?

Mit den folgenden Schritten können Sie die Problematik der Geschichts- und Erinnerungskultur am Beispiel der Gestaltung von Gedenk- und Feiertagen untersuchen und Antworten auf die Leitfragen erarbeiten. Gleichzeitig können Sie Ihre Kompetenzen im reflektierten Umgang mit der Geschichte anwenden und vertiefen.

Die Ursprünge von Gedenk- und Feiertagen	**Analyse und Wertung von Gedenk- und Feiertagen hinsichtlich ihres historischen Erkenntnisgewinns und ihrer Bedeutung für die Herausbildung von Identitäten in Vergangenheit und Gegenwart** → mit Kategorien und Begriffen umgehen → Darstellungen von Vergangenheit dekonstruieren → eigene Deutung und Wertung auf der Grundlage von Erklärungsmodellen und Theorien vornehmen	Funktionen von Gedenk- und Feiertagen
Die Träger von Gedenk- und Feiertagen		Formen und Rituale der Gestaltung von Gedenk- und Feiertagen

Der lange Weg vom Verdrängen der NS-Verbrechen zum Opfergedenken	**Analysieren und Deuten des Gedenktages für die Opfer des Nationalsozialismus** → mit Kategorien und Begriffen umgehen → mit Perspektivität umgehen → eigene Deutung und Wertung vornehmen → eigene Form von Gedenken erarbeiten	Die nationale und internationale Erinnerung an die Opfer des Nationalsozialismus
Der 27. Januar in der deutschen Geschichtspolitik		Die Ausarbeitung eines Konzepts für die Gestaltung eines Gedenktages

Die Entdeckung Amerikas durch Kolumbus als nationale Sinnstiftung	**Analysieren, Deuten und Bewerten des Día de la Hispanidad in verschiedenen Ländern der Welt** → mit Kategorien und Begriffen umgehen → mit Perspektivität umgehen → eigene Deutung und Wertung vornehmen	Der Día de la Resistencia als Ausdruck neuer Identitäten in den Ländern des ehemaligen spanischen Kolonialreiches
Das Streben nach kollektiver Identität in Spanien und den ehemaligen spanischen Überseegebieten		

		Die Proteste gegen den Columbus Day
Die Erinnerung an Kolumbus als Teil der nationalen Identität	**Analysieren, Deuten und Bewerten des Columbus Day in den Vereinigten Staaten von Amerika** → mit Kategorien und Begriffen umgehen → mit Perspektivität umgehen → eigene Deutung und Wertung vornehmen	Die Herausbildung einer starken kollektiven Identität der amerikanischen Ureinwohner und Afroamerikaner

Abbildung: Parade zum französischen Nationalfeiertag in Paris am 14. Juni 2010

Gedenk- und Feiertage in Geschichte und Gegenwart

„Fröhliche Ostern!" „Einen schönen Ersten Mai!" „Erholsame Feiertage!" So verabschieden sich Menschen nach Arbeitsschluss und freuen sich auf einen oder mehrere freie Tage. Fraglich ist, ob sie dabei daran denken, warum sie an diesen Tagen nicht arbeiten müssen. Woher kommt der Brauch, bestimmte Daten zu Gedenk- oder Feiertagen zu erklären? Was sagen diese Tage und deren Ausgestaltung über die Erinnerungskultur einer Gesellschaft aus?

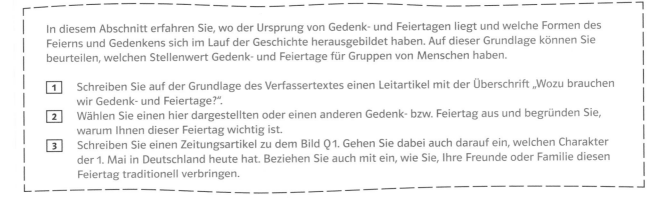

In diesem Abschnitt erfahren Sie, wo der Ursprung von Gedenk- und Feiertagen liegt und welche Formen des Feierns und Gedenkens sich im Lauf der Geschichte herausgebildet haben. Auf dieser Grundlage können Sie beurteilen, welchen Stellenwert Gedenk- und Feiertage für Gruppen von Menschen haben.

1 Schreiben Sie auf der Grundlage des Verfassertextes einen Leitartikel mit der Überschrift „Wozu brauchen wir Gedenk- und Feiertage?".

2 Wählen Sie einen hier dargestellten oder einen anderen Gedenk- bzw. Feiertag aus und begründen Sie, warum Ihnen dieser Feiertag wichtig ist.

3 Schreiben Sie einen Zeitungsartikel zu dem Bild Q1. Gehen Sie dabei auch darauf ein, welchen Charakter der 1. Mai in Deutschland heute hat. Beziehen Sie auch mit ein, wie Sie, Ihre Freunde oder Familie diesen Feiertag traditionell verbringen.

Ursprünge von Feier- und Gedenktagen

Gedenk- und Feiertage haben eine lange Tradition. Schon in der Antike feierten die Menschen an bestimmten, jährlich wiederkehrenden Tagen. Beim Opfer für ihre Götter erinnerten sie an ihre eigenen Ursprünge, an ihre Ahnen. Die Juden gedenken seit altersher am Pessach-Fest des Auszugs ihrer Vorväter aus Ägypten und der Befreiung ihres Volkes von der Tyrannei des Pharaos. Daneben gab es zahlreiche Festtage, die an wichtige Ereignisse oder auch an Aufgaben der Menschen im Verlauf des Jahres erinnerten: Die Römer feierten beispielsweise den Amtsantritt der neu gewählten Konsuln. Ebenso waren ihnen bedeutende Siege oder auch Niederlagen erinnerungswürdig. In agrarischen Gesellschaften spielten vor allem Feste eine Rolle, die der Fruchtbarkeit gewidmet waren oder bei denen für die Ernte gedankt wurde. All diese Feiertage hatten zumeist regionale oder lokale Bezüge.

Das Christentum hat an diese Traditionen angeknüpft. Im Verlauf der Jahrhunderte wurden zahlreiche christliche Feiertage eingeführt, die fortan das Jahr strukturierten. So erinnern Weihnachten und Ostern als bedeutendste christliche Feiertage an Geburt und Tod Jesu Christi sowie die von ihm verkündeten Botschaft. An „Namenstagen" gedenken Christen der Heiligen, deren Leben und Wirken ein Beispiel für die Gläubigen sein soll. Mit der Ausbreitung der christlichen Religion übernahmen diese Feiertage eine weitere Funktion: Sie sollten und sollen alle Christen weltweit in ihrem Glauben einen. Der 31. Oktober wiederum erinnert die Protestanten an den Anschlag von Luthers Thesen und damit den Beginn der Reformation 1517. Auch der Islam kennt ähnliche Traditionen. So erinnert zum Beispiel das Fest Mevlid an den Geburtstag des Propheten Mohammed und der Ramadan ist ein jährlich wiederkehrender Fastenmonat, wie ihn andere Religionen auch kennen.

Sinnstiftung und Funktionalisierung in der Neuzeit

In späteren Epochen knüpften die Menschen an diese Formen der gemeinsamen Erinnerung an. Zu den religiösen Feiertagen kamen nun neue weltliche hinzu. An Herrschergeburtstagen wurden Feiern ausgerichtet. Sie waren ein Zeichen der Verehrung des Monarchen und der Loyalität und Treue ihm gegenüber. Im 18. Jahrhundert entstanden auch die ersten nationalen Feiertage. Sie dienten den Angehörigen einer Nation der Selbstvergewisserung, der Bildung von Traditionen oder der Identifizierung mit dem Staat. Zugleich waren sie Ausdruck des Stolzes über Erreichtes in der Vergangenheit, aber auch der Abgrenzung gegenüber anderen Staaten und Systemen. Zumeist enthielten sie auch Botschaften, die in die Zukunft gerichtet waren. So erinnert der amerikanische Unabhängigkeitstag am 4. Juli seit 1787 an die Befreiung von der englischen Herrschaft. In Frankreich war der 14. Juli bereits 1790 ein Fest, das den Sturz des absolutistischen Systems feierte. Und bis zum Zusammenbruch der ehemaligen Sowjetunion erinnerten pompöse Festlichkeiten an die „Große sozialistische Oktoberrevolution", die den Beginn einer neuen Epoche der Menschheit und die Überlegenheit des sozialistischen Systems symbolisieren sollten. In vielen Staaten Afrikas und Asiens ist der wichtigste Feiertag der Unabhängigkeitstag, der an das Ende der Kolonialherrschaft erinnert. Darüber hinaus feiern viele Staaten den Jahrestag ihrer Verfassungen – in der Bundesrepublik der 23. Mai – oder ihrer Staatsgründung – wie einst die ehemalige DDR am 7. Oktober.

Besondere Gedenktage wurden in vielen Ländern den Gefallenen vergangener Kriege gewidmet. Auch der 1. Mai, der internationale Tag der Arbeit, ist aus der Erinnerungskultur nicht mehr wegzudenken. Er ist zugleich ein Beispiel für den Wandel von Feiertagen. Im ausgehenden 19. Jahrhundert demonstrierten die Arbeiter an diesem Tag weltweit für ihre Rechte und bessere Lebens- und Arbeitsbedingungen, selbst wenn sie dafür Geld- und Haftstrafen riskierten. Mittlerweile ist er offizieller Feiertag in vielen Teilen der Welt. So wie die Einführung neuer Feiertage ein Kennzeichen für den Wandel der Erinnerungskultur sein kann, so ist dies auch deren Abschaffung. Ein Beispiel dafür ist der 17. Juni, der in der Bundesrepublik an den Arbeiteraufstand in der DDR erinnerte und das Streben nach Wiedervereinigung wach halten sollte. Nachdem diese wiederhergestellt war, musste er dem 3. Oktober als nationalem Gedenk- und Feiertag weichen. Umgekehrt wurde 1996 der 27. Januar zum Gedenktag an alle Opfer des NS-Regimes erklärt (vgl. S. 64–71).

Träger, Formen und Rituale

Träger öffentlicher Feier- und Gedenktage war und ist bis heute in der Regel der Staat. Daneben gab oder gibt es Feier- und Gedenktage, die nur für bestimmte Parteien, gesellschaftliche Gruppen oder Vereine von Bedeutung waren oder sind. So ist der Todestag von Karl Liebknecht und Rosa Luxemburg (15. Januar 1919) ein wichtiger Gedenk- und Protesttag der politischen Linken in Deutschland (vgl. S. 23). Ehemalige Hansestädte erinnern mit dem Hansetag an die Rolle dieser mittelalterlichen Organisation. Gefeiert werden auch Jubiläen, ohne dass diese Tage zu Gedenktagen erhoben werden. Ein Beispiel dafür war der 300. Geburtstag Friedrichs des Großen im Jahr 2012. Die Formen des Gedenkens sind höchst unterschiedlich: Neben großen Demonstrationen, aufwendigen Paraden und feierlichen Reden gibt es stille Gedenkstunden, Kranzniederlegungen oder Schweigeminuten. Immer wiederkehrende gesetzlich festgelegte Rituale und Zeremonien unterstreichen den hohen Symbolgehalt der Feier- und Gedenktage. Die Zahl der Anwesenden bei den Veranstaltungen wiederum erlaubt Rückschlüsse auf die Identifikation der Bevölkerung mit den jeweiligen Zielen. Damit einhergeht eine zunehmende Kommerzialisierung von Feier- und Gedenktagen. Sonderbriefmarken, Publikationen und Ausstellungen, Theaterspiele und Ausflugsfahrten zu historischen Orten sind inzwischen Teil dieser Feiertags- und Gedenkkultur. Inwieweit die Menschen sich zugleich noch an den ursprünglich mit diesen Tagen verbundenen Sinn erinnern, ist eine offene Frage. Gleichwohl ist es bis heute unstrittig, dass Feier- und Gedenktage wichtige Funktionen im Rahmen unserer Geschichts- und Erinnerungskultur erfüllen, sei es als Teil öffentlichen Gedenkens oder als Anlass kritischer Selbstvergewisserung über den eigenen Umgang mit Geschichte.

Q 1

Kundgebung des Deutschen Gewerkschaftsbundes am 1. Mai 2012 in Berlin

Anhand der Materialien können Sie rekonstruieren, wie Feier- und Gedenktage zu unterschiedlichen Zeiten und in verschiedenen Ländern entstanden, welche Ziele sie verfolgten und wie sie gefeiert wurden. Q 2–Q 5 beziehen sich auf Deutschland, Q6–Q 8 auf Frankreich und Q9–Q 10 nehmen einen internationalen Feiertag in den Blick.

1 Diskutieren Sie anhand von Q 2–Q 5 die Motive, die zu unterschiedlichen Zeiten in Deutschland dafür ausschlaggebend waren, bestimmte Tage zu Gedenk- und Feiertagen zu erklären.

2 Versetzen Sie sich in die Lage eines Reporters, der bei der Gedenkfeier für die Opfer des 17. Juni 1953 bzw. der Staatsgründungsfeier der DDR dabei war. Verfassen Sie dazu einen Leitartikel.

3 Führen Sie ein fiktives Streitgespräch zwischen Anhängern (Q 6) und Gegnern (Q 8) des französischen Nationalfeiertages. Beziehen Sie dabei auch das Bild Q 7 mit ein.

4 Halten Sie aus der Perspektive eines deutschen Gewerkschafters eine Rede zum 1. Mai. Gehen Sie dabei auf den Ursprung dieses Feiertages und seinen Platz in der kollektiven Erinnerung ein (Q 1, Q 9–Q 10).

Q 2

Kaisers Geburtstag

Der Geburtstag des preußischen Königs und deutschen Kaisers, Wilhelm II., am 27. Januar war ein Nationalfeiertag und damit Anlass für öffentliche Feiern und Paraden. Kinder sangen dabei u. a. dieses Lied:

Das schönste Land hinieden
es ist mein Vaterland
nichts raube ihm den Frieden
geschützt durch Gottes Hand

5 Drin waltet mild und weise
mein König väterlich
Ein Loblied, das ihn preise
sing ich herzinniglich

Gerechtigkeit vor allem
10 füllt seine edle Brust
zu ihm darf man nur wallen
des guten Rechts bewußt

Wo Not und Elend drücket
da spendet er so reich
15 Dem Herzen, das ihn schmücket
kommt keins der andern gleich

Mein König Wilhelm throne
noch lang im Vaterland
Leicht sei dem Haupt die Krone
20 das Zepter seiner Hand

www.volksliederarchiv.de/text4810.html.

Q 3

Tag der Deutschen Einheit 1965. Kranzniederlegung am Mahnmal für die Opfer vom 17. Juni 1953 in Berlin, v. l. n. r. Parlamentspräsident Otto Bach, Bundeskanzler Kiesinger, Finanzsenator Hoppe und der Regierende Bürgermeister Willy Brandt

Q 4

Parade zum 30. Jahrestag der Gründung der DDR am 7. Oktober 1979 auf der Berliner Karl-Marx-Allee

Q 5

„Wir sollten nie vergessen"

Aus der Rede des damaligen Bundespräsidenten Johannes Rau beim Festakt zum Tag der Deutschen Einheit am 3. Oktober 2000 in Dresden:

Vor zehn Jahren hat sich der Wunsch der Deutschen erfüllt, frei und friedlich in einem geeinten Land zu leben: in einem demokratischen und sozialen
5 Rechtsstaat.

Seit zehn Jahren gestalten die Deutschen ihre Zukunft in Freiheit und Selbstbestimmung. Unser Land lebt mit seinen Nachbarn in Frieden und in gu-
10 tem Einvernehmen. Wir haben weltweit ungezählte Freunde und Partner. Das zeigt sich auch heute. Viele Repräsentanten befreundeter Staaten sind in unserer Mitte. Jacques Chirac, der Präsident der
15 Französischen Republik, wird gleich zu uns sprechen. Dafür sind wir dankbar und darüber freuen wir uns sehr.

Übrigens: Gerade von unseren französischen Freunden können wir Deut-
20 schen etwas darüber lernen, wie eine Nation ihren Feiertag fröhlich feiert und nicht nur festlich begeht.

Einmal im Jahr widmen wir der Einheit einen Feiertag. Im Alltag ist sie für
25 die allermeisten längst selbstverständlich. Wir sollten aber nie vergessen, wie wenig selbstverständlich der Erfolg von 1990 gewesen ist, wie viel Mut und Besonnenheit, welch langer Atem, wie vie-
30 le kleine Schritte nötig waren – von der festen Westbindung bis zur Aussöhnung mit den Völkern Mittel- und Osteuropas, vom Grundlagenvertrag und den Besuchserleichterungen für Berlin bis
35 zur KSZE-Schlussakte, auf die sich gegen alle staatliche Repression die berufen konnten, die in Prag und in Moskau, in Danzig und in Budapest, in Jena und in Rostock Menschenrechte und Demo-
40 kratie einforderten.

Den wichtigsten Beitrag zur deutschen Einheit haben dann 1989 und 1990 die Bürgerinnen und Bürger in der DDR geleistet – manche Bekannte und
45 noch mehr Unbekannte. Viele Gesichter und Namen sind vielen von uns in Erinnerung. [...] Die Ostdeutschen haben sich die Freiheit erkämpft – mit Kerzen und mit Gebeten, mit Mut und Fried-
50 fertigkeit gegen ein waffenstarrendes System. Manchen war anfangs die Freiheit wichtiger als die Einheit – auch im Westen. Aber schließlich haben wir alle gelernt, dass die überwältigende Mehr-
55 heit der Menschen in der DDR mit der Freiheit die staatliche Einheit wollte.

[...] Wir feiern heute, dass keine Grenze mehr mitten durch Deutschland geht, an der auf Menschen Jagd ge-
60 macht wird. Wir dürfen nicht zulassen, dass mitten in Deutschland wieder Jagd auf Menschen gemacht wird.

Unsere Einheit verlangt auch Einigkeit über die Grundregeln unseres
65 Zusammenlebens und über die Werte, die uns schützen und die wir gemeinsam schützen müssen. An erster Stelle unseres Grundgesetzes steht: „Die Würde des Menschen ist unantastbar." Wir
70 dürfen in Deutschland keine „Zonen" zulassen, in denen Minderheiten ihres Lebens nicht sicher sein können.

Unsere freiheitliche Demokratie ist stärker als manche glauben. Als Rechts-
75 extreme in Weimar aufmarschieren wollten, da hat sich die gesamte Bürgerschaft dagegen gewehrt. Die Demokraten haben klargemacht: „Weimar sind wir!" In ganz Deutschland gibt es ähn-
80 liche gesellschaftliche Bündnisse. Auch diese Tatsache gehört zum heutigen Tag der Einheit, und darüber freue ich mich.

Der 3. Oktober kann und sollte ein Tag sein, an dem wir den Stand der
85 Einheit stets aufs Neue kritisch prüfen. Dazu gehört natürlich längst nicht allein die Frage nach dem, was uns Sorgen macht oder was noch fehlt. Genauso wichtig ist, dass wir uns den Blick für
90 das Gute und für das Gelungene bewahren. Dazu zählen die Aufbauerfolge und die Wirtschaftskraft unseres Landes, sein kultureller Reichtum und seine landsmannschaftliche Vielfalt. Dazu
95 gehört auch unsere Weltoffenheit und die große Bereitschaft der Deutschen, anderen zu helfen.

An diesem zehnten Jahrestag der deutschen Einheit können wir dankbar
100 zurückblicken und zuversichtlich nach vorn schauen. Lassen Sie uns diesen Tag hier in Dresden und in ganz Deutschland gemeinsam feiern. Wir leben in einem Land, in dem zu leben sich lohnt.

www.bundespraesident.de/SharedDocs/
Reden/DE/Johannes-Rau/Reden/2000/10/
20001003_Rede.html.

Q 6

Der schönste Tag in der französischen Geschichte

Im Sommer 1880 diskutiert der französische Senat die Frage der Einführung des 14. Juli als Nationalfeiertag. Das Ergebnis der Beratungen trägt Senator M. Henri Martini anschließend im Plenum vor:

Zwei unserer Kollegen haben gekämpft: nicht gegen den Gedanken eines Nationalfeiertags, sondern gegen das für diesen Feiertag gewählte Datum.
5 Sie haben zwei andere Daten aus der Geschichte der Revolution vorgeschlagen, die ihnen zufolge beide den Vorteil hätten, weder an innere Kämpfe noch an vergossenes Blut zu erinnern. Der
10 eine bevorzugte den 5. Mai, den Jahrestag der Eröffnung der Generalstände im Jahr 1789; der andere empfahl den 4. August, dessen berühmte Nacht allen im Gedächtnis geblieben ist. [Abschaf-
15 fung aller Vorrechte des Adels]

Die Mehrheit [...] hat sich für das von der Abgeordnetenkammer gewählte Datum ausgesprochen. Der 5. Mai, ein Datum, das den meisten heute kaum
20 bekannt ist, deutet nur auf den Beginn der neuen Ära hin: Die Generalstände waren noch keine Nationalversammlung; sie waren nur der Übergang vom alten Frankreich zum Frankreich der
25 Revolution.

Die Nacht des 4. August, die wesentlich charakteristischer und populärer ist, hat - so groß die Vorstellung, die sie der Welt geboten hat, auch war - jedoch
30 nur eine der Phasen der Revolution markiert: die Begründung der bürgerlichen Gleichheit.

Der 14. Juli, das ist die ganze Revolution. Das ist viel mehr als der 4.
35 August, der für die Abschaffung der

Q 7

Parade von Schuljungen in Militäruniformen vor dem Denkmal der Republik in Paris am 14. Juli 1883, unbekannter Künstler, Musée Carnavalet, Paris

feudalen Privilegien steht; das ist viel mehr als der 21. September, der für die Abschaffung des königlichen Privilegs, der Erbmonarchie steht. Das ist der ent-
40 scheidende Sieg der neuen Ära über das alte Regime. Die ersten Errungenschaften, die unseren Vätern zum Schwur im Ballhaus verhalfen, waren bedroht; äußerste Kräfte bereiteten sich vor, die
45 Revolution im Keim zu ersticken; eine größtenteils ausländische Armee zog sich um Paris zusammen. Paris erhob sich und indem es die alte Festung der Gewaltherrschaft erstürmte, rettete es
50 die Nationalversammlung und die Zukunft.

Es wurde Blut vergossen am 14. Juli: die großen Veränderungen der menschlichen Gesellschaften - und diese war die
55 größte von allen - haben bisher immer Schmerz und Blut gekostet. Wir hoffen fest, dass in unserem geliebten Vaterland auf den Fortschritt durch Revolutionen nun endlich der Fortschritt durch
60 friedliche Reformen folgt. Aber jene unserer Kollegen, die tragische Erinnerungen zögern lassen könnten, erinnern wir daran, dass auf den 14. Juli 1789, diesen 14. Juli, an dem sich die Erstürmung

65 der Bastille ereignete, ein weiterer 14. Juli folgte, der des Jahres 1790, der den ersteren […] zu einer festen Institution werden ließ. Was diesen zweiten Tag des 14. Juli, der weder einen Tropfen Blut
70 noch eine Träne gekostet hat, was diesen Tag der Großen Föderation anbelangt, so hoffen wir, dass keiner von Euch sich weigert, sich uns anzuschließen, um ihn als Symbol der brüderlichen Einigkeit
75 aller Teile Frankreichs und aller französischen Bürger in Freiheit und Gleichheit zu erneuern und fortbestehen zu lassen. Der 14. Juli 1790 ist der schönste Tag der Geschichte Frankreichs und
80 vielleicht der Geschichte insgesamt. An diesem Tag wurde endlich die nationale Einheit vollbracht, vorbereitet durch die Anstrengungen so vieler Generationen und so vieler großer Menschen, die
85 die Nachwelt in dankbarer Erinnerung behalten wird. Föderation bedeutete an diesem Tag freiwillige Einheit. Zu schnell sind sie vergangen, diese Stunden, in denen alle französischen Her-
90 zen im gleichen Takt schlugen; aber die schrecklichen Jahre, die folgten, konnten diese unsterbliche Erinnerung, diese Prophezeiung einer Zukunft, die zu

verwirklichen uns und unseren Söhnen zukommt, nicht auslöschen.

http://14juillet.senat.fr/toutsavoir/index.html# rapport Stand 16.10.2012.

Q 8

Die Revolution – eine Wohltat?

Der Bischof von Angers und Abgeordnete der Deputiertenkammer, Monseigneur Freppel (1827–1891), ruft alle Gläubigen auf, nicht an der Hundertjahrfeier der Französischen Revolution 1889 teilzunehmen:

Was hat die Revolution aus Frankreich gemacht? Hat sie nach nunmehr einhundert Jahren ein einziges Problem gelöst, das sie sich zu Beginn ge-
5 stellt hat, und woher kommt dieses Unvermögen? Kann man ihr auch nur eine der vernünftigen und verständigen Reformen, die seit einem Jahrhundert im zivilen, politischen und sozialen
10 Leben vollbracht worden sind, zusprechen oder wären diese Reformen ohne sie viel weiser, viel gerechter und viel sicherer durchgeführt worden? Hat sie die Maximen der Freiheit, der Gleich-
15 heit und der Brüderlichkeit verwirklicht oder hat sie mit den ihr eigenen Formen den Despotismus und den Parteienhass hervorgebracht? Kann sie sich rühmen, zum Fortschritt der Wissenschaft oder
20 zur Verbesserung des Schicksals der Arbeiter beigetragen zu haben? Worin liegt dagegen ihr Anteil an der größten Geißel der modernen Weit, am Militarismus ohne inneren Frieden noch
25 Grenzen? […] Das sind die Fragen, die am Vorabend der Jahrhundertfeier von 1789 zu lösen sind, um zu wissen, ob die Französische Revolution, weit davon entfernt, eine Wohltat zu sein, nicht
30 eines der verhängnisvollsten Ereignisse ist, das seine Spuren in die Geschichte der Menschheit hinterlässt. […]

Charles-Emte Freppel (1827–1891), La Revolution francaise. A propos du centenaire de 1789, 1889, übers. nach: Antoine de Baecque, Pour ou contre la Revolution de Mirabeau à Mitterrand, Paris 2002, S. 447.

Q 9

Vom Kampf- zum Feiertag

Am 14. Juli 1889 verabschieden die Delegierten des Internationalen Arbeiterkongresses in Paris eine Resolution:

Es ist für einen bestimmten Zeitpunkt eine große internationale Manifestation (Kundgebung) zu organisieren, und zwar dergestalt, daß gleichzeitig in
5 allen Ländern und in allen Städten an einem bestimmten Tage die Arbeiter an die öffentlichen Gewalten (Behörden) die Forderung richten, den Arbeitstag auf acht Stunden festzusetzen und die
10 übrigen Beschlüsse des internationalen Kongresses von Paris zur Ausführung zu bringen. In Anbetracht der Tatsache, daß eine solche Kundgebung bereits von dem Amerikanischen Arbeiterbund
15 [...] für den 1. Mai 1890 beschlossen worden ist, wird dieser Zeitpunkt als Tag der internationalen Kundgebung angenommen. Die Arbeiter der verschiedenen Nationen haben die Kundgebung
20 in der Art und Weise, wie sie ihnen durch die Verhältnisse ihres Landes vorgeschrieben wird, ins Werk zu setzen.

Festsetzung eines höchstens acht Stunden betragenden Arbeitstages für
25 jugendliche Arbeiter;

Verbot der Arbeit für Kinder unter 14 Jahren und Herabsetzung des Arbeitstages auf sechs Stunden für beide Geschlechter;
30 Verbot der Nachtarbeit, außer für bestimmte Industriezweige, deren Natur einen ununterbrochenen Betrieb erfordert;

Verbot der Frauenarbeit in allen
35 Industriezweigen, deren Betriebsweise besonders schädlich auf den Organismus der Frauen einwirkt;

Verbot der Nachtarbeit für Frauen und jugendliche Arbeiter unter 18 Jah-
40 ren; ununterbrochene Ruhepause von wenigstens 36 Stunden die Woche für alle Arbeiter;

Verbot derjenigen Industriezweige und Betriebsweisen, deren Gesund-
45 heitsschädlichkeit für die Arbeiter vorauszusehen ist; Verbot der Lohnzahlung in Lebensmitteln sowie der Unternehmerkramladen (Kantinen
50 usw.); [...].

Überwachung aller Werkstätten und industriellen Etablissements mit Einschluß der Hausindustrie, durch vom Staat besoldete und mindestens zur
55 Hälfte von den Arbeitern gewählte Fabrikinspektoren.

[Der Kongreß erklärt], daß diese zur Gesundung der sozialen Verhältnisse notwendigen Maßregeln zum Gegen-
60 stand internationaler Verträge und Gesetze zu machen sind, und forderte die Proletarier aller Länder auf, in diesem Sinne auf ihre Regierungen einzuwirken. [...]

65 [Der Kongreß erklärt], daß es die Pflicht der Arbeiter ist, die Arbeiterinnen als gleichberechtigt in ihre Reihen aufzunehmen, und forderte prinzipiell: Gleiche Löhne für gleiche Arbeit
70 für beide Geschlechter und ohne Unterschied der Nationalität. Um die vollständige Emanzipation des Proletariats zu erreichen, hielt es der Kongreß für durchaus notwendig, daß die Arbeiter
75 sich überall organisierten und forderte infolgedessen das uneingeschränkte, vollkommen freie Vereins- und Koalitionsrecht.

Zit. nach: Dieter Schuster, Zur Geschichte des 1. Mai in Deutschland, Düsseldorf 1991, S. 7 f.

Q 10

Illustration zur Proklamation des 1. Mai als Tag der Arbeit, kolorierter Holzschnitt nach Walter Craine, 1889

Erinnern für die Zukunft – der 27. Januar in Deutschland

„Erinnern tut weh. Es löst Entsetzen aus und lässt uns verstummen und aufschreien zugleich", sagte am 27. Januar 1998 die damalige Bundestagspräsidentin Rita Süssmuth. Warum wollen und müssen wir uns dem aussetzen – nicht nur zu offiziellen Anlässen? Wozu bedarf es dafür eines Gedenktages? Warum gehört dieser zur Geschichts- und Erinnerungskultur?

Der Darstellungsteil gibt einen Überblick über den Ursprung und Gestaltung des Gedenktages für die Opfer des Nationalsozialismus. Auf dieser Grundlage können Sie beurteilen, warum es mehr als 50 Jahre nach Ende des Zweiten Weltkrieges wichtig erschien, der Millionen Opfer deutscher Politik offiziell zu gedenken.

1 Diskutieren Sie auf der Grundlage des Textes und Ihrer eigenen Erfahrung, welchen Stellenwert der Gedenktag für die Opfer des Nationalsozialismus in der deutschen Erinnerungskultur einnimmt.

2 Stellen Sie sich vor, Sie wären bei der Gedenkveranstaltung im Bundestag am 27. Januar 2012 dabei gewesen. Schreiben Sie darüber einen Zeitungsbericht. Beziehen Sie neben Q 1 eigene Recherchen mit ein.

3 Erarbeiten Sie auf der Grundlage eigener Recherchen ein Kurzreferat über „Holocaustgedenktage" in anderen Ländern.

Von der Verdrängung zur „Aufarbeitung"

Vielen Deutschen fiel es nach dem Ende des Zweiten Weltkrieges schwer, sich mit den Verbrechen des NS-Regimes auseinanderzusetzen. Vielmehr überwog der Wille, die eigenen Erinnerungen an das Geschehen an den Fronten und in der Heimat, vor allem aber auch an den direkt oder indirekt miterlebten Terror des Regimes zu vergessen oder wenigstens zu verdrängen. Zu ungeheuerlich war das, was zwischen 1933 und 1945 im deutschen Namen in Europa geschehen war. Hinzu kamen die alltäglichen Sorgen und Nöte der Nachkriegszeit und des Wiederaufbaus, aber auch das Gefühl, als Kriegsversehrter, Kriegerwitwe oder Kriegswaise, Flüchtling oder Vertriebener selber ebenfalls Opfer zu sein. Die großen Prozesse gegen NS-Verbrecher seit den 1960er-Jahren wie auch zunehmend kritischere Fragen einer jüngeren Generation an die eigenen Eltern und Großeltern trugen schließlich in der „alten" Bundesrepublik dazu bei, sich der verdrängten Vergangenheit zu stellen. In der ehemaligen DDR erschien dies hingegen nicht nötig: Der Antifaschismus war dort fester Bestandteil des eigenen Selbstverständnisses. Hinweise auf die angebliche Weigerung der Verantwortlichen im Westen Deutschlands, sich mit dem Nationalsozialismus auseinanderzusetzen, und die Besetzung vieler Stellen in Staat, Gesellschaft und Wirtschaft mit ehemaligen NSDAP-Mitgliedern schienen zudem gut geeignet, in der Auseinandersetzung der politischen Systeme die Überlegenheit des eigenen herauszustreichen. Dass auch viele in der DDR lebende Menschen zuvor mitschuldig geworden waren, wurde indes kaum thematisiert.

„Der Wahrheit ins Auge schauen"

1970 hatte der Kniefall von Bundeskanzler Willy Brandt am Denkmal für die Opfer des Warschauer Ghettos teilweise noch heftige Kontroversen ausgelöst. Am Ende der 1970er-Jahre hingegen war die Bereitschaft, sich mit der NS-Vergangenheit aktiv und kritisch auseinanderzusetzen, unübersehbar. Die öffentliche Debatte über den amerikanischen Spielfilm „Holocaust" ist dafür ebenso ein Beispiel wie es die Reden von Politikern aller Parteien anlässlich von Gedenktagen sind. „Schauen wir", so hieß es in der Rede des damaligen Bundespräsidenten Richard von Weizsäcker anlässlich des 40. Jahrestag der Befreiung Deutschlands vom Nationalsozialismus, „so gut wir es können, der Wahrheit ins Auge."

Erinnerung und Geschichtspolitik

Die Erinnerung an die Schrecken des Nationalsozialismus war seitdem ein zentraler Teil westdeutscher Geschichtspolitik. Zum wichtigsten Gedenktag entwickelte sich nun vor allem der 9. November, der an die Schrecken des reichsweiten Pogroms gegen die jüdische Bevölkerung 1938 erinnerte. Bereits in der Frühzeit der Bundesrepublik war dieser einer der wenigen unumstrittenen Gedenktage zur Erinnerung an den Mord an europäischen Juden gewesen. Die Aufmerksamkeit und öffentliche Resonanz, mit der dieser wie auch andere nun begangen wurden, war jedoch ungleich höher.

Vom inoffiziellen zum offiziellen Gedenktag

Die bevorstehenden internationalen Gedenkveranstaltungen zum 50. Jahrestag des Kriegsendes und der Befreiung 1995 waren für den Vorsitzenden des Zentralrats der Juden in Deutschland, Ignatz Bubis, schließlich Anlass, einen nationalen Gedenktag für die Opfer des Nationalsozialismus vorzuschlagen. Der Tag der Befreiung des Vernichtungslagers Auschwitz durch die Rote Armee, der 27. Januar 1945, erschien ihm dazu besser geeignet als der 9. November. Dieser sei nur aus deutscher Perspektive ein wichtiges Datum, jener wiese hingegen auf die europäische Dimension des „Holocaust" hin. Ferner war zu bedenken, dass neben den Juden auch alle anderen Opfer der nationalsozialistischen Vernichtungspolitik in das Gedenken einbezogen werden sollten, über die lange Zeit geschwiegen worden war: die Sinti und Roma, Homosexuelle, Zwangsarbeiter, „Gemeinschaftsfremde", Kranke und Kriegsgefangene. Obwohl es in der Öffentlichkeit Bedenken hinsichtlich des „richtigen" Datums gab, haben sich alle Verantwortlichen schließlich dem Vorschlag von Ignaz Bubis angeschlossen. Seit 1996 ist der 27. Januar offizieller „Tag des Gedenkens an die Opfer des Nationalsozialismus" in der Bundesrepublik.

Nationale und transnationale Erinnerung

Mit der Einführung des 27. Januar als nationalen Gedenktag knüpfte das wiedervereinigte Deutschland auch an das Gedenken und Erinnern in anderen Ländern an. So hatte es in Israel, den USA, aber auch in anderen Ländern bereits zuvor derartige Gedenktage gegeben. Diesem Beispiel folgten nun viele europäische Staaten. Zum einen wollten sie damit in der Politik, Gesellschaft und Kultur Europas die Erinnerung an die nationalsozialistischen Gräueltaten fest etablieren. Zum anderen sollte angesichts der Verbrechen gegen die Menschlichkeit in Teilen der Welt wie in Afrika oder Südosteuropa auf die aktuelle Gefährdung fundamentaler Menschenrechte durch neofaschistische, fremdenfeindliche oder rassistische Bewegungen hingewiesen werden. 2005 verabschiedete schließlich die Vollversammlung der Vereinten Nationen nach ausführlichen Diskussionen eine Resolution, die den 27. Januar international zu einem Tag des Gedenkens an die Opfer des Holocaust erklärte. Dieser Akt sollte zugleich die Hoffnung und den Willen der Völkergemeinschaft demonstrieren, einer internationalen Politik den Weg zu ebnen, deren Ziel der gemeinsame Schutz der Menschenrechte und der Kampf gegen Völkermord ist. Ob diese Hoffnungen sich erfüllen werden, bleibt abzuwarten.

Q 1

Gedenkstunde im Bundestag am 27. Januar 2012, am Rednerpult der polnisch-deutsche Literaturkritiker und Verfolgte des NS-Regimes Marcel Reich-Ranicki

Die folgenden Texte geben einen Überblick über die Diskussionen im Vorfeld und nach Einführung eines offiziellen Gedenktages zur Erinnerung an die Opfer des Nationalsozialismus in Deutschland. Auf der Grundlage dieser Quellen können Sie unterschiedliche Auffassungen über Anlass, Inhalt und Formen des Gedenkens erkennen und diskutieren.

1 Vergleichen Sie die Haltung von Rafel Seligmann und Bundespräsident Roman Herzog. Arbeiten Sie die Unterschiede heraus und schreiben Sie einen Kommentar.

2 Veranstaltungen zum Gedenken an die Opfer des Nationalsozialismus sind gelegentlich als inhaltslose „Erinnerungsrituale" kritisiert worden. Führen Sie eine Debatte darüber, wie man dies vermeiden kann und erarbeiten Sie konkrete Vorschläge für eine Gedenkveranstaltung (Q 4, Q 6, Q 7).

3 An welche Opfergruppen erinnern die in Q 5, Q 8–Q 11 abgebildeten Mahnmale? Erläutern Sie, warum diese Menschen oft als „vergessene Opfer" bezeichnet werden.

4 Halten Sie ein Referat darüber, wie in anderen Ländern der Opfer des Holocaust gedacht wird.

Q 2

Was bewirkt ein Gedenktag?

Der israelische Publizist Rafael Seligmann schreibt 1995:

Die Einführung eines Holocaust-Tages wird am Desinteresse des deutschen Publikums nichts ändern – trotz oder gerade wegen der routiniert mahnen-
5 den Worte von Politikern, Kirchenleuten, Publizisten und anderen Geltungssüchtigen. Der Holocaust-Tag wird in Deutschland die gleiche Resonanz haben wie andere Mementos – etwa der
10 Weltkindertag, der Weltnichtrauchertag oder der Tag der Behinderten.

Die Gleichgültigkeit ließe sich durch Bestechung beheben. Ein bezahlter, gesetzlicher Holocaust-Gedenktag würde
15 gewiß auf breite Zustimmung stoßen. Die Arbeitnehmer wären ohnehin dafür, die Arbeitgeber wiederum müßten süßsaure Miene zum Holocaust-Feiertagsspiel machen: Wer will sich schon
20 des Antisemitismus zeihen lassen? [...]

Es ist bezeichnend für das mangelnde Geschichtsbewußtsein der Deutschen, daß bei der Suche nach einem Schoah-Tag fast niemand an den 9. No-
25 vember gedacht hat.

[...]

Dabei darf es nicht bleiben. Der Tag der Deutschen ist der 9. November. Da wurde marschiert, marodiert, erschla-
30 gen, krepiert und endlich die Freiheit errungen. Durch die Deutschen ist der 9. November auch zum Schicksalstag

der Juden geworden. Es ist Zeit, daß die Deutschen – auch die deutschen Ju-
35 den – das Datum als ihren Schicksalstag begreifen und annehmen.

Keine Illusionen. Die Mehrheit zerbricht sich hierzulande den Kopf ebensowenig über Gedenktage wie Ame-
40 rikaner, Russen und Israelis. Für jene Deutschen aber, die sich Gedanken über ihren Staat und seine Geschichte machen, gäbe ein deutscher 9.-November-Tag Gelegenheit zur Trauer um die Op-
45 fer der Schoah – denn Trauer läßt sich nicht anordnen. Über der Trauer darf jedoch nicht vergessen werden, daß Juden nicht nur Opfer, sondern auch ein lebendiger Teil der deutschen Geschich-
50 te, Politik und Kultur waren und, wenn auch in beschränktem Maße, geblieben sind.

Daraus ergibt sich auch die politische Botschaft des 9. November: Frei-
55 heit und Demokratie sind nicht immer zum Nulltarif zu haben. Gelegentlich müssen sie erkämpft, immer aber verteidigt werden. Das sind gute Gründe, aus dem Betroffenheitsgeleitzug eines
60 Euro-Holocaust-Tages auszuscheren. Dabei sollte auch der nichtssagende Administrationstag der deutschen Einheit am 3. Oktober dreingegeben werden.

Ein Gedenktag am 9. November wäre
65 eine gute Gelegenheit, über die deutsch-jüdische Geschichte und Gegenwart nachzudenken. So ein Feiertag wäre nicht nur gut für Kaffee und Kuchen.

Ein Sonntag im Frühjahr für Kaffee
70 und Kuchen im Freien.

www.spiegel.de/spiegel/print/d-9204302.html
Stand: 20.09.2012.

Q 3

Warum zurückschauen?

Der damalige Bundespräsident Roman Herzog erklärt aus Anlass des Gedenktages für die Opfer des Nationalsozialismus im Deutschen Bundestag am 19. Januar 1996:

Warum diese Rückschau heute, nach über 50 Jahren? Warum vor allem unser Wille, die Erinnerung lebendig zu halten? Wäre nicht auch der Wunsch
5 verständlich, Gewesenes zu vergessen, die Wunden vernarben und die Toten ruhen zu lassen? Tatsächlich könnte heute das Vergessen eintreten; denn Zeitzeugen sterben, und immer weniger
10 Opfer können das Grauen des Erlittenen persönlich weitertragen. Geschichte verblaßt schnell, wenn sie nicht Teil des eigenen Erlebens war.

Deshalb geht es darum, aus der
15 Erinnerung immer wieder lebendige Zukunft werden zu lassen. Wir wollen nicht unser Entsetzen konservieren. Wir wollen Lehren ziehen, die auch künftigen Generationen Orientierung sind.
20 Dieses Gedenken ist nicht als ein in die Zukunft wirkendes Schuldbekenntnis gemeint. Schuld ist immer höchst-

persönlich, ebenso wie Vergebung. Sie vererbt sich nicht. Aber die künftige Verantwortung der Deutschen für das „Nie wieder!" ist besonders groß, weil sich früher viele Deutsche schuldig gemacht haben. Es ist wahr, daß sich Geschichte nicht wiederholt. Aber ebenso wahr ist, daß Geschichte die Voraussetzung der Gegenwart ist und daß der Umgang mit der Geschichte damit auch zum Fundament der Zukunft wird.

[...]

Eine Kollektivschuld des deutschen Volkes an den Verbrechen des Nationalsozialismus können wir [...] nicht anerkennen; ein solches Eingeständnis würde zumindest denen nicht gerecht, die Leben, Freiheit und Gesundheit im Kampf gegen den Nationalsozialismus und im Einsatz für seine Opfer aufs Spiel gesetzt haben und deren Vermächtnis der Staat ist, in dem wir heute leben.

Aber eine kollektive Verantwortung gibt es, und wir haben sie stets bejaht. Sie geht in zwei Richtungen:
– Zunächst darf das Erinnern nicht aufhören; denn ohne Erinnerung gibt es weder Überwindung des Bösen noch Lehren für die Zukunft.
– Und zum andern zielt die kollektive Verantwortung genau auf die Verwirklichung dieser Lehren, die immer wieder auf dasselbe hinauslaufen: Demokratie, Rechtsstaat, Menschenrechte, Würde des Menschen.

www.bundespraesident.de/SharedDocs/
Reden/DE/Roman-Herzog/Reden/1996/01/
19960119_Rede.html Stand: 13.09.2012.

Q 4

Feiern statt erinnern?

Der Präsident des Landesverbandes der Israelitischen Kultusgemeinden in Bayern, Josef Schuster, in der „Jüdischen Allgemeinen Zeitung" am 31. Januar 2008:

Man sollte meinen, dass dieser Gedenktag besonders in Deutschland begangen wird – schließlich waren es Deutsche, die die Schoa erdachten und exekutierten. Das war in den ersten

Jahren auch der Fall. Und das ist leider nicht mehr so. In München, zum Beispiel, fand an diesem Tag der Faschingsumzug der „Damischen Ritter" [Karnevalsverein] statt, mit Tausenden von Närrinnen und Narren. Auf die scharfe Kritik des Zentralrats äußerte der erste Vorsitzende sein Unverständnis über den „späten Protest". Schließlich sei seit Mai bekannt, dass der Faschingsumzug am 27. Januar stattfinden solle. Den „Damischen Rittern" war der internationale Holocaust-Gedenktag am 27. Januar wohl nicht bewusst, aber offenbar ebenso wenig den Verantwortlichen der Millionenstadt München. In Regensburg wurde der ebenfalls für diesen Tag geplante Faschingsumzug aufgrund von Protesten der jüdischen Gemeinde auf das kommende Wochenende verschoben. Das sind nur zwei Beispiele dafür, dass das Gedenken an diesem Tag in der Bevölkerung wenig oder meist gar nicht verankert ist. Ich bin sicher, dass es in den Karnevalshochburgen Deutschlands am 27. Januar noch mehr Lustbarkeiten gab als die in München und die ursprünglich in Regensburg geplante. Ich möchte nicht missverstanden werden: Ich spreche mich nicht etwa für eine Abschaffung dieses Gedenktages aus. Jede Gelegenheit ist gut und un-

verzichtbar, der Opfer zu gedenken und daraus für Gegenwart und Zukunft die Lehre zu ziehen, dass dieser Massenmord an sechs Millionen Juden in Europa mit Wegschauen und Mitlaufen, mit Gleichgültigkeit und Opportunismus begann. Für uns Juden bedarf es dieses Gedenktages eigentlich nicht. An Jom Haschoa, den wir einige Tage vor dem freudigen Festtag des Gründungstages Israels begehen, gedenken wir der Opfer der Nazis, und in unseren Familien sind und waren wir jeden Tag mit diesem Verbrechen konfrontiert. Die Angstträume unserer überlebenden Väter und Mütter, der Umstand, dass die meisten Juden meiner Generation ohne Onkel und Tanten, Vettern und Kusinen, Großväter und Großmütter aufwachsen mussten, zwingt uns die Erinnerung auf, ob wir wollen oder nicht. Aber dass die nichtjüdische Bevölkerung mit abnehmendem Interesse von diesem 27. Januar Kenntnis nimmt, das ist offensichtlich. Die deutsche Gesellschaft, Juden und Nichtjuden, muss sich darüber Gedanken machen, wie wichtig ihr dieser Gedenktag ist und auf welchem Wege der 27. Januar im Bewusstsein der Menschen verankert werden kann.

www.juedische-allgemeine.de/article/view/
id/2493 Stand: 20.08.2012 f.

Q 5

Gedenkort für die ermordeten Sinti und Roma in der Gedenkstätte Buchenwald bei Weimar

Q 6

„Ein ewiges Warnzeichen"

Der israelische Staatspräsident Shimon Peres mahnt am 27. Januar 2010 im Deutschen Bundestag:

Die Shoa muss dem menschlichen Gewissen stets als ewiges Warnzeichen vor Augen stehen; als Verpflichtung zur Heiligkeit des Lebens, zur Gleichbe-
5 rechtigung aller Menschen, zu Freiheit und Frieden. Die Ermordung der Juden Europas durch Nazi-Deutschland darf nicht als ein astronomisches „schwarzes Loch" betrachtet werden, als ein
10 Todesstern, der das Licht schluckt und die Vergangenheit gemeinsam mit der Zukunft verschlingt.

Die Shoa darf uns aber auch nicht davon abhalten, an das Gute zu glauben.
15 An die Hoffnung, an das Leben.

Heute, am internationalen Gedenktag für die Opfer der Shoa, frage ich mich, wie die Juden Europas in unserem Gedächtnis hätten verbleiben wollen.
20 Nur durch den Rauch der Krematorien? Sollten wir uns nicht auch das Leben vor der Shoa in Erinnerung rufen?

Würden die Millionen Juden Europas über eine kollektive Stimme verfü-
25 gen, würde diese Stimme uns und Sie alle auffordern, den Blick auf die Zukunft zu richten. Zu verwirklichen, was diese Opfer hätten tun können, wenn ihnen nicht die Gelegenheit dazu ge-
30 nommen worden wäre. Neu zu erschaffen, was wir durch ihren Tod verloren haben.

Nehmen wir als Beispiel den Schöpfungsgeist der deutschen Juden, die sich
35 mit ihrem Heimatland identifizierten, und deren Beitrag zur Kultur, Wissenschaft, Wirtschaft und für Deutschland überhaupt so bedeutungsvoll war, dass er in keinem Verhältnis zur tatsächlichen
40 Größe der jüdischen Gemeinde stand.

Die Juden Europas haben die Wissenschaft, Technologie, Wirtschaft, Literatur und Kunst dieses Kontinents ungemein bereichert, da sie nach der
45 Vertreibung aus verschiedenen europäischen Ländern zu einem belesenen Nomadenvolk von Handwerkern und mehrsprachigen Kaufleuten wurden.

Ein Volk von Ärzten, Schriftstellern,
50 Wissenschaftlern und Künstlern. Ein Volk, das mit Persönlichkeiten gesegnet war, welche die deutsche Kultur, und die Welt im Allgemeinen, bereicherten.

Ich bin überwältigt, wenn ich an die
55 vielen Philosophen und Erfinder denke, die aus den jüdischen Dörfern, den jüdischen Ghettos und dem jüdischen Bürgertum in die Universitäten strömten, sobald ihnen der Zugang gewährt
60 wurde.

[…] Und nun zur bedeutendsten aller Lehren: „Nie wieder". Nie wieder eine Rassenlehre. Nie wieder ein Gefühl von Überlegenheit. Nie wieder eine
65 scheinbar gottgegebene Berechtigung zur Hetze, zum Totschlag, zur Erhebung über das Recht. Nie wieder zur Verleugnung Gottes und der Shoa.

Nie wieder dürfen blutrünstige Dik-
70 tatoren ignoriert werden, die sich hinter demagogischen Masken verbergen und mörderische Parolen von sich geben. […]

www.bundestag.de/kulturundgeschichte/
geschichte/gastredner/peres/rede.html Stand:
20.08.2012.

Q 7

„Wir haben einen Traum"

Aus einer von Schülerinnen der Anne-Frank-Realschule in Ludwigshafen 2010 verfassten Rede zum Tag des Gedenkens an die Opfer des Nationalsozialismus:

Heute sagen wir euch, trotz der Schwierigkeiten von heute und morgen haben wir einen Traum. Es ist ein Traum, den alle Menschen träumen.
5 Wir haben einen Traum, dass sich eines Tages die ganze Welt erheben wird und den Menschenrechten gemäß leben wird: „Die Würde des Menschen ist unantastbar."
10 Wir haben einen Traum, dass eines Tages bisherige Feinde als Freunde miteinander am Tisch der Brüderlichkeit sitzen können.

Wir haben einen Traum, dass sich
15 die Welt in eine Oase der Gerechtigkeit und des Friedens verwandelt.

Wir haben einen Traum, dass unsere Kinder eines Tages in einer Welt leben werden, in der man sie nicht nach ihrer
20 Hautfarbe oder nach ihrem Glauben, sondern nach ihrem Charakter beurteilen wird. Wir haben diesen Traum heute!

Wir haben einen Traum, dass eines
25 Tages sich alle Menschen die Hände reichen und in Frieden zusammen leben. Wir haben einen Traum, dass eines Tages jeder Mensch gleichgestellt ist – egal ob arm oder reich.
30 Das ist unsere Hoffnung. Mit diesem Glauben leben wir.

Mit diesem Glauben werden wir fähig sein, aus dem Berg der Verzweiflung einen Stein der Hoffnung zu hauen. Mit
35 diesem Glauben werden wir fähig sein, die schrillen Missklänge der Welt in eine wunderbare Symphonie der Toleranz zu verwandeln.

Mit diesem Glauben werden wir fä-
40 hig sein, zusammen zu arbeiten, zusammen zu leben, zusammen zu kämpfen, zusammen für unseren Traum aufzustehen, in dem Wissen, dass er eines Tages wahr sein wird.
45 So lasst diesen Traum wahr werden in Europa. Lasst diesen Traum wahr werden in Asien, lasst diesen Traum wahr werden in Amerika. Lasst diesen Traum wahr werden in Australien. Lasst
50 diesen Traum wahr werden in Afrika. Aber nicht nur das, lasst diesen Traum wahr werden überall auf der Welt.

Wenn wir diesen Traum wahr werden lassen – wenn wir ihn wahr werden
55 lassen in jeder Stadt und jedem Dorf, in jedem Staat und jeder Großstadt, dann werden wir den Tag beschleunigen können, an dem alle Menschen – schwarze und weiße Menschen, Juden und Mos-
60 lems, Christen und Buddhisten, Hindus und Nicht-Gläubige – sich die Hände reichen und sagen können: „Aus einem Traum ist Wirklichkeit geworden."

www.ludwikishafen.de/wiki/index.php?title=
Holocaust-Gedenktag_2010 Stand: 20.08.2012.

Q 8

Das erste deutsche Mahnmal für die verfolgten Homosexuellen von Rosemarie Trockel, 1994 eingeweiht

Q 9

Detail

Q 10

Denkmal der Grauen Busse für die Euthanasie-Opfer in Berlin

Q 11

Gedenkstelen für das Entbindungs- und Abtreibungslager für „Ostarbeiterinnen" in Waltrop, von Jugendlichen gestaltet

Día de la Hispanidad oder Día de la Resistencia?

Der 12. Oktober eines jeden Jahres fordert zu öffentlichen Kontroversen heraus: Die einen feiern ihn als großartigen Tag, die anderen sprechen von Völkermord, wieder andere mahnen Versöhnung an. Wie kann ein Gedenk- und Feiertag solch unterschiedlichen kollektiven Erinnerungen gerecht werden?

In Spanien und vielen seiner ehemaligen Kolonien in Mittel- und Südamerika ist der Tag der Entdeckung Amerikas durch Christoph Kolumbus, der 12. Oktober 1492, bis heute ein staatlicher Feiertag. Doch allein die unterschiedlichen Bezeichnungen für diesen Feiertag machen deutlich, dass die Menschen damit heute höchst unterschiedliche Erinnerungen verbinden. Dieser Bedeutungswandel ist Gegenstand dieses Abschnitts.

1. Erörtern Sie am Beispiel der Feierlichkeiten zum 12. Oktober, von welchen Faktoren der Wandel von Erinnerungskultur beeinflusst werden kann.
2. Führen Sie eine Debatte zum Thema „Ist der Día de la Hispandad noch zeitgemäß?".
3. Interpretieren Sie das Bild Q 1 unter der Fragestellung, welche Botschaft von dieser Art der Feierlichkeiten in Madrid ausgeht.

Spanien und Kolumbus

Wer heute nach Spanien fährt, wird immer wieder auf Spuren von Christoph Kolumbus stoßen. In vielen Orten gibt es Denkmäler, die an ihn erinnern, unzählige Straßen und Plätze sind nach ihm benannt, und im Hafen von Barcelona liegen Nachbauten seiner Schiffe. Darüber hinaus ist der 12. Oktober ein staatlicher Feiertag, auch wenn dieser nicht nach ihm benannt ist. In vielen Orten gibt es am „Día de la Hispanidad", so der offizielle Name, daher Paraden, die an seinem Denkmal beginnen oder enden, und in Sevilla legen Politiker und lokale Honoratioren feierlich Kränze an seinem Grabmal nieder. Wie ist es dazu gekommen?

Staatskrise und Suche nach Identität

Die Ursprünge dieses Feiertages reichen bis ins ausgehende 19. Jahrhundert zurück. Bürgerkriege hatten das Land immer wieder innerlich zerrissen, und von dem Glanz des Reiches, in dem in der Ära Karls V. die Sonne nicht unterging, war kaum noch etwas geblieben. Umso größer war daher die Suche vieler Menschen nach nationaler Identität. Neben den Befreiern Spaniens von der Herrschaft der Muslime eignete sich dafür kaum einer so gut wie der Entdecker Amerikas, Christoph Kolumbus. Viele Menschen wollten daher aus Anlass des 400. Jahrestages der Entdeckung Amerikas jenem außergewöhnlichen Mann ein Fest widmen, „dessen Glorie das größte Licht auf Spanien wirft" – so ein Zeitgenosse. Feierlich würdigte Spanien daher 1892 Kolumbus. Damit einherging auch der Versuch, die Bande zu den ehemaligen Kolonien im Rahmen einer großen Ausstellung und gemeinsamer Feierlichkeiten wieder zu festigen.

Identität und Zusammengehörigkeit

Bereits im ersten Drittel des 19. Jahrhunderts hatten die spanischen Kolonien in Südamerika und in Mexiko ihre Unabhängigkeit erkämpft. 1898 verlor Spanien in einem Krieg gegen die USA seine letzten Besitzungen im karibischen Raum. Danach setzte eine Verbesserung der gegenseitigen Beziehungen zwischen dem ehemaligen Mutterland und den nunmehr selbstständigen früheren Kolonien ein. Dort lebte – neben anderen Europäern – inzwischen auch eine große Zahl spanischer Einwanderer. Diese wollten zunächst die Verbindung zur alten Heimat nicht abreißen lassen. So wie sich beispielsweise Engländer oder Franzosen über verschiedene Kontinente hinweg zusammengehörig fühlten, sollten dies ihrer Meinung nach auch alle spanischstämmigen Menschen tun. Diese unterschiedlich starken Bestrebungen, die gemeinsame Herkunft, die gemeinsame Sprache, Religion und Kultur zu feiern, mündeten schließlich in die Schaffung eines Feiertages, dem Día de la Raza (Tag der Rasse). Symbolträchtig wurde dafür der 12. Oktober gewählt, der Tag der Entdeckung Amerikas. An diesem Tag wurde das Band, das Spanien und die Republiken in Mittel- und Südamerika verbinden sollte, erstmals geknüpft.

Vom Día de la Raza zum Día de la Hispanidad

In einer Zeit, die in vielen Ländern von politischen, sozialen, ökonomischen oder auch kulturellen Konflikten geprägt war, erwies sich dieser Festtag als Anlass, um das Verbindende, nicht das Trennende, die eigenen Leistungen und Errungenschaften zu feiern. Gleichwohl gab es bald eine erhebliche Verschiebung der mit diesem Feiertag verbundenen Bedeutung, erkennbar am Wandel des Namens. Seit 1958 heißt der Feiertag in Spanien Día de la Hispanidad – Tag der Hispanität. Dahinter verbarg sich der Wille des vom Diktator Francisco Franco regierten Landes, die besondere Rolle Spaniens als Mutterland aller Spanisch sprechenden Länder herauszustreichen. Der Versuch, daraus auch eine politische Führungsrolle ableiten zu können, schlug jedoch fehl. Auch nach dem Ende der Diktatur blieb der Día de la Hispanidad Nationalfeiertag, an dem die Spanier, so heißt es im Gesetz, der Entdeckung Amerikas und dem Ursprung ein und derselben kulturellen Tradition der hispanosprachigen Völker gedenken.

Widerspruch und neue Identitäten

Von der Glorie des Columbus, von der sich zu Beginn des 20. Jahrhunderts viele Menschen Unterstützung bei der Suche nach Identität versprachen, ist kaum noch etwas geblieben. Das zeigt sich besonders deutlich in den lateinamerikanischen Ländern, die ehemals dem spanischen Weltreich angehörten. Die Feierlichkeiten aus Anlass des 500. Jahrestages der Entdeckung Amerikas wurden vielmehr zum Beginn einer kritischen Auseinandersetzung mit den Motiven des Eroberers und den Folgen dieses Ereignisses. Nicht der Aufbruch, den er symbolisierte, sondern die menschlichen und ökonomischen Katastrophen, die er auslöste, werden nunmehr auch mit seinem Namen verbunden. Höhepunkt dieser „Abrechnung" mit dem Entdecker waren das an dessen Statue in Caracas (Venezuela) veranstaltete öffentliche Tribunal und deren anschließender Sturz. In vielen Staaten Mittel- und Südamerikas hat der ehemalige Día de la Raza als verbindendes Element daher einen neuen Namen bekommen – wenn er denn überhaupt noch gefeiert wird: In Kolumbien heißt er Día de la Resistencia Indigena (Tag des indianischen Widerstands), in Costa Rica Día de las Culturas (Tag der Kulturen), in Chile Día del Encuentro de Dos Mundos (Tag der Begegnung zweier Welten) und in Ecuador Día de la Interculturalidad (Tag der Interkulturalität).

Q 1

Die alljährliche Militärparade in Madrid, auf der Ehrentribüne Vertreter des spanischen Königshauses, der Regierung sowie geladene Gäste, 12. Oktober 2011

Die unterschiedlichen Sichtweisen und Deutungen der Entdeckung Amerikas durch Christoph Kolumbus in Spanien und in Lateinamerika machen die hier folgenden Dokumente deutlich. Sie zeigen zugleich die Funktionen, die der 12. Oktober als nationaler Gedenktag in Spanien und in Lateinamerika erfüllen kann.

1 Vergleichen Sie Q 2–Q 4 und nehmen Sie Stellung zu den unterschiedlichen Deutungen der spanischen Kolonialgeschichte.

2 Verfassen Sie einen Kommentar zu der Rede von König Juan Carlos (Q 4) aus der Perspektive eines Vertreters der Ureinwohner Amerikas.

3 Führen Sie eine fiktive Diskussion zwischen Kommunalpolitikern von Caracas, wie mit dem Kolumbus-Denkmal verfahren werden soll (Q 5, Q 6).

4 Analysieren Sie, wie Samuel Leonardo Hurtado Camargo die Geschichte der spanischen Eroberung Lateinamerikas und die Rolle des Christoph Kolumbus beurteilt und deutet (D 1). Beziehen Sie dazu Stellung.

5 Beschreiben Sie Q 7 und diskutieren Sie dessen Funktion. Vergleichen Sie diese mit der Funktion des Gemäldes in der Rotunde des Kongressgebäudes in Washington D. C. (S. 57, Q 1).

Q 2

„Erinnern an eine Heldentat"

Aus dem vom spanischen Diktator Franco 1958 erlassenen Dekret:

Es ist der traditionelle Wunsch des spanischen Volkes, jährlich und feierlich des Jahrestags der Entdeckung Amerikas zu gedenken. Keine andere
5 Heldentat erreicht eine derartige Größe, und in unserer menschlichen Dimension findet sich kein anderes Datum mit größerer Tragweite in der Geschichte der Welt. Bereits seit dem vergangenen
10 Jahrhundert wurde dieses legitime Streben in wichtigen offiziellen Initiativen zusammengefasst.

[...]

Über die Jahre hat sich dieser
15 Wunsch über die ganze Weite der spanischen Welt verbreitet.

Es war das unvergessliche Privileg der Republik Argentinien und ihres erlauchten Präsidenten [...], die Zeleb-
20 rierung des Feiertags der Entdeckung, welche bis dahin auf einzelne und bewegende rituelle Akte ohne offizielle Anerkennung beschränkt war, auf den gesamten Kreis der Hispanität aus-
25 zudehnen. [...] Das Beispiel Argentiniens erreichte eine unmittelbare Zustimmung der hispanoamerikanischen Nationen. Diese leidenschaftliche Einstimmigkeit bewies, dass darin etwas

30 Tiefgründigeres als ein reines Streben nach vergänglichen Ritualen lag.

[...] Es wäre nicht richtig, das Gedenken der Entdeckung heute auf die Erinnerung an eine unvergleichlich
35 großartige und schöne Vergangenheit zu beschränken. Die hispanische Staatengemeinschaft – die auf der iberischen Halbinsel und dem neuen Kontinent brüderlich mit der portugie-
40 sisch-brasilianischen Gemeinschaft zusammenlebt – hat die unumgängliche Pflicht, die Hispanität als ein System von Prinzipien und Normen anzusehen, das der besten Verteidigung der christli-
45 chen Zivilisation und der Regelung des internationalen Lebens im Dienste des Friedens dient.

Von nun an sollten wir dieses Jubiläum zuallererst als eine vielverspre-
50 chende Strömung in die Zukunft sehen, und die Hispanität an sich als Doktrin des Glaubens, der Liebe und Hoffnung, die in ihrer Sicherstellung der Freiheit und Würde des Menschen mit gleicher
55 Strenge Spanien sowie alle Völker Hispanoamerikas betrifft.

[...] Aufgrund des Vorangegangenen [...]

VERFÜGE ICH:
60 Erster Artikel. – Das Datum des zwölften Oktobers jedes Jahres sei fortlaufend ein Nationalfeiertag, in jeder

Hinsicht, mit der Bezeichnung „Tag der Hispanität" [Día de la Hispanidad].
65 Zweiter Artikel. – Dem Institut der Hispanischen Kultur [Instituto de Cultura Hispánica] wird die Organisation der vom spanischen Staat zur Feier des Jahrestags der Entdeckung Amerikas
70 veranlassten Aktivitäten übertragen.

Dritter Artikel. – Die diplomatischen Vertretungen Spaniens im Ausland schließen sich den Gedenkakten des zwölften Oktobers an, welche die Re-
75 gierungen und kulturellen und sozialen Institutionen organisieren, gleichwohl in den Schwesterstaaten in Amerika wie auch in jenen anderen Ländern, in denen die hispanische Bedeutung der Hel-
80 dentat der Entdeckung gepriesen wird.

Sollte kein passendes Gedenken vorgesehen sein, übernehmen die diplomatischen Vertretungen Spaniens die Organisation der von ihnen als notwendig
85 erachteten Festakte zur Durchführung eines derart ruhmreichen Jahrestags.

Vierter Artikel. – Der Nationale Bildungsminister ergreift die geeigneten Mittel zur Sicherstellung der Zusam-
90 menarbeit der spanischen Lehranstalten bei den Gedenkakten zum Tag der Hispanität.

www.boe.es/datos/pdfs/BOE/1958/034/
A00203-00204.pdf (Stand: 10. 10. 2012).

Q 3

Gegen Geschichtsverfälschung?

Der spanische Bischof Amigo schreibt 1985:

[…] es ist notwendig, auf die Entfesselung einer Kampagne der Geschichtsverfälschung gegen das Ansehen der Heldentaten Spaniens und Por-
5 tugals hinzuweisen, einer Kampagne, der sich einige Intellektuelle um einer vorgeblichen Fortschrittlichkeit willen verschrieben haben. Das geht so weit, daß von Spanien und Portugal
10 erwartet wird, ihre Vergangenheit zu verleugnen, die eines der bedeutsamsten Kapitel der Menschheitsgeschichte darstellt und dem zukünftigen christlichen Abendland die Tore öffnete. Bei
15 verschiedensten Gelegenheiten wird der Versuch unternommen, die bevorstehende 500-Jahr-Feier der Entdeckung ihres eigentlichen Inhalts dadurch zu entledigen, daß man einfach nur von ei-
20 ner zufälligen Begegnung von Kulturen oder einem militärischen Unternehmen bis hin zur Unterdrückung und Ausbeutung zugunsten der Hegemonialinteressen der spanischen Krone spricht.
25 Einige gehen sogar so weit zu behaupten, daß die Gesetzgebung und die von den Königen und den spanischen Theologen entwickelten Rechtssysteme nicht mehr waren als eine bloße Legitimation
30 möglicher wirtschaftlicher und politischer Vorteile. […] Die Tat Spaniens in der Neuen Welt, mit ihren hellen und dunklen Seiten, dem Mißbrauch und dem Elend von Menschen, den von Spa-
35 niern in der Eroberung amerikanischen Landes begangenen Grausamkeiten, kann nicht das Ganze eines kolonisatorischen und evangelisatorischen Unternehmens verdüstern, das schließlich die
40 Wege zur Unabhängigkeit und zur Errichtung eines christlichen Kontinents ebnete, den man heute mit vollem Recht den „Kontinent der Hoffnung" nennt.

Zit. nach: Gerhard Kruip, Jubelfeier oder gefährliche Erinnerung? Der Stand der spanischen Vorbereitung und Diskussion zum „Quinto Centenario" – ein Konfliktpanorama (Sept. 1991), in: Jahrbuch für Christliche Sozialwissenschaften 33 (1992), S. 209 f.

Q 4

Erweiterung des Horizontes

Aus der Rede des spanischen Königs Juan Carlos I. aus Anlass des 500. Jahrestages der Entdeckung Amerikas in Sevilla am 12. Oktober 1992:

An dem morgigen Tag vor fünfhundert Jahren spielte Christoph Kolumbus die Hauptrolle in einem der zweifellos großen Ereignisse der Menschheitsge-
5 schichte, nämlich der Entdeckung Amerikas, der Begegnung zweier Welten.

Wie sagte doch Humboldt, „seit der Begründung der menschlichen Gesellschaften hat sich der Ideenkreis in
10 Bezug auf die äußere Welt und das Geflecht seiner Beziehungen in der ausgedehnten Erweiterung des Raumen noch nie so plötzlich und so wunderbar erweitert wie damals".
15 In diesem Gedenken jener ersten Verbindung zwischen Spanien und Amerika, zwischen Europa und Amerika, möchte ich ganz besonders betonen, dass die Entdeckung offenkundig
20 nicht einseitig war, nämlich von dieser Seite des Atlantiks aus hinüber auf die andere. Das Auftauchen eines neuen Kontinents bedeutete eine kollektive Bereicherung und deshalb auch einen
25 gegenseitigen Austausch.

Hat sich Europa in jenem riesigen Schmelztiegel mit Amerika vereint, so haben wir von Amerika einen so reichen Einfluss zurückbekommen, dass
30 ich ihn heute ganz besonders unterstreichen möchte. Ganz konkret wir Spanier haben Amerika die Erweiterung unseres Horizontes zu verdanken, das Entdecken von Lebenschancen, den künstleri-
35 schen Impuls literarischer Bewegungen, die auf Grund ihrer Tragweite der Literatur auf Spanisch eine neue universelle Bedeutung verliehen.

Dieser 12. Oktober, dieses feierliche
40 Gedenken des 500. Jahrestages ist nicht bloß ein protokollarisches Erinnern eines alten historischen Ereignisses. Wir zählen 500 Jahre eines gemeinsam beschrittenen Weges, mit unseren lo-
45 gischerweise stattfindenden familiären Begegnungen und Entfremdungen auf dem Weg zu einem gemeinsamen von unserem Gefühl der Gemeinschaft bestimmten Ziel. Iberoamerika, Hispa-
50 noamerika, Lateinamerika: dies ist kein künstliches Konstrukt, sondern eine mächtige Realität, die im Laufe dieses halben Jahrtausends Form und Gehalt angenommen hat.
55 Nun sind wir auf dem Weg, wahrhaftig eine iberoamerikanische Gemeinschaft zu bauen, die durch eine allmähliche Zusammenführung unserer gemeinsamen Interessen unser geopoli-
60 tisches Gebiet solide und stark werden lässt. […]

Das feierliche und mit gesunder Polemik beladene Gedenken zum 500. Jahrestag hat uns alle zum Nach-
65 denken über unsere Realität gebracht, uns noch einmal vor Augen geführt, was uns vereint. Und dies ist viel mehr als uns trennt. Daran besteht kein Zweifel. Doch nach diesem großen Tag, wenn
70 wir den zeitlichen Bezugspunkt hinter uns gelassen haben, sollten wir Iberoamerikaner jedoch stark darauf bedacht sein, die neue Stärke unserer Beziehung nicht abflauen zu lassen. Würde das
75 geschehen, so wäre dies zweifellos ein riesiger Fehler. Daher das Interesse Spaniens, mit der Fünfhundertjahrfeier eine Reihe von dauerhaften Vorhaben zu bekräftigen, welche uns Garantien
80 für die Zukunft bringen.

www.casareal.es/noticias/news/2164-ides-idweb.html.

Q 5

Eine Figur des Völkermordes?

Eine argentinische Zeitung schreibt 2004 unter der Überschrift „Und der Kolonialismus geht weiter unter":

Wir rissen die Kolumbus-Statue nieder! […] Wir haben das Gesicht des COLONialismus [Wortspiel aus CO-LON (Span. Kolumbus) und colonia-
5 lismo (Span. Kolonialismus)] zerschlagen. […] Wir haben eine Bronzestatue niedergerissen. […] Wir haben ein „öffentliches Übel" vernichtet und ein echtes Kunstwerk daraus gemacht. Kollek-
10 tivkunst, rebellisch und ohne imperiale

Q 6

Sturz der Statue von Christoph Kolumbus in Caracas/Venezuela, 12. Oktober 2004. Der venezolanische Staatspräsident, Hugo Chavez, kommentierte dieses Ereignis 2009: „Christoph Kolumbus führte eine Invasion an, die nicht nur ein Blutbad anrichtete, sondern einen ganzen Völkermord."

Unterschrift. [...] Wir haben den Unterdrücker gestürzt und dabei die Freiheitstrommeln geschlagen. [...] Wir haben ein symbolisches (Ex-)Standbild
15 niedergerissen. [...]

Es geht nicht darum, die Geschichte abzulehnen oder zu leugnen oder die Kolumbus-Statue entfernen zu lassen. Es geht in jedem Falle darum, dass nun
20 über diesem Denkmal die Figur des durch unsere Auflehnung zerstörten Kolumbus stehen soll. Des Kolumbus, den wir zum Zeichen des Blutes, das mit seinem grausamen Schwert des alten
25 und neuen Imperiums vergossen wurde, rot angestrichen haben. Wir schlagen also vor, dass wir den umgestürzten Kolumbus als Statue aufstellen. Das

Standbild jenes vom Widerstand Be-
30 siegten, aus dem erst, wenn es von uns selbst verwandelt worden ist, ein wahres Kunstwerk wird. Eine Kollektivkunst, die viel besser von unserer Zeit und unserer Kultur erzählen kann, als diese
35 stolze Figur des Völkermordes. Wir haben das Symbol des Imperialismus in das des Widerstandes verwandelt. Das wahre kulturelle Erbe würden jedenfalls diejenigen zerstören, die dieser Figur
40 ihren Stolz auf den Völkermord zurückgeben. [...]

Zitiert nach: Samuel Hurtado, El 12 de Octubre de 2004: Reflexiones sobre el derribamiento de la derribamiento de la estatua de Cristobóbal Colón. http://www.saber.ula.ve/bitstream/123456789/23050/1/articulo7.pdf.

D 1

Was feiern wir am 12. Oktober?

Der venezolanische Historiker Samuel Leonardo Hurtado Camargo schreibt in einem am 10. Oktober 2011 veröffentlichten Aufsatz:

Per Präsidialerlass Nr. 2028 vom 10. Oktober 2002 wurde festgelegt, „dem 12. Oktober jährlich als dem Tag des indigenen Widerstandes zu geden-
5 ken, in Anerkennung unserer amerikanistischen Selbstbehauptung für die menschliche und kulturelle Vielfalt und Einheit". Damit versucht man „sowohl die indigenen Völker Amerikas als auch
10 die Beiträge afrikanischer, asiatischer und europäischer Völker bei der Bildung unserer Nationalität, im Sinne des Dialogs der Zivilisationen, des Friedens und der Gerechtigkeit für sich zu be-
15 anspruchen". Seitdem wird der Tag, an dem der Ankunft des Seefahrers Christoph Kolumbus in Amerika als Tag der Rasse, Tag der Entdeckung oder Tag der Begegnung zweier Welten gedacht
20 wurde, mit einer anderen Lesart gefeiert: mit der Forderung der Völker der Welt, wobei der Schwerpunkt auf den indigenen Gemeinschaften liegt, den ursprünglichen Siedlern in Abya Yala
25 [Amerika in der Sprache der Kuna-Indianer], die jahrzehntelang keine Rolle im geschichtlichen Prozess Venezuelas und Lateinamerikas gespielt haben.

Gemäß der schon 1992 ausgebrochenen Diskussionen wird Christoph Kolumbus jedoch nun nicht länger als der große Seefahrer betrachtet, sondern er ist nun der Schuldige, von dem der Völkermord an der einheimischen Bevölke-
35 rung ausging, begangen von spanischen und portugiesischen Konquistadoren. Folglich ist er präsent in einer manipulierten Geschichte, die uns unmittelbar zu einer einseitigen Sichtweise auf die
40 Geschehnisse und somit zur Unwissenheit über unsere Geschichte führt.

Ganz klar, es gibt viel Polemik und offene Fragen zu Christoph Kolumbus und seinen Reisen. Für einige sind seine
45 Fahrten nach Amerika ein großes Heldenepos, vom göttlichen Geist beseelt, ist er ein „Liebhaber der Seefahrt", ein

großer Mann, „dessen Leben eine Beispiel für die Würde und den großen
50 Mut ist, sich Widrigkeiten zu stellen,
oder auch einer, der am Abgrund des
Verbrechens steht […], oder ganz einfach, schäbig, eitel, selbstverliebt, be-
sitzgierig und unehrenhaft" ist. Über
55 die historischen Arbeiten zu Christoph
Kolumbus sagt Marcelo Gaya y Delrue
(1957): er „wird herangezogen, es wird
gegen ihn gehetzt, er ist einem zuwider,
er wird mit Füßen getreten, es wird auf
60 ihm herumgehackt, er wird zerlegt, in
Stücke gerissen, seine Sprache, sein Gehirn, sein Charakter, seine Taten und
Handlungen werden auseinander-
genommen […]. Jeder Autor verteidigt
65 seine These mit beeindruckenden Details, derart stimmig, glaubhaft und
überzeugend, dass man sich nach dem
Lesen des ersten Werkes sicher ist, die
Wahrheit gefunden zu haben. Nach
70 dem zweiten ist man dann ratlos. […]
Und beim dritten Buch weiß man schon
nicht mehr, was man glauben soll. Und
an ein viertes wagt man sich gar nicht
erst, aus Furcht vor diesem nervenauf-
75 reibenden Fragezeichen, was wohlmög-
lich auf immer bleibt".

Christoph Kolumbus des Völkermordes zu bezichtigen bedeutet einen
„historischen Rückschritt", da sich Ko-
80 lonisierung und Eroberung der amerikanischen Gebiete erst nach dem Tod
des Admirals ihre Bahn gebrochen
haben. Mit seinen Reisen, so der Historiker Manuel Beroes Pérez, „hat die
85 Herausbildung unserer lateinamerikanischen und karibischen Gesellschaften
erst begonnen. Und ob es uns nun ge-
fällt oder nicht, wenn wir von unseren
Wurzeln sprechen, müssen wir neben
90 den indianischen und afrikanischen
auch die hispanischen nennen, und
zwar in ihrem wirklichen Ausmaß, mit
allem Guten und Schlechtem.

Dass dieser Prozess, der mit den Rei-
95 sen des Kolumbus begann, hochgradig
durch Gewalt gekennzeichnet ist, durch
Ausbeutung und Ausgrenzung von
Menschen und den Raub von amerikanischen Naturressourcen zugunsten
100 der Europäer, ist zudem unbestritten,

nicht zu leugnen, nicht herunterzu-
spielen und nicht mehr rückgängig zu
machen. Aber […] es passt genau in
die Parameter, die vom Anbeginn der
105 Menschheit im historischen Werdegang
am beständigsten sind". Deshalb ist es
laut Beatriz Fernández Herrero (1994)
„wichtig, die Kriterien und Vorurteile
unserer Zeit außen vor zu lassen, will
110 man seine Handlungen ergründen, und
zu versuchen, sie unter den Umständen
seiner Zeit zu betrachten. So zeigt sich,
dass nicht alles weder ‚schwarze Legende' [besondere Grausamkeit der Spani-
115 er]noch ‚Rosa Legende' [Kultur- und
Heilsbringung der Spanier] ist, son-

dern dass sie ganz einfach gemäß ihrem
historischen Kontext agierten". Hinzu
kommt, dass die Aussage, die Indianer
120 seien „glückliche unschuldige Menschen" gewesen, denen Ausbeutung,
Gewalt und Raub unbekannt waren, ein
weiterer historischer Fehler ist. Denn
das Azteken- und Inkareich haben sich
125 vor 1492 gerade damit entwickelt und
am Leben erhalten. „Und genau deshalb
wollten sich viele eingeborene Völker
von dieser Herrschaft befreien und haben sich mit den Spaniern gegen diese
130 Reiche verbündet".

http://patrimoniobarinas.wordpress.com/2011/
10/10/¿que-celebramos-el-12-de-octubre/.

Q 7

Simón Bolívar – Vater und Befreier des Vaterlandes, Relief in der Innenstadt
von Caracas, Venezuela, Foto 2009

Columbus Day in den Vereinigten Staaten

Zu den zehn staatlich festgelegten Feiertagen der USA gehört der Columbus Day.
Wie wird er begangen? Was kann er über die Geschichts- und Erinnerungskultur der
Vereinigten Staaten aussagen?

Der 12. Oktober 1492 hat einen festen Platz in der Erinnerungskultur der Vereinigten Staaten – obwohl Kolumbus
nie das Territorium der heutigen USA betreten hat. Anhand des Darstellungsteils können Sie herausarbeiten,
was die amerikanische Nation mit diesem Tag verbindet, und sich ein diferenziertes Urteil darüber bilden.

1. Verfassen Sie einen Zeitungsartikel oder eine Gedenkrede zum Columbus Day. Berücksichtigen Sie dabei
auch unterschiedliche Perspektiven der verschiedenen Bevölkerungsgruppen der USA.
2. Führen Sie eine Recherche zu den nationalen Gedenktagen in den USA durch: Seit wann werden sie begangen? Woran erinnern sie? Welchen Beitrag können sie für die Herausbildung der nationalen Identität
leisten? Fassen Sie die Ergebnisse Ihrer Untersuchung zusammen und stellen Sie diese in einer Tabelle dar.
3. Beschreiben Sie das Gemälde Q 1 und begründen Sie den prominenten Standort in der US-Hauptstadt.

Gedenk- und Feiertage in den Vereinigten Staaten

Der älteste und bekannteste staatliche Feiertag der Vereinigten Staaten ist der Independence Day. Seit 1777, ein
Jahr nach Unterzeichnung der Unabhängigkeiterklärung
der 13 Neuenglandstaaten, gedenken die Amerikaner jährlich am 4. Juli der Geburtsstunde ihres Staates. Mit Paraden
und Feuerwerk, Flaggenschmuck und dem öffentlichen
Absingen der Nationalhymne machen sie deutlich, dass sie
stolz auf das Werk ihrer Vorfahren und die von ihnen ver-
körperten Werte sind. Daneben gibt es aber noch weitere
Feier- und Gedenktage. Dazu zählen Washington's Birthday,
der Memorial Day, der Veterans Day, der Martin Luther King
Day, der Labor Day, der Thanksgiving Day und schließlich
auch der Columbus Day.

Die Suche der amerikanischen Nation nach Identät

Der Columbus Day in den Vereinigten Staaten hat eine lange Tradition, die bis in die Zeit des Unabhängigkeitskrieges
zurückreicht. Symbolfigur dieses Krieges ist bis heute der
Anführer der Revolutionäre und erste Präsident der Vereinigten Staaten, George Washington. Wozu bedurfte es da
noch der Erinnerung an Kolumbus? Die Gründerväter der
USA taugten aufgrund ihres eigenen Selbstverständnisses
als überzeugte Republikaner und Demokraten nicht zur Herausbildung von Gründungs- und Heldenmythen. So suchte
die junge Nation, die noch keine eigene Geschichte hatte,
in der Vergangenheit nach einer Heldenerzählung, die nationale Identität stiften konnte. Die Entdeckung Amerikas
durch Christoph Kolumbus erwies sich dafür als geeignet.

Ein US-Historiker umschreibt das so: „Kolumbus hatte den
Weg aus der Tyrannei des Alten Europa gefunden. […] Als
Folge seiner Vision und seiner Kühnheit gab es nun ein
Land frei von Königen, einen riesigen Kontinent für neue
Anfänge." In Kolumbus sahen die Amerikaner all jene Werte
verkörpert, für die die Revolutionäre gekämpft hatten.

Diese Hinwendung zu Kolumbus entfaltete bald ihre
Wirkung: Seit dem Ende des 18. Jahrhunderts priesen
Schriftsteller, Historiker und Dichter die Einwohner der
jungen US-Bundesstaaten, als Bürger „Columbias". „Hail,
Columbia, happy land" lautete auch die erste inoffiziel-
le Nationalhymne der USA. Sie fasste die Geschichte der
gerade erfolgten Gründung zusammen und appellierte an
die Bewohner der jungen Nation, die gewonnene Freiheit
weiter mutig zu verteidigen. Einen ersten Höhepunkt erreichte dieses Gedenken 1792, im 300. Jahr der Entdeckung
Amerikas durch Kolumbus. Die Hauptstadt der Vereinigten
Staaten trug zwar seit 1791 den Namen des siegreichen Anführers der Unabhängigkeitsbewegung, George Washington. Doch das Gebiet auf dem diese sich befand, heißt seit
dem 13. Oktober 1792 symbolisch bedeutsam „District of Columbia". Gleichzeitig legte die erste amerikanische Universität, das 1754 in New York errichtete King's College, seinen
alten Namen ab. Fortan erinnerte dieser nicht mehr an den
englischen König Georg III., sondern als „Columbia Univer-
sity" an Kolumbus. Die Faszination, die von dem Namen des
Entdeckers ausging, belegt auch die Tatsache, dass es in
insgesamt vier US-Bundesstaaten Städte mit dem Namen
„Columbus" bzw. „Columbia" gibt. So wie die „Britannia"

Großbritannien, die „Germania" Deutschland und die „Marianne" Frankreich verkörperte, wurde die „Columbia" bald die weibliche Symbolfigur der Vereinigten Staaten.

Vom Mythos zum offiziellen Feiertag

Die Feiern aus Anlass des 400. Jahrestags der Entdeckung Amerikas 1892 machten deutlich, dass viele Amerikaner Kolumbus tatsächlich als ihren „Gründungsvater" verstanden. Der amerikanische Präsident Harrison lobte Kolumbus als „Wegbereiter von Fortschritt und Erkenntnis". Parallel zu diesem Mythos begannen katholische Einwanderer, insbesondere aus Italien, den Entdecker neu zu deuten. Für sie wurde der katholische Kolumbus nun zur Identifikationsfigur. Zusammenschlüsse wie die Knights of Columbus bedienten sich seiner, um ihre Rechte gegenüber der protestantischen Mehrheit Amerikas zu verteidigen. Diese Einwanderer ebneten schließlich auch den Weg zum offiziellen Feiertag. 1866 erstmals von italienischen Einwanderern zur Erinnerung an die eigene Heimat in New York begangen, wurde der Columbus Day in vielen Bundesstaaten schnell populär. Seit 1937 ist er offizieller Feiertag, der mit Paraden, öffentlichen Reden und Feiern begangen wird, selbst wenn sich damit durchaus unterschiedliche Wertvorstellungen verbinden.

Identitätskrise – Ein Feiertag

Spätestens die Feiern zum 500. Jahrestag der Entdeckung Amerikas machten deutlich, dass der Columbus Day nicht für alle Amerikaner ein Anlass zum Feiern ist. Immer lauter meldeten sich nun Vertreter jener Gruppen zu Wort, für die die Entdeckung Amerikas keine Erfolgsstory, sondern der Beginn einer Geschichte von Unterdrückung und Raub, Ausbeutung und Tod gewesen war. Kolumbus gilt nicht mehr nur als der kühne, uneigennützige und visionäre Entdecker, sondern als skrupelloser, vom Ehrgeiz zerfressener sozialer Aufsteiger, dem es nur um den eigenen Ruhm und Reichtum ging. Seitdem ebben die Proteste der Ureinwohner, aber auch der Afro-Amerikaner als Nachfahren ehemaliger Sklaven gegen den Columbus Day nicht mehr ab. In vielfältiger Form erinnern Vertreter dieser Gruppen seither an die Entdeckung Amerikas aus ihrer Sicht. Auch die neuen Bezeichnungen wie „Indigenous People's Day" in Kalifornien oder „Native American Day" in South Dakota, dem Stammland der Sioux-Indianer, künden davon. In ihren jährlichen Botschaften tragen auch die amerikanischen Präsidenten diesem Wandel Rechnung. Darin heben sie die Bedeutung der Entdeckung der neuen Welt hervor, ohne die damit verknüpften Leiden zu verschweigen.

Q 1

Landung Kolumbus' in Amerika, Gemälde von John Vanderlyn, 1836–1847, in der Rotunde des United States Capitols, Washington D.C., 366 × 549 cm

Mithilfe der Materialien können Sie Urteile über die Bedeutung der Entdeckung Amerikas durch Christoph Kolumbus aus unterschiedlichen Perspektiven dekonstruieren und eine eigene Bewertung vornehmen. Davon ausgehend wird es Ihnen möglich, die sich wandelnde Funktion des „Columbus-Day" in Politik und Gesellschaft der USA zu erläutern und zu beurteilen.

1 Verfassen Sie arbeitsteilig in Gruppen Kommentare zu Bushs Proklamation aus der Sicht eines zeitgenössischen Reporters.

2 Führen Sie eine Diskussion zwischen einem weißen US-Bürger und einem US-Bürger indianischer Abstammung über die Folgen der Entdeckung Amerikas durch die Europäer (Q 3, Q 4).

3 Verfassen Sie je einen Zeitungsbericht zu den in den Abbildungen Q 5 und Q 6 dargestellten Ereignissen am Columbus Day in New York und in Washington D. C. Beziehen Sie dabei auch das „Fahndungsplakat" im Vordergrund des Fotos Q 6 mit ein.

Q 2

Kolumbus' historische Bedeutung

Aus der Proklamation des damaligen US-Präsidenten George Bush aus Anlass des 500. Jahrestages der Landung von Christoph Kolumbus in Amerika, 1992:

A half-millennium ago, one man who dared to defy the pessimists and naysayers of his day made an epic journey that changed the course of history.
5 That man was Christopher Columbus, and the account of his first voyage to the Americas provides us with timeless lessons about faith and courage in the face of the unknown, about the power
10 of individuals to make a difference, and about the rewards of cultural and commercial exchange among nations.

Behind the larger-than-life legends that have evolved around Columbus is
15 an ordinary, fallible man who achieved extraordinary, unforgettable things – and through qualities that any of us might well emulate today.

As with all progress, Columbus'
20 great journey began with learning and hard work. Before he became a master mariner, Columbus was first a diligent student and deckhand who gained his knowledge and skills in Lisbon, then
25 Europe's leading center of overseas exploration. Thus it was with both a strong foundation and a profound sense of higher purpose that Christopher Columbus set sail toward the
30 horizon. If we are to continue to cross new frontiers today, we must not only cherish knowledge and learning, as did the peoples of the Renaissance, but also have faith and courage in the face of the
35 unknown.

[…]

The story of Columbus is […] a fitting prologue to our American narrative, for the history of the United States
40 is filled with accounts of individuals who made a difference because they had the freedom, the opportunities, and the wherewithal to do so.

Columbus' first voyage to the Ameri-
45 cas took just 33 days, yet it refuted centuries-old myths and transformed the lives of generations to come. The great encounter that was made possible by Columbus and his crew linked peoples
50 on both sides of the Atlantic in a long and fruitful exchange of knowledge, resources, and ideas that continues to this day. Hence, on Columbus Day we celebrate both the rich heritage of America's
55 native peoples and the development of the United States as a Nation of immigrants.

www.presidency.ucsb.edu/ws/?pid=47411#ixzz1w0c6F6fy. (Stand: 28.09.2012)

Q 3

Was brachte Kolumbus Amerika?

Die Highschool-Lehrerin Joanna Hallac schreibt auf der Internet-Seite des US-Kongresses, 2011:

Did Columbus make positive contributions to the Age of Discovery? Of course he did, and those positive contributions deserve to be highlighted. Are
5 there other, extremely disturbing and negative outcomes from his discoveries? Yes, there are, and they also deserve some attention and discussion. Whether it's a matter of changing the name to
10 pay homage to those indigenous tribes who were negatively affected by his actions, doing away with the holiday completely, or just using it as a means to open an honest dialogue about every-
15 thing – good, bad, and ugly – that happened as a result of Columbus's actions and discoveries, something needs to progress on this front. Just as we cannot hide from our own dark past with slav-
20 ery and our treatment of Native Americans, nor can any other nation afford to ignore its history, for we all may be forced to go back down those horrible paths should we allow that to happen.
25 The best thing for all of us to do is face our pasts, embrace them, learn from them, and then move forward vowing to be a little bit better tomorrow than we were today.

uschs.wordpress.com/2011/10/07/columbus-day-a-history-of-controversy/. (Stand: 1.10.2012)

Q 4

Kollektive Erinnerung der Natives

Resolution der Indianer Colorados/USA aus Anlass der Columbus-Day-Parade in Denver, 2011:

Wir Angehörige der indigenen Völker begrüßen das Aufwachen jener, die vergleichsweise neu in unserer Heimat sind. Wir sind dankbar und freuen uns
5 über das Entstehen einer Bewegung, die sich über ihren Platz in der Umwelt bewusst ist, die ökonomische und gesellschaftliche Gerechtigkeit sucht, die ein Ende jeglicher Unterdrückung
10 anstrebt, die ausreichendes Essen, Arbeit, Unterkunft und ärztliche Versorgung fordert und die die Bildung einer neuen, achtenswerten und ehrenhaften Gesellschaft zum Ziel hat. Wir warten
15 seit 519 Jahren auf diesen Moment, seit jenem schicksalhaften Tag im Oktober 1492, als eine andere Weltanschauung hierher kam – eine der Gier, der Hierarchien, der Zerstörung und des Völker-
20 mordes. […]

Wir fordern Occupy Denver [Protestgruppe] auf, folgende Forderungen zu übernehmen, d.h.

1) die Lehre der christlichen Ent-
25 deckung zurückzuweisen und die Abschaffung des Columbus Day als nationaler Feiertag im Bundesstaat Co-
lorado und überall sonst in den Vereinigten Staaten zu fordern,
30 2) das international verbürgte Recht der indigenen Völker auf Selbstbestimmung zu bestätigen […],

3) die Anerkennung, Beachtung und Durchsetzung aller Verträge und Ver-
35 einbarungen, die freiwillig zwischen den indigenen Völkern und den Vereinigten Staaten geschlossen worden sind, zu verlangen. […]

4) darauf zu beharren, dass indigene
40 Völker niemals gewaltsam von ihrem Land oder ihren Territorien umgesiedelt werden dürfen,

5) anzuerkennen, dass indigene Völker das Recht haben, ihre spirituellen
45 und religiösen Traditionen, Gebräuche und Zeremonien zu pflegen und zu lehren, auch in Einrichtungen der Regierung wie z. B. Gefängnissen, Strafanstalten und Krankenhäusern, anzu-
50 erkennen, dass sie privaten Zugang zu ihren religiösen und ihren Kultstätten haben und dass sie das Recht haben, ihre menschlichen Überreste und die Grabbeigaben in ihre Heimat zu über-
55 führen,

6) anzuerkennen, dass indigene Völker und Nationen zu dauernder Kontrolle und Nutzung der Gebiete ihrer Vorfahren berechtigt sind. Dies schließt
60 alle Rechte über und unter der Erde, das Festland und die Küstengewässer, erneuerbare und nichterneuerbare Bodenschätze und die daraus sich ergebenden Erträge ein,

65 7) zu bestätigen, dass indigene Völker das Recht haben, ihr kulturelles Erbe, ihr überliefertes Wissen und ihre überlieferten kulturellen Ausdrucksformen zu bewahren, zu kontrollieren, zu
70 schützen und weiterzuentwickeln. […]

8) anzuerkennen, dass die Grenzen in den Siedlerstaaten koloniale Erfindungen sind, die die Fähigkeiten indigener Völker nicht begrenzen oder ein-
75 schränken sollten, frei zu reisen, ohne Behinderungen und Einschränkungen, überall in Amerika. Dies gilt insbesondere für indigene Nationen, deren Völker und Gebiete durch Gesetze der Sied-
80 lerstaaten getrennt worden sind,

9) zu fordern, dass die Vereinigten Staaten keine nachteiligen Aktionen unternehmen werden, die die Gebiete, Besitzungen, Bodenschätze oder Völker
85 indigener Nationen betreffen, ohne die freiwillige, vorherige und sachkundige Zustimmung der betroffenen indigenen Völker.

http://blogs.westword.com/latestword/2011/10/occupy_denver_american_indian_movement.php (Übersetzung Michael Epkenhans).

Q 5

Italo-Amerikaner auf der Columbus-Day-Parade in New York am 13. Oktober 2008

Q 6

Der Columbus Day in Washington D.C., ca. 1991

Eine Gedenkveranstaltung zum 27. Januar

Fragt man junge Leute, ob sie es noch zeitgemäß finden, der Opfer des Nationalsozialismus zu gedenken, obwohl diese Zeit schon so lange zurückliegt und sie selbst erst viele Jahre danach geboren wurden, dann bekommt man meist zur Antwort, dass dieses Gedenken nach wie vor wichtig ist. Doch wie kann man an dieses Grauen erinnern, ohne Gedenkreden, wie sie schon Hunderte Male gehalten wurden, ohne das beschwörende „Nie wieder", ohne Appelle, die morgen schon wieder vergessen sind? Eine Antwort auf diese Frage werden Sie nur finden, wenn Sie selbst einmal eine solche Gedenkveranstaltung geplant und durchgeführt haben.

Der organisatorische Rahmen

Bevor Sie den Inhalt und genauen Ablauf der Veranstaltung planen, ist es empfehlenswert zu überlegen, in welchem Rahmen Ihre Veranstaltung stattfinden soll. Da der Gedenktag am 27. Januar nicht schul- und arbeitsfrei ist, kann die Feierstunde in den normalen Schulalltag integriert werden. Planen Sie die Gedenkfeier nur im kleinen Kreis – etwa auf Klassen- oder Klassenstufenebene –, sieht die Vorbereitung natürlich anders aus, als wenn die ganze Schule daran teilnimmt. Sprechen Sie also mit Ihren Lehrern und der Schulleitung Zeit, Ort und Teilnehmerkreis rechtzeitig ab. Es ist auch möglich, einen Ort außerhalb der Schule zu wählen, etwa im Rathaus, in einer Gedenkstätte oder in einem jüdischen Gemeindezentrum. In dem Fall müssen Sie natürlich weitere Ansprechpartner einbeziehen. Klären Sie auch die Frage, ob es eine rein schulinterne Veranstaltung werden soll oder ob Sie auch Gäste von außerhalb einladen möchten, etwa Nachkommen der Opfer oder Angehörige von Opferverbänden.

Die inhaltlichen Schwerpunkte

Über die Verbrechen des Nationalsozialismus und ihre Opfer kann man lange und ausführlich reflektieren. Für ein würdiges Gedenken bietet es sich jedoch an, sich auf einen überschaubaren Themenkomplex festzulegen und diesen so aufzubereiten, dass die Aufmerksamkeit der Teilnehmer über den gesamten Zeitraum der Veranstaltung gefesselt wird. Einen beispielhaften Ansatz dafür liefert die Rede des israelischen Staatspräsidenten Peres am 27. Januar 2010 im Bundestag (vgl. S. 48). Er erinnerte daran, dass die Juden bis zu ihrer Entrechtung, Verfolgung, Vertreibung und Ermordung ein lebendiger und wichtiger Teil der deutschen Gesellschaft waren. Als Ärzte und Wissenschaftler, Schriftsteller oder Kaufleute haben sie wertvolle Beiträge für die Kultur und die Gesellschaft geleistet. Mit ihrer Vertreibung

und Ermordung wurde auch Deutschland ein Stück ärmer. An die Opfer zu erinnern, sollte also heißen, neben deren Schicksal auch ihrer Leistungen zu gedenken, sie gewissermaßen durch Zeugnisse ihres Lebens zu uns sprechen zu lassen. Welche Personen oder Personengruppen dabei im Mittelpunkt stehen, hängt auch sehr von der Schulsituation ab. Ein Einstein-Gymnasium wird dabei sicher andere Zugänge finden als ein Goethe- oder Stauffenberg-Gymnasium.

Die Recherche

Wenn Sie sich über die Ausrichtung und Schwerpunktsetzung der Veranstaltung klar geworden sind, nehmen Sie die inhaltliche Recherche vor. Sie begeben sich sozusagen auf Suche nach Zeugnissen für das Leben und Wirken der Opfer. Neben Sachliteratur oder Belletristik bieten sich an:
- alte Zeitungen, Briefe oder Tagebücher aus dem Archiv,
- Häuser, in denen die Opfer gewohnt haben und vor denen heute „Steine der Erinnerung" oder Gedenktafeln an sie erinnern
- Gegenstände in örtlichen Museen
- Orte, an denen ehemals die Synagoge stand
- Berichte von Überlebenden usw.

Die Programmgestaltung

Für die Ausgestaltung der Gedenkveranstaltung gibt es natürlich fast unbegrenzte Möglichkeiten. An dieser Stelle können nur einige wenige Hinweise gegeben werden:
- Der Auftakt sollte Aufmerksamkeit wecken. Beginnen Sie vielleicht mit einer Rezitation oder einem Musikstück. Die nachfolgende Eröffnung kann dann leicht darauf Bezug nehmen, etwa so: „Diese Zeilen schrieb ... drei Tage, bevor sie nach Auschwitz deportiert wurde" oder: „Das schrieb ... in seinem Abschiedsbrief aus dem Zuchthaus Plötzensee wenige Stunden vor seiner

Hinrichtung". Eine gewisse Originalität und ein Überraschungseffekt dürfen durchaus sein. Lassen Sie z. B. Ihre Schulband zu Beginn einen Swing aus den 1930er-Jahren spielen und den Sprecher oder die Sprecherin danach ausführen: „Wenn ihr diese Musik vor 75 Jahren gehört oder gespielt hättet, wäret ihr dafür vielleicht ins KZ eingeliefert worden und dort umgekommen ..." Damit sind Sie sofort mitten im Thema und Sie können ganz kurz ausführen, was die genannten Tatsachen mit der Veranstaltung zu tun haben.

- Dem Auftakt folgt gewöhnlich die Begrüßung. Dabei stehen vor allem die Ehrengäste im Blickpunkt.
- Die Gedenkrede kann von einer oder mehreren Personen gehalten werden. Wichtig ist, dass die Redebeiträge gut gegliedert und nicht zu lang sind. Ein Wechsel von gesprochenem Wort und Musik sowie das Einspielen von Bild und Ton schaffen Aufmerksamkeit und Empathie. Ein Beispiel dafür wäre das Gedicht „Der kleine Unterschied" der jüdischen Dichterin Mascha Kaléko, die 1938 in die USA emigrierte und damit ihre Heimat, ihre Freunde und ihr künstlerisches Umfeld verlor:

Der kleine Unterschied

Es sprach zum Mister Goodwill
ein deutscher Emigrant:
„Gewiß, es bleibt dasselbe,
sag ich nun *land* statt Land,
sag ich für Heimat *homeland*
und *poem* für Gedicht.
Gewiß, ich bin sehr happy:
Doch glücklich bin ich nicht."

(Mascha Kaléko, In meinen Träumen läutet es Sturm. Gedichte und Epigramme aus dem Nachlaß, 29. Auflage, München 2009, S. 47.)

Die Umrahmung der Veranstaltung

Wenn Sie möchten, können Sie die Veranstaltung durch eine kleine Ausstellung ergänzen, z. B. Fotos von Opfern und ausgewählte Biografien, Zeugnisse ihres Wirkens – etwa Buchcover oder Reproduktionen von Gemälden. Gelegentlich hat man auch das Glück, von Angehörigen Gegenstände aus dem Nachlass des Opfers als Leihgabe zur Verfügung gestellt zu bekommen.

Dokumentation und Präsentation der Veranstaltung

Eine gelungene Gedenkfeier verdient es, bekannt gemacht zu werden. Sei es, um das Gedenken und Erinnern über den Rahmen der Schule hinaus wirken zu lassen, oder sei es, um anderen Mut für eine ähnliche Veranstaltung zu machen. Die Homepage Ihrer Schule, die Schülerzeitung oder eine lokale Zeitung sind die geeigneten Orte dafür.

D 1

Hör-CD

Q 1

Angst, Gemälde von Felix Nussbaum, der 1944 im KZ Auschwitz ermordet wurde, 1941, 51x39,5 cm, Kulturgeschichtliches Museum Osnabrück

Begegnung mit der Geschichte in Alltag und Kultur

Nicht nur Gedenk- und Feiertage führen uns immer wieder unsere historischen Wurzeln vor Augen. Darüber hinaus gibt es viele Bereiche des alltäglichen Lebens und unserer Kultur, in denen uns Geschichte in unterschiedlicher Form begegnet. Allein wenn wir aus dem Haus treten, treffen wir im wahrsten Sinn des Wortes auf Geschichte: So spiegeln alle Bauwerke in den Städten und Dörfern verschiedene Epochen wider – in der Architektur, den Inschriften auf den Giebeln oder in den Symbolen an Wänden und auf Dächern. Oft finden wir dabei auch das Mittelalter wieder – eine Epoche, mit der höchst unterschiedliche Assoziationen verbunden werden, aber auch eine Zeit, die für viele heute wieder von Interesse ist. Vor allem aber in Museen und Gedenkstätten, daneben in Büchern und Zeitungen, in Filmen oder Theaterstücken, in Kirchen und sogar vor Gericht kann man der Geschichte begegnen.

Wie ist die Erinnerung an die Opfer des Nationalsozialismus in unserer Erinnerungskultur verankert und welchen spezifischen Beitrag können dafür Gedenkstätten leisten?
Welche Formen der Mittelalterrezeption finden Eingang in den Alltag und wie sind diese zu bewerten?
Wie beeinflussen Film, Fernsehen und neue elektronische Medien die Wahrnehmung und Verbreitung von Geschichte?
Was können Kunst, Architektur, Rechtsgrundlagen sowie religiöse Grundsätze einer Gesellschaft über deren Geschichts- und Erinnerungskultur aussagen?

Mit den folgenden Schritten werden Sie sehr unterschiedliche Formen der Geschichts- und Erinnerungskultur erarbeiten und Antworten auf die Leitfragen des Kapitels finden. Zugleich vervollkomm-
nen Sie Ihre Kompetenzen im Umgang mit Geschichtsdarstellungen.

| Die Erinnerung an die Opfer des Nationalsozialismus nach 1945 | **Dekonstruktion und Bewertung von Erinnerungsformen an die Opfer des Nationalsozialismus am Beispiel der Gedenkstätte Bergen-Belsen**
→ mit Kategorien und Begriffen umgehen
→ Entwickeln eigener Deutungsansätze und Werturteile auf der Grundlage von Erklärungsmodellen und Theorien | Aufgaben und Formen der Gedenkstättenarbeit |
| Formen der Erinnerung an die Opfer des Nationalsozialismus | | Die Ausarbeitung eines Konzepts für einen Gedenkstättenbesuch |

Überreste des Mittelalters in der Umwelt	**Dekonstruktion und Bewertung unterschiedlicher Formen der gegenwärtigen Mittelalterrezeption** → mit Kategorien und Begriffen umgehen → Darstellungen von Vergangenheit analysieren → eigene Deutungen von Vergangenheit vornehmen	Das Mittelalter in Literatur und Medien
Das Mittelalter in wissenschaftlichen und populärwissenschaftlichen Darstellungen		Mittelalter und Living History
		Die Vermarktung des Mittelalters

| Darstellung von Geschichte in unterschiedlichen Filmgattungen | **Analysieren und Bewerten unterschiedlicher Formate der Geschichtsdarstellung in Film und elektronischen Medien**
→ mit Kategorien und Begriffen arbeiten
→ Darstellungen von Vergangenheit analysieren
→ Sach- und Werturteile formulieren | Geschichte im Internet |
| Geschichte in Computerspielen | | Die Filmrezension als Beispiel für die sachliche Auseinandersetzung mit Geschichte im Film |

Kultur und kollektive Erinnerung	**Analysieren, Deuten und Bewerten unterschiedlicher Formen der Begegnung mit Geschichte in der Kultur** → mit Kategorien und Begriffen arbeiten → mit Perspektivität umgehen → eigene Deutung und Wertung vornehmen	Geschichte in Kunst und Literatur
		Geschichte in den Religionen
Kulturelles Erbe in der Architektur		Widerspiegelung von Geschichte in Rechtssystemen

Abbildung: Szenen aus der Geschichte der Arbeiterbewegung, Glasfenster von Walter Womacka im ehemaligen Staatsratsgebäude der DDR in Berlin, ca. 1964

Erinnerung an die Opfer des Nationalsozialismus – die Geschichte einer Gedenkstätte

Vor der Geschichte kann niemand davonlaufen. Das gilt auch und in besonderem Maße für die Geschichte des Nationalsozialismus. Doch welche Formen der Erinnerung werden dieser Geschichte gerecht? Was sollte Gegenstand der Erinnerung sein? Welche inhaltlichen Schwerpunkte werden gesetzt?

Viele Gedenkstätten erinnern heute an die Schrecken des NS-Regimes. Wie diese entstanden und welche Ziele sie verfolgen, erfahren Sie am Beispiel der Geschichte der Gedenkstätte im ehemaligen Konzentrationslager Bergen-Belsen.

1 Fassen Sie die Entstehung, Entwicklung und Funktionen von Gedenkstätten für die NS-Opfer in einem Lexikonartikel zusammen. Informieren Sie sich dabei auch im Internet und einschlägigen Handbüchern.

2 Interpretieren Sie das Foto Q 1. Schreiben Sie dazu einen passenden kurzen Zeitungsartikel.

3 Diskutieren Sie die gelegentlich zu findende These: „Wir sollten die Vergangenheit endlich ruhen lassen."

Erinnern für die Zukunft – aber wie?

„Was wir jetzt brauchen, ist eine Form des Gedenkens, die zuverlässig in die Zukunft wirkt", erklärte der damalige Bundespräsident Roman Herzog anlässlich des 50. Jahrestages der Befreiung des Konzentrationslagers Bergen-Belsen durch englische Truppen. Doch wie kann das Andenken an die Opfer des Nationalsozialismus gewahrt bleiben, ohne dass es zum bloßen Ritual erstarrt? Wie kann dieses Gedenken für historisches Lernen, und daraus abgeleitet für moralisches und politisches Denken und Handeln, fruchtbar gemacht werden? Anders gefragt: Wie kann die Geschichte des Nationalsozialismus zum unauslöschlichen Bestandteil kollektiver Erinnerung und kollektiven Handelns werden?

Orte der Mahnung und des Gedenkens

Zunächst einmal gilt, dass dieses Kapitel der Geschichte wie andere auch in den unterschiedlichen Medien präsent bleibt und im öffentlichen Raum wahrgenommen wird (vgl. S. 28–31). Neben solchen Erinnerungsformen wie beispielsweise Film, Literatur, Straßennamen oder Gedenkfeiern spielen authentische Orte der NS-Verbrechen eine besondere Rolle. Denkmäler erinnern zum Beispiel an niedergebrannte Synagogen. Inschriften lokalisieren Gefängnisse und Folterstätten der SA, SS oder Gestapo. Erinnerungstafeln an Gebäuden oder in die Straße eingelassene Steine mit Namen gedenken der Menschen, die bis zu ihrer Vertreibung oder Deportation dort gewohnt haben. Herausragende Erinnerungsorte sind jedoch die Gedenkstätten für

die Opfer des Nationalsozialismus. Sie befinden sich in den ehemaligen Konzentrations- und Vernichtungslagern, an Orten von „Arbeitserziehungs-", „Jugendschutz-" und „Sonderlagern", in ehemaligen medizinischen Einrichtungen, in denen „Euthanasie"-Morde verübt wurden, sowie in früheren Kriegsgefangenen- und anderen Lagern. Anfänglich war die Zahl dieser Gedenkorte klein. Viele Verantwortliche in Politik und Gesellschaft, aber auch große Teile der Bevölkerung scheuten die Auseinandersetzung mit diesem Teil der eigenen Vergangenheit. Das änderte sich jedoch allmählich seit dem Ende der 1960er-Jahre. Eine heranwachsende Generation erwartete Erklärungen für das, was geschehen war. Hinzu kam die wachsende Bereitschaft vieler Menschen, die Verbrechen des NS-Regimes für die eigene wie auch alle folgenden Generationen aufzuarbeiten, um daraus zu lernen (vgl. S. 72–73). Seither gibt es eine stetig steigende Zahl von Gedenkstätten.

Die Gedenkstätte Bergen-Belsen

Am Rande der Lüneburger Heide errichtete das NS-Regime zu Beginn des Zweiten Weltkrieges ein Kriegsgefangenenlager. Teile davon wurden später zum Konzentrationslager umfunktioniert. Tausende russische Kriegsgefangene, Juden aus allen Ländern Europas, Angehörige der Sinti und Roma sowie andere vom NS-Regime Verfolgte wurden dort eingesperrt, gequält und ermordet. Viele starben zudem an Unterernährung, Kälte und Krankheiten. Von vermutlich 120 000 KZ-Häftlingen kamen mindestens 52 000 um.

Hier finden Sie Informationen zur Gedenkstättenarbeit
für Jugendliche in Bergen-Belsen
fb4q8y

65

Erinnerung an die Opfer des Nationalsozialismus

Als englische Soldaten das Lager befreiten, bot sich ihnen ein Bild des Grauens: Neben den völlig entkräfteten Überlebenden fanden sie Tausende noch unbestatteter Leichen. Ein großer Teil der Opfer war von der SS auf Todesmärschen aus den Lagern des Ostens hierhergetrieben worden.

Nachdem bereits im Herbst 1945 ein Denkmal errichtet worden war, ordnete die englische Militärregierung den Bau einer Gedenkstätte an. Sie wurde 1952 eingeweiht. In der Folgezeit wurde diese kleine Gedenkstätte mit Unterstützung der niedersächsischen Landesregierung erweitert und modernisiert.

Gedenkstättenarbeit in Bergen-Belsen

Wie andere Gedenkstätten auch ist Bergen-Belsen nicht nur ein Ort der Erinnerung, sondern auch der wissenschaftlichen Arbeit. Eine wichtige Aufgabe der Mitarbeiter ist das Sammeln, Bewahren, Auswerten und Dokumentieren der individuellen Zeugnisse ehemaliger Kriegsgefangener und KZ-Häftlinge. Auf der Grundlage dieser Forschungsergebnisse erinnert die Gedenkstätte in einer Ausstellung an alle Opfer, deren Alltag und das weitere Schicksal von Überlebenden. Daneben ist Bergen-Belsen eine Begegnungsstätte und ein Zentrum der Bildungsarbeit. Besonders wichtig ist dabei die Arbeit mit Jugendlichen aus dem In- und Ausland, aber auch anderen Menschen, die sich für diesen Teil deutscher Vergangenheit interessieren. Durch forschendes Lernen sollen die Teilnehmer an Seminaren, Workshops, Workcamps und weiteren Veranstaltungen befähigt werden, an anderen Gedenkorten in Deutschland und zunehmend auch in den ehemals von Deutschen besetzten Gebieten, Lebensgeschichten zu erschließen und Zugänge zur Geschichte der NS-Verbrechen zu öffnen. Damit verbunden ist das Ziel, fundiertes Wissen zu vermitteln, die Entwicklung moralischer Kompetenz sowie reflektierter Empathie zu unterstützen.

Q 1

Gedenkveranstaltung der Sinti und Roma in der Gedenkstätte Bergen-Belsen am 5. März 2006

Vor dem Modell des Lagers Rabbiner David Alter, die Überlebende Charlotte Weiß, der damalige niedersächsische

Kultusminister Bernd Busemann, der katholische Bischof des Bistums Hildesheim, Norbert Trelle, und Manfred Böhmer vom Niedersächsischen Verband Deutscher Sinti (von links nach rechts)

Die Materialien zeigen verschiedene Formen der Erinnung an die Opfer des Nationalsozialismus. Der Schwerpunkt liegt dabei auf den Gedenkstätten. Anhand von D 1 bis D 3 können Sie Grundsätze und Zielsetzungen der Gedenkstättenarbeit analysieren und sich ein Urteil darüber bilden.

1 Zeichnen Sie eine grafische Übersicht über Formen von Erinnerung an die Opfer des NS-Regimes (Q 2–Q 8).

2 Diskutieren Sie, welchen Wert solche Erinnerungen wie Q 2 für Sie heute besitzen.

3 Vergleichen Sie Q 4 mit Q 5. Welche Botschaften werden mit den Reden vermittelt? Überprüfen Sie, welche Aktualität sie in der Gegenwart besitzen.

4 Schätzen Sie unter Einbeziehung eigener Erfahrungen ein, welche Wirkung künstlerische Auseinandersetzungen mit den Verbrechen des NS-Regimes haben. Gehen Sie auch auf mögliche Probleme ein (Q 3, Q 6).

5 Erläutern Sie auf der Grundlage von D 1–D 3, Q 7, Q 8, welche Rolle die Gedenkstätten, in der Auseinandersetzung mit den NS-Verbrechen spielen.

Q 2

Begegnung mit Anne Frank

Die Tänzerin Lin Jaldati (Lintje Rebling-Brilleslijpen) wurde mit ihrer Schwester Jannie aus Amsterdam nach Auschwitz deportiert. Von dort kam sie nach Bergen-Belsen, wo sie im April 1945 von britischen Truppen befreit wurde. In dem Buch „Sag nie, du gehst den letzten Weg" von 1986 erinnert sie sich:

Wir waren in Bergen-Belsen. Jeder bekam wieder einen Blechnapf, einen Löffel und eine Decke, Jannie und ich hatten Glück, am Ende der Schlange
5 haben viele nichts mehr gekriegt, wir froren, hüllten uns in unsere Decken und waren zum Umfallen müde. Und doch atmeten wir auf. Hier gab es keine Gaskammern, kein Krematorium […]
10 Endlich bekamen wir etwas zu essen, eine Suppe mit ein paar Stückchen Mohrrüben drin. Mohrrüben etwas ganz Seltenes. Dann konnten wir frei herumlaufen. Jemand sagte uns, oben
15 auf einer Anhöhe könne man sich waschen. Wir gingen hinaus, da war eine lange Wasserleitung mit vielen Hähnen. Mit frischem, kaltem Wasser waschen, das hatten wir seit Auschwitz nicht
20 mehr tun können. Wir schlugen wieder unsere Decken um, da kamen uns zwei magere, kahlgeschorene Gestalten entgegen, sie sahen aus wie kleine frierende Vögelchen. Wir lagen uns in den
25 Armen und weinten. Es waren Margot und Anne Frank. Wir fragten nach ihrer Mutter. Anne sagte nur: „Selektiert."

Zu viert gingen wir zum Appellplatz zurück, an Baracken vorbei. Dann ka-
30 men wir zu mehreren großen Zelten, es schien, als ob sich ein Zirkus hier niedergelassen hatte. In einem dieser Zelte wurden wir untergebracht. Wir lagen auf Stroh und krochen zu viert unter
35 unseren Decken zusammen.
In den ersten Tagen war es ruhig, wir schliefen viel. Es fing an zu regnen. Auch unter unseren Decken wurden wir nicht warm. Läuse gab es auch hier
40 wieder.
Dann wurden wir zur Arbeit gerufen. In einer Baracke mußten wir von allen Schuhen die Sohlen abtrennen, das war mühsam. Aber wir bekamen
45 dafür etwas Suppe und ein Stückchen Brot. Bald fingen die Hände an zu bluten und zu eitern. Anne und ich mußten zuerst mit der Arbeit aufhören, es ging einfach nicht mehr Jannie und Margot
50 hielten etwas länger aus.
Nach ein paar Tagen tobten schwere Novemberstürme. Die Zirkuszelte brachen zusammen, es gab Verletzte wir wurden in eine Scheune getrieben, in
55 der Lumpen, alte Schuhe und andere Sachen aufgestapelt lagen. Anne fragte: „Warum wollen sie, daß wir wie Tiere leben?" Jannie antwortete: „Weil sie selbst Raubtiere sind."
60 Dann wurden wir in Baracken untergebracht. Es gab Immer wieder Tote, vom Hunger zermürbt. Neue Transporte kamen an. Wo sollten all die Menschen hin? Man vertrieb uns aus unserem

65 Block. Jetzt hatten wir kein Dach mehr überm Kopf. Täglich gab es Zählappelle. Aber am Abend mußten wir In einem Block seht, sonst hätte man uns erschossen. Wir mussten selbst sehen, wo wir
70 unterkamen. Wir waren den Launen der Wachmannschaften ausgesetzt, die nur schreien und fluchen konnten. Endlich hatten wir wieder für ein paar Nächte eine Baracke gefunden. […]
75 Eines Tages im Dezember bekamen wir alle ein extra Stückchen Harzer Käse und etwas Marmelade. Die SS und die Aufseherinnen zogen sich nachmittags zurück und feierten. Es war Weihnach-
80 ten. Mit Margot und Anne Frank und den Schwestern Daniels waren wir jetzt drei Schwesternpaare. Wir wollten an diesem Abend Sint Niklaas, Chanuka und Weihnachten auf unsere Weise
85 feiern.
Jannie hatte eine Gruppe von Ungarinnen kennengelernt, von denen einige in der SS-Küche arbeiteten. Mit deren Hilfe gelang es ihr, zwei Hände voll Kar-
90 toffelschalen zu „organisieren". Anne gabelte irgendwo ein Stückchen Knoblauch auf, die Schwestern Daniels „fanden" eine rote Rübe und eine Mohrrübe. Ich sang in einem anderen Block vor
95 Aufseherinnen einige Lieder und tanzte einen Walzer von Chopin, die Melodie sang ich selbst dazu, dafür bekam ich eine Handvoll Sauerkraut. Wir sparten uns ein bißchen Brot vom Munde ab,
100 und jeder bereitete für die anderen mit diesem Brot kleine Überraschungen vor.

Etwas Muckefuck hatten wir in einem Blechnapf noch vom Morgen aufbewahrt, wir wärmten ihn auf einem Öfchen und rösteten Kartoffelschalen. So feierten wir. Leise sangen wir holländische und jiddische Lieder, auch lustige wie „Constant hat een hobbelpaard". Wir erzählten uns Geschichten und malten uns aus, was wir alles tun würden, wenn wir wieder nach Hause kämen. „Dann werden wir bei Dikker und Thijs, einem der teuersten Restaurants von Amsterdam, ein Festessen machen", meinte Anne. Und wir stellten uns schon das Menü zusammen, lauter leckere Sachen. Wir träumten – und waren in diesem Augenblick sogar etwas glücklich. [...]

Eine SS-Aufseherin kam in unseren Block und fragte, wer Pflegerin sei. Jannie meldete sich und hob auch meinen Arm hoch, obwohl wir früher außer einem Kursus für Erste Hilfe nie eine Ausbildung gehabt hatten.

So wurden wir Pflegerinnen und kamen in einen anderen Block, wo die holländischen Frauen und Kinder untergebracht waren, ganz in der Nähe des Familienlagers. Wir bekamen ein Stückchen Brot extra und konnten versuchen, anderen zu helfen. Wir mußten für den ganzen Block Wasser und Essen holen, die Baracken sauberhalten und die Kranken versorgen Die meisten dieser Frauen waren schon lange im „Sternlager" gewesen, immer in der Hoffnung, über Schweden gegen deutsche Kriegsgefangene ausgetauscht zu werden. Und jetzt waren sie von ihren Männern getrennt worden und in das schlechteste Lager gekommen. Zu ihnen gehörten zwei Freundinnen von Anne Frank, Roosje Pinkhoff und Carry Vos. Margot und Anne kamen jetzt öfter in unseren Block, auch wir schauten immer wieder nach, wie es ihnen ging. [...]

Wir fragten Margot und Anne Frank, ob sie nicht zu uns kommen wollten. Aber Margot hatte abscheulichen Durchfall und konnte sich nicht mehr halten. Wegen der Ansteckungsgefahr des Bauchtyphus mußte sie im alten Block bleiben. Anne sorgte für sie, so gut es ging.

In den Wochen danach besuchten wir uns oft gegenseitig, wir konnten ihnen auch ab und zu etwas Essen mitbringen. Es muß im März gewesen sein, der Schnee war schon geschmolzen, als wir sie wieder einmal aufsuchen wollten, aber sie waren nicht mehr im Block. In der Krankenbaracke fanden wir sie. Wir beschworen sie, nicht dortzubleiben, denn sobald man sich hinlegte und keinen Widerstand mehr aufbrachte, ging es zu Ende. Anne sagte nur: „Hier können wir zu zweit auf einer Pritsche liegen, wir sind beisammen und haben Ruhe." Margot flüsterte nur noch, sie hatte hohes Fieber.

Am Tag darauf gingen wir wieder zu ihnen. Margot war von der Pritsche gefallen, kaum noch bei Bewußtsein. Anne fieberte auch, sie war freundlich und lieb. „Margot wird gut schlafen, und wenn sie schläft, brauch ich nicht mehr aufzustehen." Wenige Tage danach war ihre Pritsche leer. Wir wußten, was das bedeutete. Draußen hinter der Baracke fanden wir sie. Wir legten ihre dünnen Körper in eine Decke und trugen sie zur großen Grube. Das war alles, was wir noch zu tun vermochten.

Lin Jaldati/Eberhard Rebling, Sag nie, du gehst den letzten Weg: Erinnerungen, Berlin (Ost) 1986, S. 419–425.

Q 3

Appell im KZ, Radierung von Lea Grundig, 1956, 36 × 27 cm, Kulturgeschichtliches Museum Osnabrück

Q 4

Müssen die Deutschen tapfer sein?

Aus der Rede des damaligen Bundespräsidenten Theodor Heuss anlässlich der Einweihung der Gedenkstätte Bergen-Belsen am 30. November 1952:

Als ich gefragt wurde, ob ich heute, hier, aus diesem Anlaß ein Wort zu sagen bereit sei, habe ich ohne lange Überlegung mit Ja geantwortet. Denn
5 ein Nein der Ablehnung, der Ausrede, wäre mir als eine Feigheit erschienen, und wir Deutschen wollen, sollen und müssen, will mir scheinen, tapfer zu sein lernen gegenüber der Wahrheit,
10 zumal auf einem Boden, der von den Exzessen menschlicher Feigheit gedüngt und verwüstet wurde. Denn die bare Gewalttätigkeit, die sich mit Karabiner, Pistole und Rute verziert, ist in einem
15 letzten Winkel immer feige, wenn sie, gut gesättigt, drohend und mitleidlos, zwischen schutzloser Armut. Krankheit und Hunger herumstolziert.

Wer hier als Deutscher spricht, muß
20 sich die innere Freiheit zutrauen, die volle Grausamkeit der Verbrechen, die hier von Deutschen begangen wurden, zu erkennen. Wer sie beschädigen oder bagatellisieren wollte oder gar mit der
25 Berufung auf den irregegangenen Gebrauch der sogenannten „Staatsraison" begründen wollte, der würde nur frech sein.

Aber nun will ich etwas sagen, das
30 manchen von Ihnen hier erstaunen wird, das Sie mir aber, wie ich denke, glauben werden, und das mancher, der es am Rundfunk hört, nicht glauben wird: Ich habe das Wort Belsen zum
35 erstenmal im Frühjahr 1945 aus der BBC gehört, und ich weiß, daß es vielen in diesem Lande ähnlich gegangen ist. Wir wußten – oder doch ich wußte – Dachau, Buchenwald bei Weimar,
40 Oranienburg. Ortsnamen bisher heiterer Erinnerungen, über die jetzt eine schmutzig-braune Farbe geschmiert war. Dort waren Freunde, dort waren Verwandte gewesen, hatten davon er-
45 zählt. Dann lernte man früh das Wort Theresienstadt, das am Anfang sozusagen zur Besichtigung durch Neutrale
50 präpariert war, und Ravensbrück. An einem bösen Tag hörte ich den Namen Mauthausen, wo sie meinen alten Freund Otto Hirsch „liquidiert" hatten, den edlen und bedeutenden Leiter der
55 Reichsvertretung deutscher Juden. Ich hörte das Wort aus dem Munde seiner Gattin, die ich zu stützen und zu beraten suchte. Belsen fehlte in diesem meinem Katalog des Schreckens und der
60 Scham, auch Auschwitz.

Diese Bemerkung soll keine Krücke sein für diejenigen, die gern erzählen: Wir haben von alledem nichts gewusst. Wir haben von den Dingen gewusst.
65 Wir wußten auch aus den Schreiben evangelischer und katholischer Bischöfe, die ihren geheimnisreichen Weg zu den Menschen fanden, von der systematischen Ermordung der Insassen deut-
70 scher Heilanstalten. Dieser Staat, der menschliches Gefühl eine lächerliche und kosten verursachende Sentimentalität hieß, wollte auch hier tabula rasa, „reinen Tisch" machen, und der reine
75 Tisch trug Blutflecken, Aschenreste – was kümmerte das? Unsere Phantasie, die aus der bürgerlichen und christlichen Tradition sich nährte, umfaßte nicht die Quantität dieser kalten und
80 leidvollen Vernichtung.

Dieses Belsen und dieses Mal sind stellvertretend für ein Geschichtsschicksal. Es gilt den Söhnen und Töchtern fremder Nationen, es gilt den deutschen und ausländischen Juden, es gilt auch
85 dem deutschen Volke und nicht bloß den Deutschen, die auch in diesem Boden verscharrt wurden.

Ich weiß, manche meinen: War dieses Mal notwendig? Wäre es nicht besser
90 gewesen, wenn Ackerfurchen hier liefen, und die Gnade der sich ewig verjüngenden Fruchtbarkeit der Erde verzeihe das Geschehene? Nach Jahrhunderten mag sich eine vage Legende vom unheim-
95 lichen Geschehen an diesen Ort heften. Gut, darüber mag man meditieren; und Argumente fehlen nicht, Argumente der Sorge, daß dieser Obelisk ein Stachel sein könne, der Wunden, die der Zeiten
100 Lauf heilen solle, das Ziel der Genesung zu erreichen nicht gestatte.

Wir wollen davon in allem Freimut sprechen. Die Völker, die hier die Glieder ihres Volkes in Massengräbern wissen, gedenken ihrer, zumal die durch
105 Hitler zu einem volkhaften Eigenbewußtsein schier gezwungenen Juden. Sie werden nie, sie können nie vergessen, was ihnen angetan wurde; die Deutschen dürfen nie vergessen, was
110 von Menschen ihrer Volkszugehörigkeit in diesen schamreichen Jahren geschah.

Zit. nach: Konzentrationslager Bergen-Belsen. Berichte und Dokumente, ausgewählt von Rolf Keller u. a., Vandenhoeck & Ruprecht Göttingen 1995, S. 253 f.

Q 5

„Die Toten nie vergessen"

Aus der Rede des damaligen stellvertretenden Präsidenten des Jüdischen Weltkongresses, Nahum Goldmann, anlässlich der Einweihung der Gedenkstätte Bergen-Belsen am 30. November 1952:

Die natürlichsten Gefühle, die uns alle, die wir heute an diesem Akte teilnehmen, beseelen, sind die des tiefen Schmerzes, der Trauer um die Milli-
5 onen, die als Opfer des nationalsozialistischen Terrors gelitten haben und gefallen sind. Niemand hat so furchtbar für die Hitlerperiode zahlen müssen wie wir Juden. [...] Wir haben in dieser De-
10 kade ein Drittel unserer Gemeinschaft verloren, ein Verlust, der nie wieder gutgemacht werden kann, und es ist selbstverständlich, daß in erster Reihe unsere Gedanken und Gefühle in die-
15 ser Stunde zu diesen sechs Millionen umgekommenen Juden gehen, die gelitten haben wie selten Menschen in der Geschichte, die Qualen durchgemacht haben, an die man kaum denken kann
20 und in den Gaskammern und anderen Vernichtungsinstitutionen des nazistischen Regimes ein Ende gefunden haben, für das es keine Analogien in der Weltgeschichte gibt. Sprechend im Na-
25 men der Weltjudenheit wiederhole ich in dieser Stunde unser Gelöbnis, diese Toten nie zu vergessen, die Erinnerung an diese Märtyrer, die für nichts anderes

in den Tod gegangen sind als für die
30 Tatsache, daß sie Juden waren, für ewig
in unseren Herzen und den Herzen
unserer Kinder und Kindeskinder zu
tragen, um mit dem unauslöschlichen
Gedächtnis, welches das Kennzeichen
35 unseres Volkes ist, das Andenken an
diese jüdischen Opfer des Naziterrors
für immer in unserer Geschichte zu
verewigen.
[…]
40 Dies darum ist der letzte Sinn dieser
tragischen Periode, der heute unsere
Erinnerung gilt. Der Sinn des Glaubens
an eine bessere Zukunft und an eine
Menschheit, in der eine solche Periode
45 der Hitler-Dekade sich nicht wiederholen kann. Ich weiß, es gehört viel
Glaubenskraft und Optimismus dazu,
in der Welt, wie sie heute aussieht, mit
ihrer Intoleranz und ihrer Verbohrtheit,
50 ihren totalitären Regimes und ihrer Ein-
schränkung der Meinungsfreiheit, ihren
sozialen und machtpolitischen Kämpfen an eine solche Vision einer besseren Zukunft zu glauben. Aber wenn je
55 Völker und Menschen diesen Glauben

verlieren würden, wäre es das Ende
menschlicher Entwicklung und sinnvoller menschlicher Geschichte. […] In
dieser Erde, auf der wir heute stehen,
60 liegen begraben Angehörige der vielen
Nationen. Auf dieser Gedenktafel, die
wir enthüllen, sind Inschriften in vier-
zehn Sprachen. Diese Menschen waren
national getrennt in ihrem Leben, in
65 ihrem Grab sind sie alle vereinigt und
alle gleich. Über alle nationalen und
rassischen Differenzen hinweg sind die
großen Tatsachen menschlichen Lebens
und menschlichen Schicksals allen ge-
70 meinsam: Geburt und Tod. Glück und
Leid. Liebe und Freundschaft sind allen Menschen gemeinsam, und es ist
deswegen angebracht und sinnvoll,
daß wir heute, in dieser bewegenden
75 Erinnerungsstunde, Vertreter verschiedener Völker sind und uns gemeinsam
verbeugen. Deutsche und Alliierte. Juden und Nichtjuden. Vieles trennt uns,
aber was uns verbindet, ist sinnvoller
80 und wichtiger. Als Sprecher des Volkes,
das mehr als alle anderen in der nationalsozialistischen Epoche gelitten hat,

habe ich das Recht und den Anspruch,
den anderen zu sagen: Wir haben mehr
85 gelitten als ihr, und wir werden unser
Leiden nie vergessen. Aber im Sinne der
großen geistigen Figuren unserer Geschichte, die der Welt den Glauben an
den einen Gott und die eine Mensch-
90 heit gepredigt haben, richten wir dieses
Wort der Mahnung an alle Völker: den
Sünden und Leidenschaften des Rasse-
dünkels zu entsagen, Frieden zu wollen
und Frieden zu schaffen und über alle
95 legitimen Ansprüche eines sittlichen
Volksbewußtseins den Glauben an die
eine Menschheit, an Völkerverbunden-
heit und Völkerzusammenarbeit zu
stellen, und als die einzige und wahre
100 Sühne für die Verbrechen der vergangenen Epoche, an der letzten Endes unsere ganze Generation schuld ist. alles
zu tun, um diese Epoche innerlich zu
überwinden und gemeinsam an einer
105 besseren Zukunft für alle zu wirken.

Zit. nach: Konzentrationslager Bergen-Belsen.
Berichte und Dokumente, ausgewählt von Rolf
Keller u. a., Vandenhoeck & Ruprecht Göttingen
1995, S. 255 f.

Q 6

Szenenbild aus dem Film „Der neunte Tag", der 2004 nach einer Autobiografie gedreht
wurde, Regie: Volker Schlöndorff

D 1

Ein Beitrag zur Identitätsbildung

Der Beauftragte der Bundesregierung für Kultur und Medien, Bernd Neumann, schreibt in seiner „Gedenkstättenkonzeption" 2011:

Das Verständnis der eigenen Geschichte trägt zur Identitätsbildung jeder Nation bei. Dazu gehören für uns Deutsche die Lehren, welche die
5 Gründergeneration der Bundesrepublik Deutschland aus der verbrecherischen Herrschaft des Nationalsozialismus gezogen hat: Die unveräußerliche Achtung der Menschenwürde, das Bewusst-
10 sein für die Bedeutung der Freiheit und die Wertebindung des Grundgesetzes sind tragende Prinzipien unserer demokratischen Ordnung.

Zum historischen Erbe des wieder-
15 vereinten Deutschland zählt seit 1990 auch die kommunistische Diktatur in der ehemaligen SBZ/DDR. Der auf dem Grundgesetz fußende antitotalitäre Konsens verbindet heute die de-
20 mokratischen Parteien im Wissen um den menschenverachtenden Charakter dieser Diktatur.

Darauf beruht unsere gemeinsame Verantwortung, das Gedenken an das
25 menschliche Leid der Opfer wach zu halten. Geschichte muss konsequent aufgearbeitet werden. Jeder Generation müssen die Lehren aus diesen Kapiteln unserer Geschichte immer wieder neu
30 vermittelt werden.

www.bundesregierung.de/Content/DE/_Anlagen/BKM/2008-06-18-fortschreibung-gedenkstaettenkonzepion-barrierefrei.pdf. Stand: 4.9.2012.

D 2

Korrektiv zum Erinnerungsmarkt

Der Historiker und Geschäftsführer der Stiftung niedersächsische Gedenkstätten sowie Leiter der Gedenkstätte Bergen-Belsen, Habbo Knoch, äußert sich 2011:

Gedenkstätten zur Erinnerung an die Opfer der nationalsozialistischen Verbrechen in der Bundesrepublik sehen sich seit einigen Jahren mit einer wider-
5 sprüchlichen Situation konfrontiert: Einerseits erleben wir eine in Umfang und Akzeptanz bislang so nicht vorhandene Medialisierung, Institutionalisierung und Autorisierung der Erinnerung an
10 die nationalsozialistischen Verbrechen und ihre Opfer. Sie ist inzwischen staatlich verankertes und durch gesellschaftliches Engagement getragenes Leitnarrativ einer historischen und moralischen
15 Begründung der gesellschaftlichen Identität der Bundesrepublik. Dazu gehört auch eine im Ganzen deutlich verbesserte Ausstattung von Gedenkstätten zur Geschichte der NS-Verbrechen.

20 Andererseits verschwimmen im gegenwärtigen Erinnerungsmarkt die Konturen historischer Gewaltereignisse des 20. Jahrhunderts vor allem in ihrer medialen Reproduktion und in der
25 europäischen Erinnerungsdebatte. Es entschwinden kommunikative Bezüge zur NS-Zeit und werden von anderen Erfahrungsbiographien überlagert. Miteinander konkurrierende kommemora-
30 tive und historische Referenzen des öffentlichen Umgangs mit der deutschen (Zeit-)Geschichte vervielfältigen sich. Es globalisieren wie verallgemeinern sich die Bezugspunkte einer historisch-
35 moralischen Auseinandersetzung mit staatlicher Gewalt unter dem Blickwinkel von Menschenrechtsverletzungen bis in die Gegenwart.

Mit ihren multiplen Angeboten ver-
40 mitteln Gedenkstätten zwischen diesen beiden Polen. Indem sie Standards der wissenschaftlichen Forschung und konzeptionellen Bildungsarbeit setzen, stellen sie ein Korrektiv zum Erinne-
45 rungsmarkt dar, von dessen Aufmerksamkeitsökonomie sie aber zugleich profitieren. Sie müssen in diesem Spannungsfeld ihre konkreten Ziele und Maßnahmen immer wieder reflexiv
50 zum wachsenden zeitlichen Abstand und den gegenwärtigen Herausforderungen neu bestimmen, um nicht selbst rituell zu erstarren.

Habbo Knoch, Gedenkstätten im Wandel der Erinnerungskultur, S. 1f. http://lernen-aus-der-geschichte.de/Lernen-und-Lehren/content/10080

D 3

Eigene Standpunkte bilden

Aus den Grundsätzen der Arbeit in der Gedenkstätte Bergen-Belsen:

Ziel des internationalen Jugend-Workcamp ist die Sicherung der Erinnerung an die deutschen Verbrechen und deren Opfer durch aktives Han-
5 deln Jugendlicher. Die Jugendlichen sollen über die symbolhafte Bedeutung des Ortes, in die Lage versetzt werden, eigene Standpunkte zu diesem bestimmenden Teil deutscher Vergangenheit
10 zu bilden und davon ausgehend lernen, eigene Prinzipien demokratischen Handelns zu vertreten.

Die internationale Zusammensetzung der teilnehmenden Jugendlichen
15 ist ein sichtbares Zeichen der Solidarität gegen Rechtsextremismus und Fremdenfeindlichkeit. Darum ist die Begegnung deutscher Jugendlicher mit Jugendlichen aus anderen, durch die
20 Geschichte und Felgen des Zweiten Weltkrieges und der NS-Besatzung geplagten Ländern, von besonders großer Bedeutung. Es werden Fragen nach TäterInnen und Opfern, nach Verant-
25 wortung gestern und heute, nach Zivilcourage und Eigenverantwortlichkeit gestellt. Durch diese internationalen Begegnungen wird Vorurteilen entgegengewirkt und Verständnis füreinan-
30 der entwickelt. Die Zusammenkunft zwischen Zeitzeugen und Überlebenden und den Teilnehmerinnen des Workcamps soll zu einer Intergenerativen Auseinandersetzung anregen und
35 Fragen über den zukünftigen Umgang mit der Geselchte erörtern. Die Internationalen Jugendworkcamps haben in der jüngsten Vergangenheit für die Gedenkstätte Bergen-Belsen eine bedeu-
40 tende Rolle gespielt. Bauliche Überreste des Lagers sind freigelegt und den BesucherInnen zugänglich gemacht worden, damit hat sich das Bild der Gedenkstätte maßgeblich verändert.

http://www.jsnds.de/index.php?id=3218&tx_edwiki_pi1%5Bkeyword%5D=Jugendarbeit%20in%20Bergen-Belsen&cHash=216849c5ef1e7a55521362fb15f6d0df (Stand 5.9.2012).

Q 7

„Man kann nicht damit leben, aber man muss …"

Bericht einer Teilnehmerin des 9. Internationalen Jugendworkcamps in Bergen-Belsen 2003:

Vor uns liegt die Heide. Drum herum Bäume, die in den letzten 57 Jahren gewachsen sind. Schöner Park […]. Die seltsame Idylle in der Heide verwirrt
5 und macht uns die Vorstellung noch schwerer. […]

Stell dir die Schreie, das Stöhnen, die Schüsse, das Brüllen der SS-Leute vor. Du schaffst es nicht. Es geht einfach
10 nicht. Und wenn du es doch schaffst, dann versuche, dir die Gesichter der Menschen vorzustellen.

Zwei der unzähligen Toten sind Verwandte von Hadas aus Israel. Zwei
15 Menschen, die ein Gesicht haben und an die noch gedacht werden kann, weil Menschen, die sie lieb hatten, überlebt haben. […]

"My grandfathers mother and sister
20 were murdered in Bergen-Belsen and my grandmother told me to put a stone on the grave. So every place that there were graves I put stones on. I placed a lot of stones today, because there were
25 so many graves without names." […]

Wir hatten alle Momente, in denen wir gedacht haben: Das kann alles nicht wahr sein!, welche, in denen wir geweint haben oder zumindest den Tränen nahe
30 waren. Wir haben uns zurückgezogen, unsere eigenen Gedanken gedacht, aufgeschrieben, ernsthaft diskutiert … aber wir waren auch 50 Jugendliche aus acht verschiedenen Ländern und wenn wir
35 abends zurück ins Anne-Frank-Haus kamen, waren wir meistens nass und schmutzig und völlig erledigt, wir haben uns aufs Abendessen gefreut, nach dem Abendprogramm im Nachtcafe
40 gesessen und gequatscht, wirklich viel Spaß gehabt und besonders mit den Israelis über „ihr Land" geredet, denn wann kriegt man schon mal die Möglichkeit mit einem/r Israeli zu sprechen.
45 Das ist anders als Nachrichten. […]

Wenn ich nach einem Tag in der Klärgrube völlig vermatscht unter der warmen Dusche stand, habe ich mir überlegt wie das Gefühl sein musste,
50 nach der Befreiung wieder nach Hause (wenn es das auch oft nicht mehr gab und der Weg vom KZ nach Hause noch weit war) zu kommen und das erste Mal wieder warmes Wasser über seinen Kör-
55 per laufen zu spüren.

Oder der Magen knurrt dir und du sagst aus Versehen: Ich sterbe vor Hunger. Dabei ist es erst vier Stunden her, dass du gefrühstückt hast. […]
60 Es wird im nächsten Jahr wieder ein Workcamp geben und es ist wichtig, dass sich viele dazu anmelden. Ich habe so viel mit nach Hause genommen; es ist anders als Geschichte in der Schu-
65 le, es ist anders als die vielen Romane, Autobiographien und Filme, die ich gelesen und gesehen habe. Es geht tiefer, es ist schwieriger, aber man darf keine Angst davor haben. Muss man auch
70 nicht. Und was man immer noch nicht vergessen darf und gerade in diesem Zusammenhang phänomenal wichtig ist, sind die vielen anderen Leute aus allen möglichen Ländern denn außer
75 Erfahrungen habe ich auch neue Freunde gewonnen.

www.jsnds.de/index.php?id=3218&tx_edwiki_pi1%5Bkeyword%5D=IWC%2004%20Teilnehmer-innen%20Stimmen&cHash=57bb95f235901 82971fac028ba84e766 Stand: 5.9.2012.

Q 8

Teilnehmer eines Jugendworkcamps in Bergen-Belsen

Besuch einer NS-Gedenkstätte

Es gibt kaum einen Ort, der zur Erinnerung an die Opfer des Nationalsozialismus besser geeignet wäre als eine KZ-Gedenkstätte. Sie ist zuallererst ein Ort, an dem Menschen gelitten haben und gestorben sind. Zugleich aber kann man anhand der dort vorhandenen Quellen und Darstellungen viel über Geschichte erfahren, kann selbst Geschichtsdeutungen vornehmen und ganz individuell ausloten, welche Bedeutung ein solcher Ort für Besucher erlangen kann. Wer einen solchen Besuch plant, sollte sich also von Anfang an darüber im Klaren sein, dass es sich nicht um einen gewöhnlichen Schulausflug handelt, sondern um ein Unternehmen, das von allen Beteiligten Engagement und die Bereitschaft verlangt, sich auf ein möglicherweise schwer zu verarbeitendes Erlebnis einzulassen.

NS-Gedenkstätten in Niedersachsen

Einigen Sie sich zuallererst darauf, welche Gedenkstätte Sie besuchen möchten. Es gibt weit mehr Möglichkeiten, als Sie vielleicht annehmen. Allein in Niedersachsen gibt es mehr als 20 Gedenkorte. Sie unterscheiden sich allerdings in ihrer Art, ihrer Größe und den Lern- und Arbeitsmöglichkeiten.

Unter der Internetadresse www.bpb.de/geschichte/nationalsozialismus/erinnerungsorte/ gelangen Sie zu einer Datenbank, in der alle Gedenkstätten in Deutschland – geordnet nach Bundesländern, verzeichnet sind und mithilfe derer Sie entscheiden können, welche für Ihre Fragestellungen und Bedingungen infrage kommen.

Das Beispiel Neuengamme bei Hamburg

Das KZ Neuengamme bei Hamburg wurde 1938 in einer ehemaligen Ziegelei errichtet. Es gehörte mit seinen Außenstellen schließlich zu den größten Konzentrationslagern Nordwestdeutschlands. Ca. 100 000 Menschen aus vielen Ländern Europas wurden wegen ihres Widerstands gegen die deutsche Besatzung, Auflehnung gegen Zwangsarbeit oder aus rassistischen Motiven eingesperrt. Mindestens 42 900 überlebten diese Zeit nicht. Tausende starben später an den Folgen der unmenschlichen Lagerbedingungen.

Neben den Ausstellungsräumen verfügt die Gedenkstätte heute über ein Begegnungs- und Studienzentrum. Dort werden unterschiedliche Fortbildungen wie beispielsweise Projekt- und Studientage angeboten.

Organisatorische Planung des Gedenkstättenbesuchs

Bevor Sie Ihren Gedenkstättenbesuch inhaltlich vorbereiten, sollten Sie zunächst die wesentlichen organisatorischen Fragen klären:

- Wie viel Zeit ist für die Exkursion einzuplanen? Wie passt dieser Zeitplan in die Schulorganisation?
- Wie ist die Gedenkstätte erreichbar?
- Wo kann gegebenenfalls übernachtet werden?
- Unter welchen Bedingungen kann von der Stiftung Niedersächsische Gedenkstätten ein finanzieller Zuschuss gewährt werden?
- Soll ein „einfacher" Besuch des KZ und der dortigen Ausstellung, ein Projekt- bzw. Studientag, eine ganze Projektwoche oder die Teilnahme an einem Jugendworkcamp durchgeführt werden?
- …

Inhaltliche Planung des Gedenkstättenbesuchs

Ob der Besuch ein Erfolg wird und Sie zu den Erkenntnissen gelangen, die Sie erwarten, hängt ganz entscheidend von der Vorbereitung ab (siehe Tabelle nächste Seite). Ein paar Grundsätze sollten dabei eingehalten werden:

- Alle sollten daran beteiligt sein, aber niemand sollte zu etwas gezwungen werden.
- Aufgaben und Fragen müssen die individuellen Erkenntnisinteressen widerspiegeln.
- Nicht nur die Opfer, sondern auch die Täter sollten in die Erforschung einbezogen werden.
- Nicht nur die Zeit bis zur Befreiung des KZ sollte untersucht werden, sondern auch die Zeit danach.

Auswertung und Präsentation

Klären Sie nach der Exkursion, ob Ihre Erwartungen erfüllt wurden und tauschen Sie Ihre Arbeitsergebnisse aus. Präsentieren Sie danach Ihre Erkenntnisse in geeigneter Form (siehe Tabelle nächste Seite). Bedenken Sie dabei auch, dass ein Teil der notwendigen Arbeiten in Kleingruppen nach dem Unterricht erledigt werden muss.

Die folgende Checkliste soll Ihnen eine grobe Richtschnur für Ihren Gedenkstättenbesuch geben. Sie erhebt keinerlei Anspruch auf Vollständigkeit und kann selbstverständlich jederzeit von Ihnen den jeweiligen Bedingungen angepasst werden.

Arbeitsphasen	wesentliche Inhalte	Zeitaufwand	Wer übernimmt was?
Vorbereitung	Kontaktaufnahme mit der Gedenkstätte: – Wie ist die Gedenkstätte aufgebaut? Welche Abteilungen gehören dazu? Wie umfangreich sind die einzelnen Abteilungen? – Welche Literatur und andere Medien stehen den Besuchern für ihre Arbeit zur Verfügung? – Welche Arbeitsräume und Arbeitsmöglichkeiten können die Besucher nutzen (Archive, Bibliotheken usw.)? – Welche Gesprächsmöglichkeiten gibt es vor Ort (Mitarbeiter der Gedenkstätte, Zeitzeugen oder Personen, die diese Zeitzeugen gut kannten usw.)?	ca. 2 Stunden	z. B.: Gruppe 1: Irina, Robert
	Inhaltliche Vorbereitung innerhalb der Besuchsgruppen: – Überprüfung des notwendigen Vorwissens: z. B. Gruppenarbeit und Vorstellung der Ergebnisse in Form von Kurzreferaten, Verteilung von Handouts	ca. 4 Stunden	z. B.: Gruppe 1: Maria Leonie, Paul, Max: Die Organisation des KZ-Systems Gruppe 2: Larissa, Carina, Aishe, Markus: Opfergruppen usw.
	Erarbeitung der Arbeitsformen	ca. 1 Stunde	alle: Rundgang, Arbeit in Kleingruppen usw.
	Erarbeitung von Forschungsfragen	ca. 2 Stunden	alle: Unterrichtsdiskussion
Arbeit in der Gedenkstätte	– Selbstständige Arbeit in Kleingruppen	mindestens 1 Tag	z. B.: Gruppe 1: Arbeit im Archiv: Wo arbeiteten die Häftlinge? Wie waren die Arbeitsbedingungen? Wurden die Überlebenden später entschädigt? Gruppe 2: Erarbeitung einer oder mehrerer personalisierter Opfergeschichten (Biografien). usw.
	Dokumentation des Besuchs: Texte, Zeichnungen, Fotos, Videoaufnahmen		
Auswertung	– Austausch darüber, ob die Erwartungen erfüllt wurden und über empfundene Gefühle – Festlegungen treffen, in welcher Form die Arbeitsergebnisse präsentiert werden sollen	ca. 2–4 Stunden	alle in Unterrichtsdiskussionen
Präsentation	– Bericht in der Schülerzeitung bzw. Lokalzeitung oder – Wandzeitung/Ausstellung in der Schule oder – Veröffentlichung auf der Internetseite der Schule oder – öffentliche Debatte zum Thema „Brauchen wir heute noch Gedenkstätten?" mit lokalen Vertetern von Parteien, von Opferverbänden oder Kulturvertretern – usw.	zwischen 2 und 6 Stunden	z. B.: Lisa, Tom, Artur … … …

Das Mittelalter in der Gegenwart

„Geschichte neu erleben" hieß es im Sommer 2012 in einer Einladung zu einer Mittelalter-messe vor der historischen Kulisse der 1200 Jahre alte Stadt Minden. Dies ist nur ein Bei-spiel für kaum noch zählbare Mittelalterspektakel, Räuberfeste und Ritterturniere. Welches Bild vom Mittelalter wird den Besuchern damit vermittelt? Was davon entspricht der histo-rischen Realität? Welche anderen Formen der Begegnung mit dem Mittelalter spielen im Alltag eine Rolle? Was fasziniert die Menschen an dieser Epoche?

Der Darstellungsteil gibt Ihnen einen Überblick über Formen der Mittelalterrezeption in der Gegenwart. Daran können Sie sich ein Urteil darüber bilden, welchen Stellenwert mittelalterliche Geschichte in der Geschichts- und Erinnerungskultur hat.

1 Erarbeiten Sie eine Übersicht zu den Formen, in denen das Mittelalter in der Gegenwart präsent ist. Erläutern Sie, welchen Aussagewert die jeweiligen Formen aus Ihrer Sicht haben und welche Probleme Sie bei diesen Arten von Geschichtsvermittlung sehen.

2 Schreiben Sie einen Zeitungsartikel für Ihre Heimatzeitung zu dem Thema: „Warum wir einen Mittelalter-markt veranstalten sollten!".

3 Beschreiben Sie Q 1 und versetzen Sie sich in die Lage eines Reporters, der diese Stadt besucht und darüber berichten soll. Sie haben für Ihren Bericht zwei Minuten Zeit.

4 Verfassen Sie einen Brief an den Vertreter eines Tourismusbüros, das ein mittelalterliches Ritterturnier veranstalten möchte: Was würden Sie ihm raten?

Q 1

Lüneburg im Mittelalter, Aquarell von Hugo-Friedrich Hartmann, nach dem das Wandbild in der Lüneburger Bahnhofshalle entstand , 1939

Mittelalter in der Stadt

Wer in der alten Hansestadt Lüneburg aus dem Zug steigt, findet in der Bahnhofshalle ein Gemälde der Stadt, wie sie im Mittelalter ausgesehen haben soll vgl. (Q 1). Dem Besucher soll damit deutlich gemacht werden, dass er sich in einer alten Stadt befindet, die auf eine lange und offenkundig erfolgreiche Geschichte zurückblicken kann. Sieht man von jenen Orten entlang von Rhein, Mosel und Donau ab, deren Ursprünge auf die Zeit der Römer zurückgehen, so beginnt die Geschichte vieler Städte im Mittelalter. Das gilt auch für Lüneburg. Die Kirchen und Klöster, Burgen und Häuser, Straßen und Plätze, die die Zerstörungen vergangener Kriege überstanden haben oder im Zuge neuer Stadtplanungen nicht abgerissen worden sind, gelten heute als Schmuckstücke. Tausende Touristen drängen sich daher durch die winkligen Straßen und Gassen von Lüneburg, Lübeck, Goslar, Wolfenbüttel, Celle oder Quedlinburg. Sie erfahren dabei etwas über mittelalterliche Stadtanlagen und Architektur – vor allem, wenn denkmalpflegerische Sorgfalt bei dem Erhalt der alten Bausubstanz waltet. Trotzdem ist zu bedenken, dass es sich um moderne Städte im historischen Gewand mit befestigten Straßen handelt, um Häuser mit zeitgemäßer komfortabler Ausstattung, häufig mit modernen Baustoffen restauriert.

Die Anziehungskraft solcher Städte und Wohnviertel rührt unter anderem daher, dass sie im Vergleich zur nüchternen, von vielen als "seelenlos" empfundenen Architektur städtischer Zentren und Wohnblöcke, die nach 1945 entstanden sind, den Eindruck von Individualität, Schönheit oder auch einer "heilen" Welt vermitteln.

Das Mittelalter wird ausgestellt

Wie zu anderen Zeitepochen auch vermitteln Historiker in populärwissenschaftlichen Büchern und Zeitschriften ein wissenschaftlich fundiertes Bild des Mittelalters. Auch in Museen und sachgerecht konservierten oder restaurierten Baudenkmälern wird diese Epoche wirklichkeitsnah dargestellt. Beispiele dafür findet man entlang der "Straße der Romanik" oder der "Backsteingotik". Sie führen auf alten Wegen zu mittelalterlichen Burgen, Klöstern und Städten, wo Bauwerke und lokale Museen deren Geschichte präsentieren. Historische und touristische Interessen werden so gleichermaßen angesprochen. Große Sonderausstellungen wie zu den Rittern in Speyer oder der Zeit der Karolinger in Paderborn, zu Otto dem Großen und dem Römischen Reich in Magdeburg oder zur Stauferzeit in Stuttgart ermöglichen durch neue Formen der Präsentation und einzigartige Objekte gleichfalls einen Einblick in eine weit zurückliegende Welt. Lange Besucherschlangen und eine breite Berichterstattung in den Medien belegen das große Interesse der Menschen, mehr über diese Zeit zu erfahren.

Mittelalter in Literatur und Medien

Historische Romane und deren medienwirksame Verfilmungen vermitteln Eindrücke vom Alltag und der Mentalität der Menschen, aber auch von den politischen, sozialen und ökonomischen, den kulturellen und religiösen Verhältnissen in der damaligen Zeit. Dazu zählen beispielsweise "Der Name der Rose" von Umberto Eco, "Die Päpstin" von Donna Woolfolk Cross oder "Die Wanderhure" von Iny Lorentz. Personen und Handlungen sind in der Regel fiktiv. Dennoch kann ein Teil solcher Erzählungen historische Genauigkeit für sich in Anspruch nehmen, sofern ihre Schöpfer auf der Grundlage einer akribischen Recherche und wissenschaftlicher Fachberatung gearbeitet haben.

Auch in die Welt der Computerspiele hat das Mittelalter Einzug gehalten. In virtuellen Welten können Spielerinnen und Spieler als Ritter kämpfen, Burgen erobern oder als Kaufleute agieren. Allerdings verwischen in solchen Spielen oft die Grenzen zwischen historischen Darstellungen und Fantasie. Vielmehr geht es darum, im Wettstreit mit anderen Spielern möglichst viele Punkte zu sammeln.

"Erlebtes" Mittelalter

Die seit einigen Jahren auch in Deutschland praktizierte "Living History" (vgl. S. 31) hat sich sehr publikumswirksam vor allem des Mittelalters angenommen. Es soll auf diese Weise für den heutigen Menschen im wahrsten Sinne des Wortes lebendig und erfahrbar werden. Dazu gehören in erster Linie die vielen Mittelaltermärkte und -spiele. In mittelalterlichen Trachten verkaufen dort Marktfrauen mittelalterliche Gerichte oder Getränke, Handwerker fertigen mit alten Techniken damals beliebte Kunstwerke oder gebräuchliche Geräte an. Als Minnesänger verkleidete Männer tragen alte Lieder vor, Ritter kämpfen in aufwendigen Darbietungen miteinander oder spielen die Kreuzzüge nach.

Die Motive für eine derartige Beschäftigung mit Geschichte können sehr unterschiedlich sein. In Vereinen organisierte Hobbyhistoriker verwenden viel Zeit, Geld und Mühe darauf, sich auf der Grundlage ernsthafter Recherchen möglichst authentisch auszustatten und wirklich etwas über das Leben im Mittelalter zu erfahren. Anderen geht es darum, Abenteuer zu erleben und ihrem Publikum ein Event zu bieten. Schließlich dienen dem Mittelalter nachempfundene Spektakel auch der Werbung um Kunden. So locken zum Beispiel Gastronomen mit Rittermahlen Gäste in ihre Restaurants. Auch Reiseveranstalter haben das Mittelalter für sich entdeckt. Sie bieten organisierte Wanderungen auf alten Pilgerwegen wie dem Jakobsweg an. Damit entsprechen sie den Wünschen der Menschen, die sowohl die Strapazen solcher Reisen in Ansätzen nachempfinden wollen, als auch das Bedürfnis der damaligen Pilger, Buße zu tun oder sich zu "besinnen".

Die Materialien geben einen Überblick über die vielfältigen Formen, in denen das Mittelalter Eingang in die Geschichtskultur der Gegenwart gefunden hat. Daran können Sie gängige Mittelalterbilder dekonstruieren und sich kritisch damit auseinandersetzen. D 1–D 3 und D 6 zeigen, wie Historiker das Interesse vieler Menschen am Mittelalter erklären und bewerten. D 4–D 5, D 7–D 15 belegen, welche Breite und welche unterschiedliche Spielarten der Rückgriff auf mittelalterliche Geschichte annehmen kann. Daran können Sie Motive und Ziele der jeweiligen Organisatoren und Akteure analysieren und beurteilen.

1. Erläutern Sie in einem Kurzreferat, wie Historiker das Interesse am Mittelalter erklären und beurteilen (D 1–D 3, D 6, D 13).
2. Führen Sie auf der Grundlage von D 4–D 7 und D 10 sowie eigener Erfahrungen eine Debatte: Die Beschäftigung mit dem Mittelalter in der Freizeit – wirkliches Geschichtsinteresse oder Suche nach Abenteuern?
3. Analysieren Sie die Ansprachen D 8 und D 9 hinsichtlich der Botschaften, die damit vermittelt werden sollen.
4. Erläutern Sie den Begriff „Kulturerbe" und diskutieren Sie anhand von Q 2, D 14 und D 15, warum es sinnvoll ist, dieses zu bewahren.
5. Analysieren Sie D 11 und D 12 und schließen Sie auf Motive hinter diesem Interesse am Mittelalter.

D 1

Eine neue Sicht aufs Mittelalter?

Der Historiker und Journalist Cay Rademacher schreibt 1999 in einem Zeitschriftenartikel über die Wandlung eines wissenschaftlich begründeten Mittelalterbildes:

Es hat die Historiker jahrzehntelange Forschungsarbeit gekostet, bis sie einen neuen Blick auf jene alte Zeit werfen konnten, bis sie ein Bild zu zeichnen vermochten, das so detailreich und so farbig ist wie das jetzt vorliegende. [...]

„Geschichte" war jahrhundertelang Geschichte der Herrscher gewesen, und überlieferte Geschichte stammte allein aus schriftlichen Quellen. Doch selbst viele Könige haben allenfalls ein oder zwei (in schlechtem Latein verfaßte) Urkunden hinterlassen. Von vielen Fürsten ist nicht mehr als der Name überliefert. So konnten die Historiker nur eine „Geschichte von oben" schreiben [...]. Und gänzlich im Nebel blieb die „Geschichte von unten": der Alltag der Beherrschten. Sie, die Bewohner der Städte, die Bauern auf dem Land, die Handwerker und Händler, das „fahrende Volk", machten jene 99 Prozent der Bevölkerung aus, die mit ihren Abgaben Kaiser und Papst, Bischof und Graf ernährten. Sie waren die analphabetische, die wahrhaft „schweigende Mehrheit" gewesen – und erst im 19. und vor allem in 20. Jahrhundert fanden Historiker heraus, wie diese Menschen gelebt und woran sie geglaubt hatten.

Die Forscher begnügten sich nicht länger mit Königsurkunden und Kathedralen, sondern rekonstruierten Bauernhäuser anhand von Fundamentresten, analysierten Volksmärchen auf das Alltagsleben von einst hin – oder wühlten sich, auf der Suche nach jahrhundertealten Relikten, durch meterdicke Kot-Ablagerungen in mittelalterlichen Latrinen. Und schließlich fahndeten die Wissenschaftler, Zeitdedektiven gleich, sogar nach den Taten jener Menschen, die von ihren Zeitgenossen schon zu Lebzeiten gern ins Vergessen gedrängt worden waren: Juden, Ketzer, Henker, Verfemte, Bettler.

Das alles führte zu einem bis heute immer wieder diskutierten Paradigmenwechsel – dem vielleicht größten, den die Zunft der Historiker je erlebt hat: Nicht mehr die Antike, sondern die eigene Zeit wurde zum Orientierungspunkt, zum Maßstab, nach dem Historiker das Mittelalter interpretierten. Und nun wurde diese Epoche auf einmal anders bewertet. Seither gilt das Mittelalterals das Jahrtausend, in dem das moderne Europa, in dem die westliche Zivilisation vorbereitet worden ist.

Nicht mehr der „Niedergang", sondern „Gründung" ist nunmehr das Leitmotiv der Mittelalterforschung. Der moderne Staat mit seinem geschlossenen Territorium und seiner zentralen Verwaltung; Berufsheere und Volksmilizen; naturwissenschaftlich-kritisches Denken neben religiöser Mystik; geniale Ingenieursleistungen und effiziente, doch ökologisch schonende Landwirtschaft; Emanzipation von Frauen und Bauern: Beginnt das nicht alles schon im Mittelalter? Kann ein Zeitalter wirklich so „finster" sein, in dem mechanische Uhren, Brillen und hochseegehende Segelschiffe erfunden worden sind? In der Frauen eigene Zünfte gründen konnten? In der Händler und Missionare bis nach China gelangten?

Wer von „Europa" redet, meint meist nicht den kleinen Anhang am Westrand des asiatischen Kontinents, sondern eine weithin einheitliche, kulturell, wirtschaftlich und politisch bestimmte Zivilisation, eine Zivilisation zudem, deren System durch Geschicklichkeit und Gier, durch Erfindergeist und Energie die Welt beherrschen sollte. Dieses geistig, politisch, militärisch und wirtschaftlich ungemein erfolgreiche Europa aber formte sich im Mittelalter.

Cay Rademacher, Auf der Suche nach der verlorenen Zeit, in: GeoEpoche, Nr. 2: Das Mittelalter. Ein neuer Blick auf 1000 rätselhafte Jahre, Hamburg 1999, S. 29 f.

D 2

Mittelalter-Boom und Wissenschaft

Der Historiker Hans-Werner Goetz beschreibt 2011 seine Sicht auf das große Interesse am Mittelalter:

Da sich „Aktualität" (zwangsläufig) mit den Zeiten wandelt, „erfindet" sich das Mittelalter in seiner Relevanz immer wieder neu.

5 Wie kann nun die Mediävistik [Mittelalterforschung] dazu beitragen? Erstens ist den Mittelalterbildern selbst Aufmerksamkeit zu schenken, weil sich in ihnen letztlich die Relevanz oder
10 Nichtrelevanz des Mittelalters für unsere Zeit spiegelt. […] Dabei muss es auch darum gehen, das […] „entzweite Mittelalter […], das „finstere" auf der einen und das verklärte „helle" Mittel-
15 alter auf der anderen Seite, von dieser Polarität zu befreien und durch ein angemesseneres und differenzierteres Bild zu ersetzen […]: Das eine verdammt, das andere verklärt, aber beide messen
20 an der Moderne.

Zweitens haben zwar viele moderne Phänomene ihre Wurzeln (auch) im Mittelalter – und man muss (historisch) der Vorgeschichte nachgehen,
25 wenn man die Gegenwart richtig verstehen will –, hingegen hat die historische Entwicklung diese Anfänge inzwischen vielfach und oft bis zur Unkenntlichkeit gebrochen, so dass eine unmittelba-
30 re Nachwirkung des Mittelalters ohne fachliche Erläuterung nur noch selten zu erkennen ist und mit fortschreitender Zeit zwangsläufig noch weiter abnehmen wird: Der historische Wandel
35 hat in der Geschichtswissenschaft daher von jeher eine mindestens ebenso große Rolle gespielt wie die Frage der Kontinuitäten. Folglich lässt sich die Aktualität des Mittelalters heute nicht mehr
40 vorwiegend aus der Genese der Gegenwart aus dem Mittelalter begründen (auch wenn dieses für das Abendland immer noch eine Rolle spielt), sondern muss anderwärts gesucht werden.
45 Hier spielt bekanntlich drittens der Alteritätsaspekt eine große Rolle. Das Mittelalter liefert uns, wo immer

man hinschaut, Gegenbilder und Alternativmodelle zur Gegenwart, auch
50 und gerade dort, wo man grundsätzlich Vergleichbares betrachtet: in politischen und sozialen Ordnungen und Strukturen ebenso wie in Verhaltens- und Denkweisen der Menschen. Ent-
55 sprechende Vergleiche schärfen unser Bewusstsein.

Mit diesen drei Aktualitätsmomenten sind zugleich die potentiellen Leistungen und der Beitrag der Kennt-
60 nisse über das Mittelalter für unsere Zeit angesprochen. Viertens aber (und auch darin herrscht Einigkeit) ist, in auffälliger Diskrepanz zur bedrohlichen Zurückdrängung im primären
65 Bildungssektor (Schulen und Universitäten), nach wie vor eine Faszination und ein Interesse breiter Bevölkerungsschichten am Mittelalter (oder sagen wir besser: an bestimmten Aspekten des
70 Mittelalters) zu beobachten. […]

Die Mediävistik steht gegenüber solcher Beliebtheit des Mittelalters in der Öffentlichkeit allerdings in einem Zwiespalt, da sie das Interesse am Mittel-
75 alter ebenso sehr begrüßen wie schiefe Mittelalterbilder ablehnen muss. Es sei zudem betont, ein solches, eher auf das

Fremdartige als auf die Epoche abzielendes Mittelalterinteresse noch nicht
80 zwangsläufig auch Ausdruck eines Geschichtsbewusstseins ist: Wir beobachten heute die scheinbar paradoxe Situation, dass dem Mittelalter (oder was man dafür hält) ein großes allgemei-
85 nes Interesse entgegengebracht wird, während es im Geschichtsbewusstsein nur noch mangelhaft verankert zu sein scheint.

Man sollte das Interesse am Mittelal-
90 ter, trotz seiner Bedeutung, daher nicht überbewerten. Die Relevanz des Mittelalters resultiert insgesamt aus vielen (potentiellen) Faktoren, und wir sollten uns hüten, das nur an ganz bestimmten
95 Aspekten festzumachen. Sie hängt zwar immer auch von einem allgemeinen Interesse am Mittelalter ab, doch sollte das Mittelalter auch dann noch für uns interessant bleiben, wenn es keinen
100 „Mittelalter-Boom" des öffentlichen Interesses gibt oder gäbe.

Zit. nach: Hans-Werner Goetz, Aktuelles Mittelalter zwischen Vorstellung und Wirklichkeit, in: Thomas Martin Buck, Nicola Brauch (Hrsg.), Das Mittelalter zwischen Vorstellung und Wirklichkeit. Probleme, Perspektiven und Anstöße für die Unterrichtspraxis. Münster u. a. 2011, S. 83–85.

Q 2

Restaurierte Fachwerkbauten in Quedlinburg/Sachsen-Anhalt, der mittelalterliche Stadtkern gehört zum UNESCO-Weltkulturerbe

D 3

Warum begeistert das Mittelalter?

Der Historiker Valentin Groebner schreibt zur Mittelalterbegeisterung seit dem 19. Jahrhundert, 2011:

Ein erhabenes Mittelalter als vergangener Ursprung und utopische Zukunft gleichzeitig war im 19. Jahrhundert genau das, was ehrgeizige junge Gelehrte
5 überall in Europa gerade brauchten. In den gelehrten Nationalbewegungen wurde mit dem Mittelalter buchstäblich Staat gemacht: Die jungen europäischen Staaten – Italien, Deutschland, Kroati-
10 en, egal – waren alle dermaßen jung, dass sie nichts dringender benötigten als möglichst alte, ehrwürdige Ursprünge, Nationalgeschichte und Nationalliteratur, die bis ins möglichst frühe
15 Mittelalter zurückreichen sollte und mit allergrößter philologischer Genauigkeit rekonstruiert und dokumentiert werden mussten. Diese enthusiastischen Philologen haben die Wissenschaften
20 und die Institutionen geschaffen, in denen wir heute forschen, und sie taten das explizit als politische Zeitgenossen, die mit dem Mittelalter eben Zukunft schaffen wollten. [...]

25 Seit der zweiten Hälfte des 20. Jahrhunderts wird „das" Mittelalter mit etwas Neuem verbunden, einem neuen Modus der Geschichts-Benutzung. Es steht nicht mehr für religiöse Authen-
30 tizität oder für nationale Ursprünge. Trotzdem ist das Mittelalter praktisch allgegenwärtig geworden. Es wird unablässig neu produziert und nachgestellt, nicht nur von Bestsellern, Filmen und
35 Computerspielen der Unterhaltungsindustrie, sondern ebenso im Rahmen der riesigen, seit den 1950er Jahren in immer rascheren Zuwachsraten expandierenden Dienstleistungsbranche,
40 die heute nach neueren Berechnungen die zweitgrößte des Planeten ist, mit geschätzten 12 Prozent Anteil am globalen Bruttosozialprodukt. Es ist jene Industrie, die es schafft, sich in ihrer
45 Selbstdarstellung als das genaue Gegenteil industrieller Produktion darzustellen: der Tourismus. Wie im Film und Computerspiel sind touristische Attraktionen nicht denkbar ohne das
50 Als-ob einer Reise in die Vergangenheit. Die historischen Denkmäler und die „ursprünglichen" oder (tolles Wort!) „unberührten" „mittelalterlichen" Bau-

ten, Altstädte und Dörfer, mit denen
55 jeder beliebige Reiseführer zwischen Rumänien, der Toskana und dem Jemen aufwartet; Unterhaltung und Tourismus sind heute die Vorzeichen für populären Geschichtsgebrauch. Sie funktionieren
60 nicht durch Abstammungsgeschichten, sondern durch Rekombination des Pittoresken. „Das" Mittelalter ist heute deswegen nicht mehr Chiffre für das Urtümliche, Echte, sondern funktio-
65 niert als Zeichen für Verkleidung, für Simulation und jene Formen von Re-Inszenierung, die auch selbstbewusst als Reinzenierungen daherkommen, fürs Nach-Spielen. Wie alle Spiele ist das
70 eine ziemlich ernste Sache.

Valentin Groebner, Arme Ritter. Moderne Mittelalterbegeisterungen und die Selbstbilder der Mediävistik, in: Thomas Martin Buck, Nicola Brauch (Hrsg.), Das Mittelalter zwischen Vorstellung und Wirklichkeit. Probleme, Perspektiven und Anstöße für die Unterrichtspraxis. Münster u. a. 2011, S. 336–339.

D 4

Vorführung im Living-History-Museumspark Adventon in Osterburken/Baden-Württemberg, Juni 2011

D 5

Färben von Wolle nach mittelalterlicher Handwerkstechnik, 2012

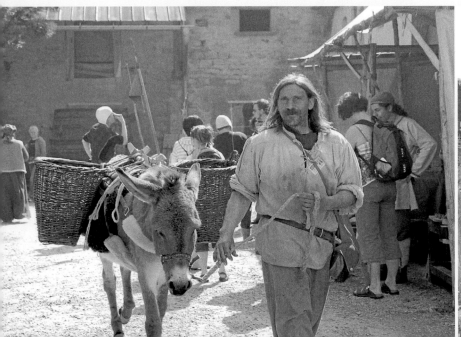

D 6

Mittelalterspektakel – Teil der Eventkultur?

Mit den Akteuren von Mittelalterspektakeln beschäftigt sich der Medienpädagoge Sven Kommer:

Zunächst einmal können die Märkte als ein (postmodernes) Spektakel oder [...] als Teil der aktuellen Eventkultur betrachtet werden. Ihr Zweck läge dann
5 für die Besucher [...] vor allem darin, die Erlebnisdichte in der Erlebnisgesellschaft zu erhöhen und so das individuelle und subjektive Erlebnismanagement zu befriedigen. Die Märkte
10 wären dann zu verstehen als „Kulissen des Glücks", als „gemeinsam erschaffene und ständig weiterentwickelte Projektionsflächen für Gefühle, Wünsche, Phantasien, das Menschsein überhaupt.
15 Fragen nach einem „objektiven" historischen Bezug, gar nach einer „richtigen" oder „falschen" Darstellung des Mittelalters sind in einer solchen, auf individuelle Sinnstiftung und Glücks-
20 suche im Kontext der Multioptionengesellschaft ausgerichteten Perspektive selbstverständlich obsolet. [...] Diese Perspektive als einzige Analysedimen-

sion [greift] zu kurz. [...] Was die
25 Event-Perspektive kaum bearbeitet, ist die Beteiligung der „Aktiven" [...]. Die Aktiven entstammen einem breiten Spektrum gesellschaftlicher Milieus [...]. Der sozialen Komponente kommt
30 [...] eine hohe Komponente zu. [...] Für ein Wochenende (oder auch läger) in eine gemeinsam geteilte und performativ aufrechterhaltene Mittelalter-Imagination einzutauchen, wird [...]
35 immer wieder als eine „Auszeit" aus der modernen, technisierten und von penetrantem Zeitstress bestimmten „normalen" Alltagswelt beschrieben. [...]

Umfang und Tiefe des Wissens wie
40 auch das [...] Engagement, verbunden mit einer hohen Anstrengungsbereitschaft, sind dabei für den [...] Beobachter beeindruckend. So finden sich in der Szene inzwischen längst auch Per-
45 sonen, die über eine wissenschaftliche Ausbildung verfügen – und die dabei erworbenen Kompetenzen nutzen, um die Bestrebungen um die Akkumulation von Wissen als Voraussetzung von „Au-
50 thentizität" zu befördern. [...] „Authentizität" meint dabei die Orientierung der sachkulturellen Ausstattung und

der Darstellung am (jeweils rezipierten) Stand der Fachwissenschaft. Im (nicht
55 zu realisierenden) Idealfall wäre so die gesamte Ausstattung, die gezeigten Handwerkstechniken, die verwendeten Lebensmittel etc. durch Funde oder andere Quellen belegt.

60 Für die sozialen Interaktionsformen gilt dies allerdings – mit ganz wenigen Ausnahmen – nicht. Hier kollidiert die Struktur der mittelalterlichen Gesellschaft unübersehbar mit den Bedürf-
65 nissen, die sich aus dem „Leben in Szenen" am Anfang des 21. Jahrhunderts ergeben.

Sven Kommer, Mittelaltermärkte zwischen Kommerz und Historie, in: Thomas Martin Buck, Nicola Brauch (Hrsg.), Das Mittelalter zwischen Vorstellung und Wirklichkeit. Probleme, Perspektiven und Anstöße für die Unterrichtspraxis. Münster u. a. 2011, S. 195, 197 f.

D 7

Schaukampf der Kreuzritter im Living-History-Museumspark Adventon in Osterburken/ Baden-Württemberg, Juni 2011

D 8

„Kein Krieg ist heilig"

Zur Eröffnung der Sonderausstellung „Die Kreuzzüge" im Mainzer Dommuseum im Jahr 2004 sagt der Mainzer Bischof, Kardinal Lehmann:

Das Wort „Kreuzzüge", das im Mittelalter weder in den islamischen Ländern noch in der Christenheit viel gebraucht wurde, hat besonders in
5 jüngster Zeit weit über den früheren geschichtlichen Anlass der Kreuzzüge vom 12. bis 15. Jahrhundert hinaus eine geradezu inflationäre Ausbreitung gefunden. Dies gilt gerade auch
10 für die in unsere Gegenwart reichende Konfliktsituation zwischen einem fundamentalistischen Islam und dem Westen. In dieser Perspektive erscheint z. B. der Golfkrieg des Jahres 1991
15 als ein moderner Kreuzzug. […] Als schlimmster Kreuzzug gilt für die Muslime eine auf Verwestlichung der Welt des Islam abzielende geistige Invasion als Bestandteil der Globalisierung, ge-
20 gen die sie zum „Heiligen Krieg" aufrufen. […]

Es besteht also ein großes Bedürfnis, nicht nur aus Gründen der historischen Klärung, sondern auch in der oft fatalen
25 Wirkungsgeschichte bis in die jüngste Gegenwart hinein das vielfältige und komplexe Phänomen „Kreuzzüge" aufzuklären. […]

Es ist notwendig, dass wir uns von
30 den zeitgenössischen Zeugnissen selbst, von den kunst- und kulturgeschichtlich herausragenden Exponaten herausfordern lassen, diese für uns heute kaum mehr verständliche Zwiespältigkeit
35 zur Kenntnis nehmen und auch im besten Sinne des Wortes hinterfragen. Vieles steht damit auf dem Prüfstand, freilich auch unsere Vorurteile. Denn heute zählen viele gerne ohne genau-
40 ere Kenntnis die Kreuzzüge zum Sündenfall des Christentums. In der Tat gehören sie auch zu den Verfehlungen der Kirche, wie Papst Johannes Paul II. in seiner berühmten Rede „Verzeihen
45 wir und gewähren wir Vergebung" vom Aschermittwoch des Jahres 2000 zum Ausdruck brachte. Gewiss gehören auch die Kreuzzüge unter diese Last der Vergangenheit. […]

50 Ich wünsche mir und besonders der Ausstellung, dass wir lernen, noch sensibler umzugehen mit der Verführung zu Gewalt und Krieg. „Kein Krieg ist heilig", so heißt es provozierend auf
55 dem Einladungsplakat zu dieser Ausstellung. Schließlich soll die Ausstellung aber auch dazu helfen, das Verhältnis von Christentum und Islam neu ins Auge zu fassen, damit es nicht länger
60 „eine Geschichte gescheiterter Beziehungen" bleibt. Wir wollen uns in dem, was wir hier versuchen können, nicht überschätzen, aber ein Anfang zu einer neuen Begegnung zwischen dem Islam
65 und Europa kann es auf jeden Fall werden. Denn die Ausstellung zeigt ja auch überzeugend, dass es ein großes, fruchtbares kulturelles Wechselspiel zwischen Ost und West gibt. Denn schließlich
70 hat Europa nicht nur einen größeren Einfluss des Islam auf seine eigene Geschichte erfahren als für gewöhnlich angenommen wird. Der Islam „gab ihm auch den Anstoß, ein neues Bild von
75 sich selbst zu entwerfen". Was würde mehr und besser in unsere Situation passen?

www.bistummainz.de/bistum/bistum/kardinal/ansprachen/fruehere/ansprachen_2004/kreuzfahr.html (letzter Zugriff 23.09.2012).

D 9

Die Einigung Europas fördern

Aus dem Grußwort des niedersächsischen Ministerpräsidenten David McAllister an den Lüneburger Hansetag 2012:

Die Hanse hat als Zusammenschluss von Handelsstädten und Kaufleuten die Wirtschaftsgeschichte Nordeuropas geprägt. Besonders Norddeutschland ist
5 ihrer Tradition bis heute verbunden. Dem gemeinsamen Markt von Belgien bis Norwegen und Russland verdanken wir einen Großteil des einstigen Wohlstands und der kulturellen Entwicklung
10 in den norddeutschen Hansestädten. Die Hanse ist eine gemeinsame geschichtliche Leistung der nordeuropäischen Völker, an die auch die europäische Einigung anknüpft. […]

15 Im 15. Jahrhundert war der Hansetag das höchste Leitungs- und Beschlussgremium der Hanse. Vor genau 600 Jahren, im Jahr 1412, fand der Hansetag zum ersten Mal in Lüneburg statt.
20 Damals prägte das Salz schon lange das Leben der Stadt. Zwischen Lüneburg und Lübeck lag eine der wichtigsten Nord-Süd-Verbindungen der Hanse. Erst war es die alte Salzstraße, dann kam
25 der Wasserweg auf dem Stecknitzkanal hinzu. Das Salz und die Hanse brachten Lüneburg wirtschaftliche und politische Unabhängigkeit. In dieser stolzen Stadt sind die Spuren dieser Zeit bis heute gut
30 zu erkennen.

Die heutige, seit 1980 bestehende Neue Hanse ist eine internationale Organisation von 178 Hansestädten in 16 Ländern. Die Hanse in der Neuzeit
35 will die Einigung Europas fördern und die Gemeinsamkeiten der Städte wiederbeleben. […]

Der europäische Gedanke, die Verständigung zwischen den Städten, Soli-
40 darität und kultureller Austausch stehen im Mittelpunkt des Hansetages. Dafür bietet die Stadt Lüneburg ein umfangreiches und vielfältiges Programm. Allein der Hansemarkt rund um eines der
45 schönsten Rathäuser Deutschlands bietet eine Fülle von Informationen über die Hanse und die Hansestädte. Zusammen mit Musik, historischen Kostümen und köstlichem Essen erwartet die
50 Besucher eine einmalige Atmosphäre. […]

Besuchen Sie die Hansestadt Lüneburg, erfahren Sie mehr über die Geschichte der Hanse und nehmen Sie teil
55 am lebendigen Netzwerk der heutigen Hanse.

32. Internationaler Hansetag Lüneburg 2012, hrsg. von der Landeszeitung Lüneburg, Lüneburg 2012, S. 6.

D 10

Zeitreise ins Mittelalter

Aus einem Artikel in der Neuen Zürcher Zeitung vom 5. September 2012:

Sechzehn Reisecars, ein fast voller Parkplatz, und das an einem gewöhnlichen Freitag in der Vorsaison – Guédelon, [...] im Burgund in Frankreich
5 gelegen, ist offenbar ein touristisches Highlight. Aber nicht nur Schüler und zufällige Feriengäste besuchen die im Eichenwald von Puisaye verborgene Baustelle, sondern auch Wissenschafter –
10 vornehmlich Mediävisten, Architekten und Bauforscher. Über das, was sie dort sehen, sind die Experten geteilter Meinung: Touristenspektakel ohne wissenschaftlichen Nutzen, sagen die einen.
15 Experimentelle Archäologie mit hohem Erkenntniswert, meinen die anderen. In Guédelon entsteht seit 1997 eine mittelalterliche Burg. Keine Attrappe, keine Fassade mit Betonrückseite, keine
20 Doublette einer existierenden, sondern eine ganz neue Burg, erbaut (fast) ausschliesslich mit den technischen Möglichkeiten des Mittelalters. [...]

Die Idee für den Burgbau von Gué-
25 delon stammt von dem Restaurator Michel Guyot, der im Nachbardorf [...] ein Schloss besitzt. Bei dessen Restaurierung stellte Guyot sich immer wieder Fragen. Wie habe man dieses oder
30 jenes im Mittelalter wohl gebaut? Weder schriftliche noch ikonographische Quellen gaben Auskunft. Aber selber eine Burg von Grund auf zu erbauen, das würde wohl Antworten liefern,
35 überlegte er. [...] Unterdessen hatte sich ein Komitee aus Universitätsprofessoren, Architekturhistorikerinnen und Archäologen gebildet, das den Bau wissenschaftlich begleitet. Allen Teil-
40 nehmern ist klar, dass kein touristischer Erlebnispark geschaffen werden soll. [...] Um nicht mit der Stange im historischen Nebel herumzurühren, wird ein präziser Rahmen konstruiert: 1228
45 ist Baubeginn, Erbauer sind die – erfundenen – Herren von Puisaye, niedriger Adel mit wenig Besitz. [...]

Geneviève Lüscher, Eine Zeitreise ins Mittelalter, in: Neue Zürcher Zeitung, 05.09.2012.

D 11

Werbeanzeige in einer populären Geschichtszeitschrift, 2012

D 12

Werbeanzeige in einer populären Geschichtszeitschrift, 2012

D 13

Mittelalter im Computerspiel

Nutzen und Grenzen von Computerspielen über mittelalterliche Themen beschreibt der Historiker Carl Heinze:

Es ist dennoch ein Leichtes, den Spielen bei ihren Versuchen, die materielle Kultur des Mittelalters akkurat darzustellen, Fehler oder Versäumnisse
5 nachzuweisen. Beispielsweise zeigen die […] hier betrachteten Spiele zusammen gut 50 verschiedene Nahrungsmittel, eine Hülsenfrucht ist jedoch nicht darunter. Das korrespondiert nicht mit
10 den Befunden der Fachwissenschaft: Der Erbse wird nach Durchsetzung der Dreifelderwirtschaft ein „Siegeszug" attestiert. […] Dafür ist die fleischliche Nahrung, die in den Spielen durch Jagd
15 oder durch Aufzucht und Schlachtung gewonnen wird, stark überrepräsentiert. Diese Beobachtungen sind kaum überraschend: Computerspiele wollen in der Regel unterhalten und müssen
20 sich verkaufen. Dazu bedienen sie sich ebenso wie andere unterhaltende Medien häufig populärer Vorstellungen über das Mittelalter – und so bekommt man es eben auch hier mit Auffassungen von
25 mittelalterlichem Essen zu tun, laut denen „die Mäuler vor Bratensaft nur so trieften". Dies ist den Spieleentwicklern im Übrigen durchaus gegenwärtig.
[…]
30 Es gibt Positionen, die in Simulationsspielen ein vielversprechendes Werkzeug für die Geschichtsvermittlung sehen. […] Dieser Zuversicht liegt die Überzeugung zugrunde, (fachwis-
35 senschaftliche) Deutungen vergangener Prozesse und Praktiken seien so zu formalen Modellen zu verdichten, dass durch diese eine differenzierte Simulation historischer Handlungsoptionen
40 erfolgen könne.
Die […] kritische Auseinandersetzung mit einigen Spielen stützt solche Auffassungen nicht. Im besonderen Fall der Geschichtssimulationsspiele wird
45 dies durch den rational-ökonomischen Charakter bestätigt, der in der Modellierung alle repräsentierten Phänomene und Prozesse bestimmt – und so Ver-

gangenheitsbilder von eher zweifelhaf-
50 tem Nutzen evoziert.
Überdies zwingen die Prinzipien der computerisierten Datenverarbeitung das Computerspiel dazu, Aussagen über die Vergangenheit entweder vollständig
55 und eindeutig zu verfassen – oder sie auszuschließen. Wer die Wirklichkeit aber als „Ensemble von Produktionen, Deutungen und Sinngebungen" auffasst und historische Situationen un-
60 tersucht, weil „sie ‚anders' sind und wir daraus lernen können, wie relativ und wenig selbstverständlich unsere eigene Welt ist", den müssen Vermittlungen, die mit solch einem Gestus des Un-
65 bedingten und Absoluten auftreten, befremden. Wenn Geschichtsvermittlung in der Schule Selbstverstehen und Fremdverstehen ermöglichen will, wenn „Handlungen […] nicht einfach bewer-
70 tet, sondern ihr Hintergrund, ihre ‚Logik' […] untersucht" werden soll, dann sind Computerspiele […] ein schlechtes Werkzeug.

Carl Heinze, Simulierte Geschichte. Zur Mittelalterdarstellung im Computerspiel, in: Thomas Martin Buck, Nicola Brauch (Hrsg.), Das Mittelalter zwischen Vorstellung und Wirklichkeit. Probleme, Perspektiven und Anstöße für die Unterrichtspraxis. Waxmann Münster u. a. 2011, S. 173 f., 180 f.

D 14

Für Kultursüchtige, Erholungssuchende und Zeitreisende

Aus einem Prospekt des Vereins „Europäische Route der Backsteingotik":

Geschichte, Sport und Wellness will der Verein Europäische Backsteingotik e.V. miteinander verbinden.
Jahrhunderte prägte die Hanse das
5 Leben entlang der Ostseeküsten bis weit hinein ins Binnenland. Hier blühte im Mittelalter die Wirtschaft, hier entstanden bürgerliches Bewusstsein und Identität. Von Macht und Reichtum
10 zeugen bis heute Klöster und Rathäuser, Stadttore und Bürgerhäuser, Hallenkirchen und Basiliken – jeder Bau ein Meisterwerk. Die Europäische Route der Backsteingotik verbindet dieses

15 Kulturerbe – 34 Städte und Regionen in Dänemark, Deutschland und Polen sind Ihre Gastgeber.
Für Kultursüchtige, Erholungssuchende und Zeitreisende gibt es auch
20 jenseits der Backsteingotik viel zu entdecken: einsame Eiszeit- und Felslandschaften mit malerischen Flüssen, Wäldern und Seen, Küsten und vom Wind aufgepeitschten Bodden, Strände
25 und Dünen, Burgen, Ruinen, Schlösser, Guts- und Herrenhäuser verschiedenster Epochen. Und immer wieder lugt der Turm einer Backsteinkirche hinter Bäumen hervor. Wahrscheinlich ist die
30 Kirche gotisch – backsteingotisch.
Denn der mittelalterliche Backstein hat der Landschaft ihren Stempel aufgedrückt.
Sakrale und profane Bauten spre-
35 chen ihre gemeinsame Sprache, gekennzeichnet von den großen Umbrüchen ab dem 13. Jahrhundert: der großen Epoche der Hanse, den Kloster- und Stadtgründungen, dem Bau der Or-
40 densritterburgen, der Bedeutung der Ostsee im Europa des Mittelalters. Es folgten wechselvolle Jahrhunderte mit Blütezeiten und mit Zerstörung. Viele der großartigen Monumente der Back-
45 steingotik überdauerten diese Zeiten. Seit kurzem wieder erleben Besucher entlang der „Europäischen Route der Backsteingotik", wie Städte und Länder rund um die Ostsee kulturhistorisch
50 miteinander verwoben sind.
Das Kulturerbe Backsteingotik ist leicht wieder erkennbar und ein herausragendes Merkmal der Region. Es ist allgegenwärtig, leuchtet rot in der
55 Sonne, ist schlicht und doch grandios, künstlerisch vollendet, voller Geschichte und Geschichten. Die Bauten überlebten dutzende kirchlicher und weltlicher Herrscher, sind älter als die
60 ältesten Universitäten, standen Caspar David Friedrich und Lyonel Feininger Modell. Sie sind heute der kulturelle Kontrapunkt zu Wellness, Radeln, Golf, Wandern oder Wassersport.

www.eurob.org/index.php/Homepage;1/1.

D 15

Teil der Europäischen Route der Backsteingotik: Von Lüneburg nach Parchim

Um selbst zu erleben, wie das Mittelalter in der Geschichts- und Erinnerungskultur lebendig ist, können Sie eine oder mehrere der folgenden Anregungen auswählen und realisieren.

I Recherchieren Sie die Geschichte eines geeigneten Ortes in Ihrer Umgebung im Mittelalter und fertigen Sie dazu eine Schautafel an. Sie können auch einen historischen Ortsrundgang ausarbeiten.

II Suchen Sie in Ihrer Umgebung nach mittelalterlichen Überresten – Wegkreuzen, Stadtmauern, alten Kirchen, Klöstern oder Häusern. Entwickeln Sie eine Route, auf der diese Sehenswürdigkeiten besucht werden können. Gestalten Sie ein Faltblatt zu dieser Route mit entsprechenden Erläuterungen zu den historischen Sachquellen.

III Bereiten Sie anhand der Karte D 15 und unter Rückgriff auf das Internetportal www.eurob.org eine Exkursion zu einem Ort an der Route der Backsteingotik vor. Dokumentieren Sie die Exkursion in Form einer Wandzeitung. Gehen Sie insbesondere darauf ein, welche Erkenntnisse zur Geschichte des Mittelalters Sie gewinnen konnten.
Alternativ dazu können Sie auch die Niedersächsische Mühlenstraße (www.niedersaechsische-muehlenstrasse.de/) oder die Straße der Romanik im benachbarten Sachsen-Anhalt (www.strasse-der-romanik.net/) besuchen.

IV Besuchen Sie ein Museum oder eine Ausstellung zur Geschichte des Mittelalters. Fertigen Sie im Anschluss daran eine Auswertung an: Welches Thema stand im Mittelpunkt? Was hat Ihnen am Ausstellungskonzept besonders gefallen, welche kritischen Anmerkungen sind Ihnen wichtig? Welche Exponate haben Sie besonders beeindruckt und warum? Was halten Sie für besonders erinnerungswürdig und warum ist dies aus Ihrer Sicht wichtig? Diskutieren Sie Ihre Eindrücke in der Klasse.

V Besuchen Sie einen Mittelaltermarkt in der Umgebung. Führen Sie Interviews mit den Veranstaltern und den Teilnehmern darüber, wie sie sich vorbereiten und warum sie daran teilnehmen. Verfassen Sie anschließend einen Bericht für Ihre Schülerzeitung.

VI Analysieren Sie ein Computerspiel zum Mittelalter im Hinblick auf dessen historische Genauigkeit. Verfassen Sie eine Rezension zu dem Spiel.

Geschichte im Film und in elektronischen Medien

Seit der Erfindung der Filmkamera und der entsprechenden Wiedergabetechnik faszinierten die „bewegten Bilder" die Zuschauer. Filme mit historischen Inhalten entfalteten seitdem zunehmend Wirkung auf die Erinnerungskultur. Die Entwicklung digitaler Medien und der zunehmende Einfluss des Internet auf die Bereitstellung von Informationen in der heutigen Zeit sorgen ebenfalls für die Verbreitung von Geschichte. Doch wie ist ihr jeweiliger Wert als historische Quelle oder Darstellung von Geschichte zu beurteilen? Was ist für einen kritischen Umgang mit diesen Formen der Geschichtsvermittlung zu beachten?

Mithilfe des Darstellungsteils können Sie erarbeiten, in welchen Erscheinungsformen historische Themen in den Filmen und den neuen elektronischen Medien präsent sind und welchen Stellenwert diese Medien in der Geschichts- und Erinnerungskultur heutiger Gesellschaften einnehmen. Auf dieser Grundlage lassen sich Vorzüge und Grenzen dieser Arten der Beschäftigung mit Geschichte beurteilen.

1 Erarbeiten Sie anhand des Textes sowie von D 1 und D 2 eine Tabelle zu den unterschiedlichen Formen, in denen Geschichte in Film und elektronischen Medien vermittelt wird. Tragen Sie die jeweiligen Vor- und Nachteile dieser Darstellungsformen ein und vermerken Sie, welche Erfahrungen Sie damit gemacht haben.

2 Stellen Sie gemeinsam mit anderen Kursteilnehmerinnen und Kursteilnehmern eine Liste von Filmen mit historischen Inhalten zusammen, die Sie für besonders aussagekräftig halten. Begründen Sie Ihre Auswahl.

3 Recherchieren Sie im Internet zu einem selbstgewählten historischen Thema. Erläutern Sie, wie Sie dabei vorgegangen sind, für welche Websites Sie sich entschieden haben und warum. Legen Sie gegebenenfalls auch dar, warum Sie Angebote ausgeschlossen haben. Fassen Sie Ihre Rechercheergebnisse zusammen.

4 Stellen Sie sich vor, Sie möchten ein Computerspiel entwickeln (lassen). Schreiben Sie auf, welches Thema zum Inhalt gemacht werden soll, welche Spielidee umgesetzt werden soll und welche Kriterien Sie an die Darstellung historischer Sachverhalte anlegen möchten.

Geschichtsdarstellung im Film und kollektive Erinnerung

Seit 1895 die erste öffentliche Filmvorführung in Europa stattfand, sind Filme aus dem Kulturleben nicht mehr wegzudenken. Die ersten Filme dauerten kaum länger als eine Minute, doch sie wurden rasch länger und erzählten zunehmend komplexere Geschichten. Die Weiterentwicklung der Filmtechnik – zum Beispiel der Übergang vom Stumm- zum Tonfilm Ende der 1920er-Jahre oder vom Schwarz-Weiß- zum Farbfilm – zog bald ein Millionenpublikum an. Verfilmt wurden schon sehr früh auch historische Themen, so zum Beispiel der amerikanische Bürgerkrieg oder das Römische Reich der Antike.

Der Erste Weltkrieg brachte die Entwicklung eines filmischen Nachrichtenformates – die „Wochenschau". Sie lief in den Kinos vor den Spielfilmen und hatte eine wichtige propagandistische Aufgabe zu erfüllen: Die Berichterstattungen sollten in der Heimat die Kriegsbegeisterung wachhalten und damit auch für Kriegsanleihen werben.

Die Wirkung, die von Filmen mit historischen Inhalten ausgehen, spiegelt sich in der kollektiven Erinnerung wider. Wie das fotografische gilt vielen Betrachtern auch das „laufende" Bild als objektiv. Die vermeintliche historische Realität erscheint auf Leinwand oder Bildschirm besonders konkret und plastisch. Hinzu kommt, dass Informationen, die über Auge und Ohr wahrgenommen werden, nachhaltiger im Gedächtnis bleiben als Inhalte, die über die Lektüre von Schriftzeugnissen aufgenommenen werden. Diese Tatsachen wurden und werden natürlich auch ganz zielgerichtet für die Geschichtsdarstellung eingesetzt. Gerade die Nationalsozialisten nutzten die Massenwirkung des Kinos zur propagandistischen Umdeutung deutscher und europäischer Geschichte. Umgekehrt setzten und setzen sich viele Filmroduktionen der Nachkriegszeit mit dem nationalsozialistischen Regime auseinander.

Welch großen Einfluss Filme auf das historische Bewusstsein ausüben können zeigt beispielhaft die amerikanische Serie „Holocaust", die das Schicksal einer jüdischen Familie in Berlin erzählt. 1979 wurde sie im deutschen Fernsehen gesendet und löste eine breite öffentliche Auseinandersetzung mit den Verbrechen des Nationalsozialismus aus. Wissenschaftler bezeichnen die Ausstrahlung dieser Fernsehserie als eine medien- und erinnerungsgeschichtliche Zäsur.

Die Filmgattungen

Je nach inhaltlicher und technischer Machart sowie der Zielgruppe eines Films unterscheidet man zwischen unterschiedlichen Filmgattungen. Eine allgemein anerkannte Terminologie existiert bis heute nicht. Wenn es um Geschichtsdarstellung im Film geht, wird in der Regel zwischen drei Hauptkategorien unterschieden:

– Das Filmdokument ist eine noch im Original erhaltene Aufzeichnung aus der Vergangenheit. Angesicht der zeitgebundenen Authentizität kann man diese Film-

gattung als historische Quelle ansehen, vor allem wenn sie nicht durch nachträgliche Kommentierung oder Bearbeitung beeinträchtigt ist. Als Filmdokument zählen u. a. Wochenschauen der NS-Zeit und der Nachkriegszeit in beiden deutschen Staaten oder auch Fernsehdokumente wie etwa Nachrichten und Reportagen über die Ereignisse in der DDR 1989/90.

Auch Spielfilme aus früheren Zeiten werden zu dieser Gattung gerechnet. Wenn Filme Themen aus der Entstehungszeit zum Inhalt haben, gewähren sie einerseits Einblick in die damals vorherrschenden Bedingungen wie den Alltag der Menschen, bestehende Moralvorstellungen oder auch Herrschaftsverhältnisse. Andererseits dokumentieren sie die Sicht der Filmemacher auf die damalige Wirklichkeit. Ein Beispiel dafür ist der Film „Kuhle Wampe" aus dem Jahr 1932, in dem das Schicksal von Arbeitslosen im Berlin der Wirtschaftskrise thematisiert wird. Aussagekräftig ist dieses Filmdokument auch deshalb, weil es an Originalschauplätzen gedreht wurde und dadurch beispielsweise die Wohnbedingungen der Berliner Arbeiter in jener Zeit dokumentiert. Demgegenüber lassen Filme mit historischen Inhalten Rückschlüsse auf die Deutung des jeweiligen geschichtlichen Themas durch die Filmemacher zu.

D 1

Website der ZDF-Mediathek, Stand vom 10.10.2012

Als Filmdokument gelten darüber hinaus auch summarische Zusammenschnitte von zeitgenössischem Material, die zwar inhaltlich grob gegliedert, aber unkommentiert den Geist einer Epoche widerspiegeln. Solche Dokumentarfilme geben oft nur äußere Abläufe von Geschehnissen und Zuständen wieder. Komplexe Sachverhalte wie z. B. Ursachen, Hintergründe von Zusammenhängen, Gefühle und die Überlegungen von Protagonisten der Filmsequenzen können dagegen nicht oder nur andeutungsweise abgebildet werden. Zur Entschlüsselung der Bildsprache müssen stets auch andere Quellen herangezogen werden.

- Beim kommentierten Dokumentarfilm handelt es sich um eine vor allem zu Informations- und Bildungszwecken hergestellte Darstellung historischer Themen. Angesprochen werden damit historisch Interessierte mit ganz unterschiedlichem Wissenshintergrund. Seit den 1990er-Jahren werden zunehmend solche Produktionen im Fernsehen ausgestrahlt und erreichen damit ein breites Publikum. In diesen Fernseh-Dokumentationen werden häufig authentische Zeitzeugnisse mit fiktionalen Elementen wie nachgedrehten Schauspielszenen angereichert und um einen nachträglichen Kommentar und durch musikalische Untermalung ergänzt.

Wegen der Einbindung authentischer Filmzeugnisse, aber auch der Verwendung von Interviews mit Zeitzeugen der thematisierten Epoche messen viele Zuschauer Dokumentarfilmen ein hohes Maß an „Objektivität" bei. Zu beachten ist jedoch, dass es sich hierbei um eine Deutung von Geschichte handelt, die von den Filmemachern – Journalisten, Drehbuchautoren, Produktionsleitern, Ausstattern, aber auch (beratenden) Historikern – vorgenommen wurde. Sie alle verfolgen mit ihrer Produktion nicht nur eine bestimmte Aussageabsicht, sondern zielen auch auf eine hohe Einschaltquote. Ein kritischer Umgang mit diesen Filmen unter Einbeziehung anderer Quellen und Darstellungen ist deswegen genauso geboten wie bei jeder anderen Geschichtsdarstellung.

- Der historische Spielfilm ist durch seinen fiktionalen, aber immer an ein in der Vergangenheit liegendes Ereignis gekoppelten Charakter gekennzeichnet. Die filmische Erzählung ist in einen realen geschichtlichen Kontext eingebunden, spricht den Betrachter aber durch das Hinzufügen einer erfundenen oder vermuteten Rahmenhandlung stärker emotional an. Gerade dadurch ist aber die Gefahr der Manipulation besonders groß, da Regisseur und Produzent eine bestimmte Haltung beim Zuschauer erzeugen wollen und zu diesem Zweck Bild- und Tonelemente entsprechend zusammenstellen. Historische Spielfilme geben immer nur eine Vorstellung der Zeit, in der sie entstehen, über die vergangene Epoche, die sie thematisieren, wieder. Die besondere Suggestivität und Erlebnisqualität eines historischen Spielfilms ermöglicht es dem Betrachter, sich in die historische Situation hineinzuversetzen und Empathie zu empfinden. Die kritische Betrachtung wird mitunter aber durch den Einsatz filmischer Mittel, zum Beispiel der Kameraführung, der Bildeinstellung oder der Montagetechniken erschwert. Innerhalb der Filmgattung „Historischer Spielfilm" kann zwischen weiteren Unterkategorien unterschieden werden: Den Dokumenten des Zeitgeschehens z. B. „Im Westen nichts Neues" (1930), den zeitspezifischen Auseinandersetzungen mit Geschichte z. B. „Die Brücke" (1959), den Fernsehspielen mit historischem Inhalt (z. B. „Heimat" (1984) sowie Literaturverfilmungen z. B. „Effi Briest" (1974).

Geschichte in Computerspielen

Für viele Nutzer eines Computers zählen Spiele zu den wichtigsten Anwendungen. Computerspiele begleiten von Anfang an die Entwicklung der modernen Informations- und Kommunikationstechnik. Während in den Anfängen noch grafisch sehr einfach gestaltete Spiele wie „Pelota" oder „Pacman" angeboten wurden, erreichte schon bald zunehmend aufwändiger programmierte Software mit mehreren Handlungsebenen und alternativen Verläufen immer mehr Käufer. Heute sind Computerspiele ein Massenphänomen und werden von über 20 Millionen Deutschen regelmäßig genutzt.

Unter den verfügbaren Angeboten nehmen historische Computerspiele eine wichtige Rolle ein. Thematisch ist das Spektrum vor allem auf militärische Ereignisse beschränkt. Unter den der Spielidee zugrunde liegenden Epochen finden sich insbesondere die Antike, das Hohe Mittelalter sowie das 19. und 20. Jahrhundert. Dabei zeichnen sich vor allem die Spiele, in denen der Zweite Weltkrieg als realer Hintergrund der fiktiven Spielwelt dient, nicht selten durch eine gewaltverherrlichende Darstellung aus. Wie jede andere fiktionale Geschichtsdarstellung wirken historische Computerspiele per se faszinierend. Hinzu kommt die in aller Regel an Macht- und Kontrollausübung orientierte Rollenverteilung: Wer schlüpfte nicht gerne einmal in die Rolle von Cäsar, Alexander dem Großen oder Napoleon? Darüber hinaus bieten die immer realer wirkenden grafischen Bausteine der virtuellen Vergangenheiten im Computerspiel eine willkommene Fluchtmöglichkeit vor der alltäglichen Umgebung.

Problematisch ist neben der oft anzutreffenden eindimensionalen Ausrichtung auf kriegerische Elemente auch der bisweilen fehlende Bezug zu den historischen Fakten. Häufig überlagern phantasievolle Ausschmückungen die tatsächlich nachweisbaren Ereignisse der Vergangenheit, ohne als solche gekennzeichnet zu sein. Und doch kann auch die Nutzung von historischen Computerspielen Wissen und Verständnis historischer Prozesse vertiefen, wenn etwa in Simulationsspielen die Voraussetzungen für das Entstehen einer Hochkultur oder Aufstieg und Fall von Großreichen (Imperien) nachvollzogen werden können. Ein besonders bekanntes Beispiel ist das Spiel „Civilization", das 1991 erstmals veröffentlicht und seitdem in unterschiedlichen Varianten millionenfach verkauft wurde. Zentrales Ziel des Spiels ist es, andere Zivilisationen durch militärische Stärke oder auch kulturellen und wissenschaftlichen Fortschritt hinter sich zu lassen. Wie in anderen Simulationsspielen auch wird der Nutzer über Hintergrundinformationen mit den Fakten konfrontiert, die das eigene Wissen über die Vergangenheit vertiefen können. Grundsätzlich bleibt die Handlung jedoch überwiegend virtuell und ist nur oberflächlich der historischen Authentizität verpflichtet. Eine besondere Problematik ist das in den Spielen vorherrschende autoritäre Gesellschaftsbild und die überwiegend kriegerische Konfliktlösung, so dass damit kaum eine Vertiefung des Wissens über die Vergangenheit erfolgen kann.

Geschichte im Internet

Das Internet bietet als Informationsmedium eine kaum noch überschaubare Fülle an Angeboten mit Bezügen zur Geschichte. Zum einen präsentieren Wissenschaftler ihre Forschungsergebnisse auf eigenen Webseiten oder Seiten von Universitäten und anderer Forschungseinrichtungen. Zudem haben sich Historiker in entsprechenden Fachportalen zusammengefunden, in denen wissenschaftliche Texte, historische Quellen, Rezensionen und anderes mehr zur Verfügung gestellt werden, die auch für interessierte Laien interessant sind. Dies erfolgt in der Regel in enger Zusammenarbeit mit Bibliotheken, Archiven, aber auch mit Museen oder Gedenkstätten. Eines der bekanntesten Fachportale ist Clio-Online. Mit derartigen Internetportalen kann man arbeiten wie in Bibliotheken und Archiven.

Gute und aussagekräftige Informationen bieten auch die meisten Museen auf ihren Webseiten an. Neben darstellenden Texten zur Geschichte kann man häufig auch Einblick in ihre Sammlungen und Ausstellungen nehmen. Eines der am häufigsten genutzten Museumsportale ist das Lebendige Museum Online (LeMO) des Deutschen Historischen Museums Berlin. Aber auch staatliche Einrichtungen bieten brauchbare Zugänge zu historischen Materialien. So kann man beispielsweise auf den entsprechenden Seiten des Bundestages bzw. des Bundespräsidialamtes Reden der Bundespräsidenten, Bundeskanzler oder anderer Politiker nachlesen. Sucht man Aussagen und Dokumente zur Geschichte der USA, wird man zum Beispiel im Internetangebot der USA-Botschaft fündig.

Inzwischen gibt es im Internet auch Foren, die sich speziell mit historischen Themen beschäftigen und deren Zielgruppe insbesondere Schülerinnen und Schüler sind. Sie werden meist von Privatpersonen betrieben und bieten nicht immer die Gewähr für die Richtigkeit der dort eingestellten Informationen. Dennoch werden sie zum Austausch untereinander gern genutzt. Es empfiehlt sich jedoch, anhand des Impressums zu überprüfen, wie seriös die Anbieter einers solchen Forums sind.

Der Hauptnutzen des Internet liegt in der zeitnahen und kostengünstigen Recherche und Präsentation von Forschungsergebnissen, Projektarbeiten oder „virtuellen" Ausstellungen über unterschiedlichste Aspekte der Geschichte.

Darin liegt gleichzeitig aber auch die größte Gefahr. Denn im globalen Netz finden sich natürlich sowohl hervorragend recherchierte Beiträge als auch unzulänglich wissenschaftlich belegte Texte. Die Informationsflut überfordert selbst geübte Nutzer des Internet, die selbst mit differenzierter Suchstrategie häufig nur eine unzureichende Trennung zwischen wissenschaftlich nutzbaren und ungeprüften, nicht seriösen Angeboten erreichen. Wichtig ist daher immer die inhaltliche Prüfung eines Online-Textes. Dabei sind Hintergrund und mögliche Intention des Autors, das Vorhandensein von ausreichenden Belegen für Zitate oder eigene Thesen sowie der Kontext, in dem ein Text veröffentlicht wird, immer zu prüfen, um dessen tatsächlichen Informationsgehalt bewerten zu können.

D 2

Cover einer CD-Rom mit historischen Inhalten

In den Materialien äußern sich Historiker, Filmschaffende, Medienexperten und Journalisten zur Darstellung von Geschichte in Film und elektronischen Medien. Sie gehen dabei aus unterschiedlichen Perspektiven auf den Wert und die Grenzen dieser Darstellungsformen ein. Sie können sich mit diesen Meinungen auseinandersetzen und Ihre eigenen Urteile darlegen.

1. Analysieren Sie D 3. Worin sieht Schörken Vorteile und Grenzen für den Erfolg historischer Fernsehspiele und Spielfilme? Setzen Sie sich mit dieser Meinung kritisch auseinander.
2. Schauen Sie sich eine Fernsehdokumentation zur Geschichte des Nationalsozialismus an und überprüfen Sie daran die Aussagen von Peter Zimmermann (D 4). Formulieren Sie ein eigenes Urteil zur Sendung.
3. Analysieren Sie das Interview D 5 hinsichtlich der Ansprüche an historische Genauigkeit, die sich der Regisseur selbst stellt. Diskutieren Sie, welche Erfahrungen Sie mit historischen Spielfilmen gemacht haben.
4. Schreiben Sie einen Leserbrief an „Die Zeit" als Antwort auf den Artikel D 6.
5. Antworten Sie als Teilnehmer im Internetforum auf die dort geäußerte Meinung (D 7).
6. Überprüfen Sie an einem Computerspiel wie D 9, inwiefern die Aussagen von Dieter Köhler (D 8) zutreffen.

D 3

Geschichte als exotischer Reiz?

Der Historiker Rolf Schörken schreibt 1981 über historische Fernsehspiele und Spielfilme:

Das Fernsehen ist keineswegs arm an historischen Sendungen, bei denen der kleine Mann im Mittelpunkt steht, der Geschichte erleidet. Solche Sendungen sind sogar sehr erfolgreich, wie die vielen Fallada-Verfilmungen und Serien wie „Der eiserne Gustav" zeigen. Es ist jedoch ein gewisses Zögern angebracht, sie als „historische" Sendungen zu bezeichnen. Sie werden vom Fernsehzuschauer auch […] als „weniger" historisch angesehen als z.B. „Wallenstein" oder „Ich, Claudius, Kaiser und Gott". Wo es um das Leben des kleinen Mannes geht, tritt Geschichte nicht in Form faßbarer Personen, die Herrschaft ausüben, in Erscheinung, sondern eher „abstrakt", z.B. als Arbeitslosigkeit, als sozialer Wandel, als unscharfer, nicht recht greifbarer Alltagseinfluß. Dies wird vom Zuschauer keineswegs als „Geschichte" wahrgenommen und identifiziert, sondern eher als Milieuhintergrund, vor dem sich die handelnden Personen und die entsprechenden Schicksale im Familienkreis als etwas Privates abheben. […]
Der historische Spielfilm des Fernsehens kann den auffallenden Mangel des historischen Dokumentarfilms, die Abwesenheit eines „plots", einer Fabel, beheben. Anstelle eines Zusammenschnittes von bereits vorhandenem Filmmaterial, das durch einen Wortkommentar miteinander verbunden wird, tritt eine von Personen getragene Spielhandlung mit all ihren Vorteilen und Annehmlichkeiten für den Betrachter: Einheit der Handlung, Teilnahme am Leben der Personen, Einblick in Handlungsmotive, Innensichtperspektive. Gleichzeitig jedoch entstehen für die historische Erkenntnis des Zuschauers neue Schwierigkeiten, die die Vorteile der Darstellungsweise überwiegen können: Das Einlagern des historisch Bedeutsamen in menschliche Gefühlsbeziehungen, das Abdrängen des historisch Bedeutsamen in den Milieuhintergrund, das allzu leichte Umschlagen der Visualisierungsbemühungen in den Selbstzweck des „schönen" Bildes. Geschichte wird dann zum bloßen exotischen Reiz, der einer Handlung ein bißchen mehr Farbe gibt.

Rolf Schörken, Geschichte in der Alltagswelt: Wie uns Geschichte begegnet und was wir mit ihr machen, Stuttgart 1981, S. 217 ff.

D 4

NS-Elite als Fernsehstars?

Der Filmhistoriker Peter Zimmermann bewertet in einem Vortrag die Flut von Filmdokumenten der NS-Zeit in Dokumentarfilmen, 21. April 2005:

Wider Erwarten ist das Interesse der Zuschauer an Themen zur Geschichte des „Dritten Reichs" im letzten Jahrzehnt nicht geringer, sondern eher größer geworden. Das hat zum einen die positive Funktion, die Verbrechen dieser Zeit nicht in Vergessenheit geraten zu lassen und einer Wiederholung ähnlicher rechtsradikaler Entwicklungen vorzubeugen. Andererseits wirkt die insbesondere zu den Jahrestagen meist überpünktlich in Szene gesetzte Abrechnung mit den Nazis und die Darstellung der Leiden der Opfer oft auch wie ein scheinheiliges Ersatzritual. Nachdem man die Täter hat laufen lassen, übt man sich pflichtschuldigst in Abscheu vor ihren Untaten und Mitleid mit den Opfern. Dabei geraten nach den Opfern zunehmend die Täter in den Mittelpunkt des Interesses. Dieses gilt jedoch nur selten ihren Karrieren nach 1945, sondern immer häufiger deren privater und menschlicher Seite. Zudem entdeckt man zunehmend die Show-Werte der Geschichte, die vom Spielfilm mit seiner Spannungsdramaturgie von Verfolgten und Verfolgern schon seit langem genutzt werden. Re-enactments, frei erfundene Inszenierungen und virtuelle Rekonstruktionen historischer Ereignisse dienen einer Spannungsdramaturgie, die die Unterschiede von Dokumentation und Fiktion schwinden lässt und die Geschichte dieser Zeit zu einem Schauplatz ebenso schauerlicher wie spannender Ereignisse stilisiert. Sie lassen sich durch Personalisierung der historischen Ereignisse besonders eindrucksvoll vermitteln. […] Der Personenkult der Nazis findet hier seine kritische Spiegelung und macht nicht nur Hitler, sondern die Spitzen der NS-Elite zu Fernsehstars, die auf hohe Einschaltquoten hoffen lassen.

Lässt man die Filme über Hitler und das „Dritte Reich" Revue passieren, so stellt sich nach kurzer Zeit unweigerlich das Gefühl des Déja Vue ein. Eine überschaubare Auswahl an zeitgenössischen Fotos und Filmzitaten wird in immer neuen Variationen wiederholt. Die von Josef Goebbels, Leni Riefenstahl und vielen anderen produzierte Filmpropaganda der NSDAP erlebte auf diese Weise dank des Fernsehens erst nach dem Zusammenbruch der NS-Diktatur ihren größten Triumph: Die Bilder vom „Dritten Reich", die wir alle im Kopf haben, sind von eben dieser Propaganda geprägt. Es ist an der Zeit, die uns so vertraute Ikonographie vom „Dritten Reich", die weitgehend zu audiovisuellen Topoi erstarrt ist und die Nazi-Mythen kritisch gewendet reproduziert, auch in Film und Fernsehen zu dekonstruieren.

Peter Zimmermann, Hitler & Co als Fernsehstars: Das „Dritte Reich" in Film- und Fernsehdokumentationen, in: www.mediacultureonline.de/fileadmin/bibliothek/zimmermann_hitler/zimmermann_hitler.pdf, 21.04.2005 (Stand: 12.10.2012).

D 5

Geschichtsklitterung oder historische Genauigkeit?

Aus einem Interview der Historikerin Sabine Horn mit dem Filmregisseur Wolfgang Becker, 2009:

SH: Der History-Boom im Film ist unübersehbar. Wie betrachten Sie diesen Trend?

WB: Es ist festzustellen, dass das Geschichtsbild, das uns heute in fiktionalen Filmen und TV-Serien vermittelt wird, oftmals nur anknüpft an bereits Gesehenes in historischen Filmen früherer Zeiten. Gerade Hollywood hat sich ja in den 50er Jahren stark mit der römischen Geschichte beschäftigt, in den so genannten Sandalen-Filmen. Ebenso gab es einen Fokus auf das Mittelalter in Form von Ritterfilmen. […] Die moralischen Bewertungen und Implikationen, mit denen diese Filme erzählt wurden, stammen jedoch aus der Zeit nach der Aufklärung, besser noch, nach der industriellen Revolution, die in unserer Gesellschaft ja ein massiver Einschnitt war. […] Und mit diesem Wahrnehmungsbild, diesem Werte- und Moralsystem, wird ein Blick auf eine Zeit geworfen, der dieser historischen Epoche gar nicht gerecht werden kann. Man versucht Moralvorstellungen der heutigen Zeit […] einer Zeit überzustülpen, die solche Ideen noch gar nicht gekannt hat. Es geht dabei selten um bewusste Geschichtsklitterung, sondern mehr um Fehler, die aus einer mangelnden sinnlichen Durchdringung vergangener Zeiten heraus unterlaufen. […]

SH: Sozial- und Mentalitätsgeschichte, Historische Anthropologie – inwiefern spielen diese historischen Ansätze für Sie eine Rolle, wenn Sie einen Film konzipieren? Wie recherchieren Sie in diesem Zusammenhang sogenannte „Softfacts"?

WB: Was Sie Softfacts nennen und ich als Geschichtlichkeit bezeichnen würde, ist für meine Arbeit sehr wichtig. Ich finde, man wird einer Zeit erst gerecht, wenn man sich fragt, wie die Menschen zu den existentiellen Bereichen des Lebens gestanden haben, faktisch und gefühlsmäßig. Der französische Historiker Philippe Ariès untersucht z.B., wie Menschen in verschiedenen Epochen und Kulturkreisen dem Phänomen der Kindheit oder des Todes gegenüber gestanden haben, und kommt zu verblüffenden Ergebnissen. Dagegen ist der durch Hollywood-Filme geprägte Blick auf vergangene Zeiten manchmal geradezu lachhaft. Ein Beispiel: Man geht heute in Rom ins Kolosseum und hat es mit Fremdenführern zu tun, die als Gladiatoren verkleidet sind […] und ein Bild der Gladiatoren vermitteln, das mehr aus dem Film „The Gladiator" herührt als aus der wirklichen römischen Geschichte.

Hier, wie an vielen anderen Stellen, greift das historische Bild, das durch Filme vermittelt wird, faktisch in die zeitgenössische Geschichtsvermittlung ein. Da werden auch schnell mal 300 Jahre durcheinander gebracht. Durch dieses Konglomerat aus Fakten, Legenden und Fiktionen entsteht in der Wahrnehmung des historischen Laien ein faktisches Bild von Historie, wie sie nie existiert hat. […]

SH: Wie definieren Sie für sich selbst das Verhältnis von historischer Genauigkeit und filmischer Freiheit:

WB: Die filmische Freiheit sollte in einem Film, der einem realistischen Genre verpflichtet ist, nicht so weit gehen, dass Personendetails oder Momente der Zeitgeschichte gegen besseres Wissen dazu erfunden werden. Bei Personen der Zeitgeschichte sind bestimmte Momente und entscheidende Schnittstellen bekannt, der Alltag dagegen voll weißer Flecken. Hier liegt genau der fiktionale Rahmen, um Fleisch und Blut für das historische Gerippe zu erfinden. Ich fühle mich da immer einer inneren Wahrheit verpflichtet. Also, hätte jemand so handeln können oder müssen? Hätte X zum Beispiel den Mut gehabt Y zu tun? Oder wäre das für seinen Charakter undenkbar gewesen? Problematisch wird es, wenn man einer Person der Zeitgeschichte etwas Positives – oder auch Negatives – andichtet, was einfach nicht zu der Figur gehört. Da gerät man ganz schnell in die Nähe der Geschichtsschreiber, wie sie sich […] Despoten gehalten haben.

Geschichte im Spielfilm. Der Regisseur Wolfgang Becker, interviewt von Sabine Horn. In: Sabine Horn, Michael Sauer (Hrsg.), Geschichte und Öffentlichkeit. Orte – Medien – Institutionen, Göttingen 2009, S. 123 f., 128.

D 6

Fesselnde Geschichte(n) im Computerspiel?

Aus einem Artikel in der Wochenzeitung DIE ZEIT, 2006:

Interaktivität – die Fähigkeit der Maschine, auf Handlungen ihres Benutzers unmittelbar zu reagieren – war einst ein Leitmotiv bei der Weiterent-
5 wicklung des Computers. Mittlerweile aber reagiert nicht der Rechner, sondern der Mensch. Diese Umkehrung bei *Majestic* und einer Reihe anderer Spiele ist symptomatisch für die lang-
10 same Umorientierung der gesamten Computerspielebranche, die weltweit 40 Milliarden Dollar im Jahr umsetzt. Anderthalb Jahrzehnte stagnierten die wichtigsten Genres zwischen „Schieß
15 auf alles, was sich bewegt" und „Plane und erweitere dein Imperium". Lediglich die Darstellungen wurden Jahr für Jahr detailgetreuer, die Regeln noch ein Stück komplexer.
20 [...]

Ein Konflikt muss jedes Computerspiel antreiben, aber künstlerisch ist das interaktive Erzählen in den frühesten Entwicklungsstufen dieser Kulturtech-
25 nik stecken geblieben. Am Computer spielen hieß, simple Ziele zu haben: eine Prinzessin aus den Händen eines Gorillas befreien, die Weltherrschaft erlangen, einen Schatz finden. Was soll
30 ich als Nächstes tun?, lautet die einfache Frage, die über allem schwebt. Im Computerspiel ähnelt der moderne Mensch dem antiken Odysseus: Tapfer besteht er die Prüfungen der Götter, eine nach
35 der anderen, und kehrt schließlich als Sieger heim.
[...]

Erst seit ein paar Jahren lernen die Hersteller auf der Suche nach neuen
40 Märkten, was noch mehr Menschen fesseln könnte. Die Antwort ist simpel: Es ist das, was den Menschen seit Jahrtausenden fesselt – erzählte Geschichten. Geschichten, deren Sprüngen, Schick-
45 salsschlägen, Unvorhersehbarkeiten man sich passiv anvertraut. Die Erzählung ist eine natürliche Feindin der Interaktivität, in der die Maschine dem Menschen widerspruchslos gehorcht.
50 Aber geschickt vermischt, können passive und interaktive Rezeption womöglich den Spieler besser in Bann schlagen als jede für sich. „Wir möchten weg von den Kämpf-oder-stirb-Geschichten,
55 hin zu anspruchsvolleren Erzählstrukturen", sagt Jeff Brown von Electronic Arts. Deshalb hat die Firma ihren Angestellten Vorlesungen über Homer und Shakespeare verordnet. Wie erzählt man
60 Geschichten und was können Computerspiele dabei besser machen, sind die wichtigsten Fragen.

Martin Vittel/Kai Deissner, Schluss mit der Ballerei, in: DIE ZEIT vom 21.11.2006, S. 32.

D 7

Es muss Spaß machen

Der Teilnehmer in einem Geschichtsforum schreibt 2004:

Die Lerneffekte von Historischen Computerspielen werden in der Geschichtsdidaktik sehr kritisch gesehen. Zum einen, weil Computerspiele nur
5 eine verkürzte Sicht der Vergangenheit bieten- sofern sich der Spieler nicht noch anderweitig Informationen besorgt, was möglicherweise auch durch die Spiele angeregt werden kann - und
10 auch historische Fehler aufweisen. Das beginnt z. B. bei Der Patrizier damit, dass die Stadtansicht von Novgorod in Wirklichkeit ein Blick auf Regensburg von der Donau aus gesehen
15 ist und endet in der Vermittlung eines Geschichtsbildes des 19. Jahrhunderts, in dem der Kaufmann als moderner Mensch handelt und eine Vorstellung des Unternehmers bedient, der für
20 sich und andere verantwortlich handelt. Der historische Rahmen wird notwendigerweise mit Versatzstücken aufgefüllt, die aber im Spielverlauf nicht als solche erkennbar sind und
25 somit das Geschichtsbild verfälschen. Was ebenfalls kritisch beäugt wird, sind die in den Computerspielen vorteilhaften Handlungsweisen: bei Anno 1602 etwa die Ausrottung der Urein-
30 wohner, der entwicklungsgeschichtli-che Schwerpunkt bei Rüstung und der kriegerischen Lösung von Konflikten. Die tatsächlichen Entscheidungen und ihre Motive kommen bestenfalls am
35 Rande vor, da die optimale Strategie zum Gewinn des Spieles eine von modernen Denkweisen geprägte ist (und zudem nur eine KI als Gegner fungiert). Wie soll also ein differenziertes
40 historisches Verständnis entstehen? Ein großer Vorwurf ist dabei auch den Historikern selbst zu machen, da sie die Entwicklungen der modernen Medien verschlafen haben und
45 sich erst seit kurzem damit auseinandersetzen. Wenn ein Professor nicht einmal eine E-Mail-Adresse hat, wie soll er dann erkennen, woher heute lebende Jugendliche ihre Geschichts-
50 kenntnisse beziehen? Auch beteiligen sich Historiker nicht an der Spielentwicklung und auch nicht am Erstellen von Handbüchern. Darüber jammern reicht nicht, es ist Initiative gefordert!
55 In der bisherigen Form würde ich die Lerneffekte historischer Computerspiele als gering bezeichnen, solange sie nicht den Spieler oder die Spielerin zu einer fundierten Auseinandersetzung
60 mit einer Epoche oder einer Region anregen. Denn zuallererst sind Computerspiele nämlich Spiele, die zur Unterhaltung dienen und Spaß machen sollen. Sie sind ein erster Schritt, der
65 aber ohne weitere Beschäftigung mit Literatur nur einen sehr beschränkten Eindruck von der Vergangenheit gibt. Aber Spaß machen sie in jedem Fall (solange das Spielkonzept stimmt)!

www.geschichtsforum.de, 28.06.2004.

D 8

Zeitreisen mit Computerspielen

Der Philosoph und Multimedia-Experte Dieter Köhler schreibt 2009:

Computerspiele mit historischer Thematik sind beliebt. Durch sie kann der Spieler eine Art Zeitreise unternehmen, in fremde Welten eintauchen und
5 sich in Situationen hineinversetzen, die sich so oder so ähnlich tatsächlich einmal zugetragen haben. Das Publikum verlangt offenbar nach Spielen, die sich um historischen Realismus bemühen,
10 und entsprechend werden diese Spiele auch beworben.

Warum sind Computerspiele mit historischer Thematik so populär? Ist es das Fremdartige an ihnen, das ihren
15 Reiz ausmacht? Doch das alleine kann ihre Beliebtheit nicht erklären. Science Fiction oder Fantasy bieten noch viel fremdartigere Settings. In einem historischen Spielszenario mischt sich hinge-
20 gen Fremdes mit Bekanntem, nämlich mit dem, was der Spieler schon über die jeweilige Epoche zu wissen meint, Beim Spielen verbindet er dann das, was ihm das Spiel vorgibt, mit der eigenen Ge-
25 dankenwelt.

Wenn es stimmt, dass es für den Spaß am Spiel auf solche Assoziationen besonders ankommt, erklärt dies auch, weshalb man in diesen Spielen so häufig
30 auf Klischees trifft. Denn am sichersten lassen sich Assoziationen aktivieren, wenn man die Signale deutlich setzt, also genau die Dinge auftreten lässt, die das Epochenbild des Spielers schon prä-
35 gen: Tempel, in eine Toga gehüllte Senatoren und Legionäre mit Adlerstandarten für die Antike; Ritter, bunte Fahnen, edle Fräulein und arme Bauern für das Mittelalter; prunkvolle Kutschen, Li-
40 nienschiffe, Edelleute in Mantel und Degen für das 18. Jahrhundert. Auf Kohärenz kommt es dabei nicht unbedingt an: Versatzstücke aus unterschiedlichen Dekaden oder gar Jahrhunderten oder
45 auch von fernen Orten werden zusammengeworfen. Auf diese Weise entstehen Szenen, die die Atmosphäre eines Zeitalters einfangen sollen, auch wenn sie selber nicht ralitätsgetreu sind.

50 Dass man immer wieder auf Anachronismen oder andere Fehler im Detail stößt, hat auch ökonomische Gründe: Um historisch genau zu sein, braucht man Sachverstand und gute Re-
55 cherchen. Das ist teuer. Wenn ein moderater Grad an Detailtreue bereits ausreicht, um das Verlangen des Publikums nach historischen Welten zu befriedigen, würde der Produzent, der zuviel
60 davon bietet, seine Rendite schmälern. Allerdings auch der, der zu wenig liefert und das Publikum enttäuscht. Wer kann aber schon sagen, welches Maß gemein-

hin ausreicht? Der Anachronismus, der
65 den einen ärgert, ist einem anderen gleichgültig oder fällt ihm gar nicht auf. Doch im Großen und Ganzen scheint der Konsument tolerant zu sein. Er ist meistens gewillt, Verständnis für allerlei
70 Mängel aufzubringen, weil er ahnt, dass ein Produzent, der einen Massenmarkt bedient, es eben nicht allen völlig recht machen kann.

Dieter Köhler, Historischer Realismus in Computerspielen. In: Sabine Horn, Michael Sauer (Hrsg.), Geschichte und Öffentlichkeit. Orte – Medien – Institutionen, Göttingen 2009, S. 226.

D 9

Computerspiel

Geschichte im Film – eine Rezension verfassen

Ob es sich vermutlich lohnt, einen Film anzuschauen, entscheidet man oft, nachdem man eine Rezension darüber gelesen hat. Das trifft auf alle Filme zu, also auch auf solche, die man vorrangig wegen ihres historischen Inhalts ausgewählt hat. Doch was zeichnet eine gute Rezension aus? Wie verfasst man eine Filmkritik? Ein allgemeingültiges Rezept dafür gibt es nicht. Jedoch sollten einige grundlegende Punkte immer Beachtung finden:

– genaue Angaben zum Film
– Problemstellung/gesellschaftliche Relevanz
– kurze und prägnante Inhaltsangabe
– Figuren und ihre Charaktere
– filmkünstlerische Mittel (Kameraführung, Kameraeinstellung, Ton, Musik, Farben usw.)
– historische Genauigkeit und deren Begründung
– persönliche Eindrücke und Gefühle, gegebenenfalls Vergleiche mit anderen Filmen

Lesen Sie zunächst die nachfolgend abgedruckte Filmkritik. Schauen Sie sich den rezensierten Film an und diskutieren Sie, inwieweit Sie mit der Meinung der Rezensentin übereinstimmen. Sehen Sie sich danach einen Film Ihrer Wahl an und verfassen Sie dazu eine Rezension. Die Grundlage dafür ist eine zielgenaue Analyse des Filmes. Entsprechende Hilfen dafür finden Sie auf Seite 143.

D 1

Sophie Scholl – Die letzten Tage

Geschrieben von: Julia Radke

Filme über das „Dritte Reich" haben dieser Tage in Deutschland Konjunktur. Der Start von Marc Rothemunds „Sophie Scholl – Die letzten Tage" setzt den
5 aktuellen Trend – und auch seinen Erfolg – nach „Der Untergang", „Napola" und „Der Neunte Tag" fort.

Dieser Trend spiegelt die gesellschaftspolitische Relevanz des The-
10 mas in Deutschland – auch oder gerade zum 60. Jahrestag des Kriegsendes. Das allgemeine Interesse und der Wille zu Erinnerung und Einbeziehung neuer Erkenntnisse sind ungebro-
15 chen. Sie zeigen, dass die Wunden des kollektiven deutschen Gedächtnisses noch offen sind. Im Spannungsfeld zwischen einerseits wiedererstarktem Rechtsextremismus, Aufmärschen der
20 NPD etc. und andererseits zahlreichen Erinnerungsveranstaltungen, Staatsakten und der Eröffnung des Berliner Mahnmals für die ermordeten Juden Europas im Mai 2005 steht auch dieser
25 Film.

Marc Rothemunds Film liegen die erst seit 1989 zugänglichen Protokolle der Verhöre Sophie Scholls durch den Gestapobeamten Robert Mohr zugrun-
30 de, die bis dahin im Archiv der SED verschlossen waren. Seinen filmischen Vorgängern lagen diese Dokumente nicht vor. So porträtierten sie auch nicht eine Sophie Scholl aus ihrer Selbstsicht he-
35 raus, sondern durch die Perspektive ihrer Zellengenossin (Adlon mit „Fünf letzte Tage"/1982) oder die gesamte Widerstandsgruppe (Verhoeven mit „Die Weiße Rose"/1982).
40 „Sophie Scholl – Die letzten Tage" setzt das historische Wissen des Zuschauers um die Flugblattaktion der „Weißen Rose" sowie die darauf folgende Verhaftung der Geschwister
45 Scholl in München voraus, zeigt diese nur kurz, um sich dann gänzlich auf die Untersuchungshaft und die Vernehmung Sophies durch die Gestapo bis hin zum Schauprozess und ihrer
50 Hinrichtung durch die Guillotine zu konzentrieren.

Marc Rothemund liefert mit seiner Version von „Sophie Scholl" ein wahrscheinlich realistisches Bild ihrer letzten Tage. Diese inszeniert er puristisch und setzt einerseits auf die Schlichtheit seiner Protagonistin (Julia Jentsch), ihre Fähigkeit zu minimalistischer Mimik und andererseits auf eine kammerspielartige Darstellung ihrer Verhöre, die sehr an Karmakars „Totmacher" erinnern. Bei allem Respekt vor der mit dem Silbernen Bären ausgezeichneten Leistung von Julia Jentsch, mit Götz Georges charismatischer, eindringlicher Präsenz als Massenmörder Fritz Haarmann kann sie nicht mithalten.

Sicherlich, sie ist ganz das Gegenteil eines Massenmörders, aber genau hierin liegt das Problem. Während Karmakar seinen Protagonisten psychologisch seziert und den Zuschauer mit der facettenreichen und teilweise sehr kontroversen Darstellung der Figur Haarmanns gebannt hält, bleibt die Charakterisierung Scholls eher eindimensional. Rothemund liefert uns nicht das Psychogramm einer jungen, leidenschaftlichen und vielleicht unter zunehmendem Druck zweifelnden Widerstandskämpferin, sondern ihre Überzeichnung als überzeugte Intellektuelle, als fromme Märtyrerin, die für Moral und Aufklärung ihr Schicksal gefasst entgegen nimmt und selbst den kurzen Abschied von ihren Eltern recht nüchtern hält. Ihre Argumentation aber besticht und selbst Mohr kann ihr nicht viel entgegensetzen, wenn sie Gewissen gegen Gesetz, Demokratie gegen Willkür, Religion gegen Krieg wägt.

Leider wird sie als Heldin zu stark überhöht und verliert damit ihr Identifikationspotential für junge Zuschauer. Ihre Vorbildfunktion aber verliert sie nicht und alles in allem bleibt der Film ein gelungenes (Lehr-)stück über den Idealismus und die Zivilcourage einer jungen Generation und darüber, dass jeder, der wollte, auch damals schon von den Greueltaten der Nazis wissen konnte – selbst wenn Hitlers Sekretärin Traudel Junge, damals ebenso jung wie Sophie Scholl, das während des Krieges noch anders sah (s. Schlussinterview mit Traudel Junge in „Der Untergang").

Und mit diesem Signal für ein neues geistiges Europa spielt sich der Film ganz nach vorn.

Originaltitel: Sophie Scholl – die letzten Tage – Von Marc Rothemund
Regie: Marc Rothemund
Drehbuch: Fred Breinersdorfer
Darsteller: Julia Jentsch (Sophie Scholl), Alexander Held (Robert Mohr), Fabian Hinrichs (Hans Scholl), Johanna Gastdorf (Else Gebel), André Hennicke (Dr. Roland Freisler), Florian Stetter (Christoph Probst), Johannes Suhm (Alexander Schmorell)
Genre: Drama
Land: Deutschland, 2004
Länge: 116 min
Premiere: 24. Feb. 2005/Deutschland
FSK: ab 12 Jahren
Verleih: X-Verleih

www.zukunft-braucht-erinnerung.de/rezensionen/185-rezensionen-ueber-filme/404-sophie-scholl-die-letzten-tage-von-marc-rothemund.html. Autorin: Julia Radke

D 2

Filmplakat

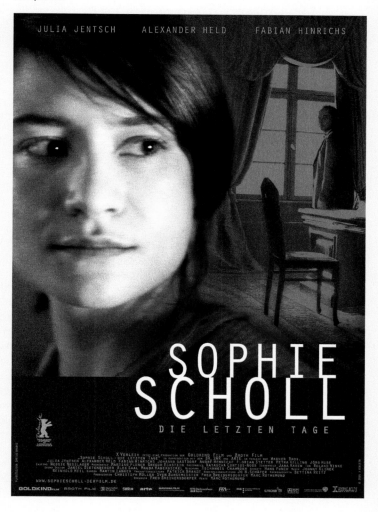

Begegnung mit Geschichte in der Kultur

Viele meinen, dass sie sich gar nicht für Geschichte interessieren. Doch dann stehen sie staunend vor einer gotischen Kathedrale und fragen sich, wie solche Bauwerke vor Jahrhunderten möglich wurden. Oder sie sind von einem Gemälde beeindruckt und denken über den Künstler, seine Zeit und sein Werk nach. In der Begegnung mit der Kultur wird Geschichte plötzlich lebendig. Wo überall ist das der Fall? Wie trägt Kultur zur kollektiven Erinnerung einer Gesellschaft bei?

Anhand des Darstellungsteiles können Sie analysieren, welches Verhältnis zwischen Kultur und Geschichte besteht. Auf dieser Grundlage wird es möglich zu beurteilen, wie sich Geschichte in den verschiedensten Erscheinungsformen von Kultur widerspiegelt.

1. Verfassen Sie einen Lexikonartikel zu dem Stichwort: „Kulturelles Erbe".
2. Interpretieren Sie Q 1. Informieren Sie sich im Internet oder in Lexika über den Maler und dessen Werk und diskutieren Sie die Frage „Was sagt dieses Bild über die deutsche Geschichte im 20. Jahrhundert aus?".
3. Informieren Sie sich über die Geschichte des Bürgerlichen Gesetzbuches. Zeigen Sie an Beispielen, wie Gesetzesänderungen die historische Entwicklung widerspiegeln.
4. Führen Sie mit Ihren Religionslehrern ein Interview über den Zusammenhang von „Religion und Geschichte". Halten Sie die Ergebnisse in einer Wandzeitung fest.

Kultur – ein schillernder Begriff

Der Begriff „Kultur" ist abgeleitet vom lateinischen „Cultura", dessen ursprüngliche Bedeutung „Bearbeitung, Pflege, Ackerbau" war. Im Laufe der Zeit wandelte er sich und wurde schließlich auf all das angewandt, was der Mensch gestaltend hervorbringt. Damit wird Kultur unterschieden von Natur, der alles zugerechnet wird, was unabhängig vom Menschen vorhanden ist bzw. entsteht. Der Kulturbegriff umfasst eine Vielzahl unterschiedlicher Aspekte. Seit Jahrhunderten streiten Philosophen und Historiker, Soziologen und Politiker, Anthropologen und Naturwissenschaftler darüber, welche Inhalte der Kultur im engeren Sinne zuzuordnen sind. Man denke nur an die jüngste politische Diskussion über eine „deutsche Leitkultur", zu der sich alle in Deutschland Lebenden zu bekennen hätten.

Mitunter wird zwischen materieller und geistiger Kultur unterschieden. Heute besteht jedoch Konsens darüber, dass beide Aspekte sich einander bedingen und die Übergänge zwischen ihnen fließend sind. Ausgangspunkt dieser Überlegungen ist, dass die Menschen immer neue Techniken und Produktionsmethoden entwickeln, um ihre Grundbedürfnisse wie Ernährung, Kleidung oder Wohnung zu befriedigen. So entstehen entsprechende Kulturgüter. Darüber hinaus ist aber auch die Entwicklung von Normen, Formen und Praktiken des Zusammenlebens oder religiöser bzw. politischer Sinnstiftungen notwendiger Bestandteil der Kultur. Denn sie erst ermöglichen es den Menschen, sich in Gemeinschaften zu bewegen und unterschiedliche Anforderungen zu bewältigen.

Tradition und kulturelles Gedächtnis

Menschliche Gesellschaften verständigen sich immer wieder darüber, welche Bestandteile ihrer Kultur erhaltenswert und erinnerungswürdig sein sollen. Diese Kulturwerte geben sie – bewusst oder unbewusst – an ihre Nachwelt weiter. Damit schaffen sie ihr Kulturerbe und vergewissern sich zugleich ihrer Identität. Was das konkret bedeutet, sollen einige Beispiele zeigen.

Bauwerke und kulturelles Erbe

Überall gibt es alte Häuser, Wohnquartiere, Straßen und Plätze. Sie sind Teil des kulturellen Erbes der Stadt, der Region oder des Landes: als Ort, an dem wichtige historische Ereignisse stattgefunden haben, sowie als Beispiel für die Wohn- und Lebensverhältnisse von Menschen in der Vergangenheit. Stadtanlage und Architektur erzählen also im wahrsten Sinne des Wortes Geschichte.

Sie sagen aber auch viel aus über die in den verschiedenen Zeiten herrschende Geschichts- und Erinnerungskultur. Spätestens wenn alte Häuser baufällig sind, einem geplanten Neubau oder einer neuen Straße weichen sollen, gibt es häufig Diskussionen in der Öffentlichkeit, ob diese Gebäude erhaltenswert sind oder nicht. Dabei sind für manche ästhetische Überlegungen ausschlaggebend. Sie wollen vor allem die Einheitlichkeit des Stadtbildes bewahren. Andere wollen die Bauwerke aufgrund ihrer Geschichte erhalten, restaurieren oder in ein Museum verwandeln.

Doch nicht nur der Erhalt von Bauwerken sagt etwas über den Umgang mit dem kulturellen Erbe aus, sondern auch deren absichtliche Zerstörung. Damit sollen die Erinnerung an bestimmte Traditionen und damit verbundene Wertvorstellungen ausgelöscht werden. Zugleich sollte der Bau neuer, den eigenen Vorstellungen entsprechender Gebäude neuen Sinn stiften. Es lohnt also, der Frage nachzugehen, was entfernt wurde und warum. So erzählen auch verschwundene Bauwerke Geschichte.

Geschichte in Kunst und Literatur

Wer Kunst genießt, kommt fast zwangsläufig mit Geschichte in Berührung. Maler, Grafiker, Bildhauer stellen in ihren Werken häufig Menschen und Ereignisse ihrer Zeit dar. Daran lassen sich so alltägliche Dinge wie Kleidung, Mode oder Städtebau rekonstruieren, daneben aber auch zwischenmenschliche Beziehungen, Produktionsabläufe oder sogar politische Verhältnisse. Ebenso können aus der Themenwahl und der künstlerischen Sprache Rückschlüsse auf die Haltung des Künstlers oder seiner Auftraggeber zu den dargestellten Gegebenheiten gezogen werden. Handelt es sich bei einem künstlerischen Werk um Historienmalerei, wird deutlich, welche Bedeutung dem Ereignis zur Entstehungszeit des Bildes zugemessen und wie es gedeutet wurde. Interpretationen künstlerischer Werke bleiben allerdings immer subjektiv und können sich bestenfalls der vergangenen Wirklichkeit annähern.

Ganz ähnlich verhält es sich mit Literatur, Theater oder auch Musik. Auch sie geben Einblick in die Zeit ihrer Entstehung: Welche Themen waren wichtig? Wie und mit welchen Mitteln wurden sie gestaltet? Wer waren die Adressaten? Welche Botschaften werden vermittelt? Ebenso werden in der Literatur – sowohl in der Epik als auch in der Dramatik – oft historische Themen aufgegriffen. Solche Werke stellen selbst Deutungen von Geschichte dar.

Recht und Geschichte

Rechtssysteme von Gesellschaften bilden einen wichtigen Rahmen für das menschliche Zusammenleben. Sie spiegeln den Entwicklungsstand eines Gemeinwesens wider und geben Orientierung. Geltende Gesetze haben also immer auch eine historische Komponente. So hat zum Beispiel der Rechtsgrundsatz „Im Zweifel für den Angeklagten" seine Wurzeln in der Antike und die Unschuldsvermutung geht auf das Mittelalter zurück. Das deutsche Bürgerliche Gesetzbuch (BGB) trat 1900 in Kraft und gilt bis heute – allerdings mit vielen Änderungen und Ergänzungen. Verfolgt man diese, erlangt man zugleich einen aussagekräftigen Blick auf die deutsche Geschichte. Genauso sagen konkrete juristische Handlungen viel über gesellschaftliche und politische Verhältnisse in der Zeit aus. Beispiele dafür sind Prozesse über NS-Verbrechen, die Toten an der innerdeutschen Grenze oder die Opfer von Völkermorden im ehemaligen Jugoslawien oder in Ruanda.

Geschichte in den Religionen

Auch in den Religionen begegnet uns Geschichte in vielerlei Formen. Allein die Tatsache, dass die christliche Religion unterschiedliche Konfessionen unterscheidet, sagt etwas über die historische Entwicklung des Christentums aus. Sucht man im Islam nach dem Ausgangspunkt für den sunnitischen bzw. schiitischen Zweig der Religion, erfährt man viel über die Geschichte der muslimischen Welt nach Mohammeds Tod. Auch wirken die Repräsentanten der Religionen – Papst, Bischöfe oder Priester, Kalifen, Mullahs oder Ayatollahs – durch Predigten, Beschlüsse von Konzilien, durch Auslegungen der Bibel oder des Korans auf das Denken und Handeln der Gläubigen ein. Insofern wirken Religionen selbst geschichtsmächtig.

Q 1

Großstadt, linker Flügel des Triptychons von Otto Dix, 1927–1928, Kunstmuseum Stuttgart

Die folgenden Materialien ermöglichen Ihnen, anhand der Diskussion über die Sprengung des Berliner Stadtschlosses zu Beginn der 1950er-Jahre und der Debatte über dessen Wiederaufbau fünfzig Jahre später den Zusammenhang von Architektur und dessen Funktion für die Bildung von Geschichtsbewusstsein zu thematisieren.

1 Vergleichen Sie die Stellungnahmen von Ulbricht, Hamann und des Berliner Komitees für Stadtplanung und halten Sie diese in einem Schaubild fest (Q 2–Q 4).

2 Schreiben Sie einen Kommentar zu den Wiederaufplänen für das Berliner Schloss (Q 6, Q 7).

3 Stellen Sie sich vor, Sie hätten eine Reportage über die Geschichte des Berliner Stadtschlosses und dessen Geschichte zu schreiben. Verfassen Sie diese unter Einbeziehung der Bilder Q 5, Q 8–Q 10. Sie haben dafür wie bei allen großen Tageszeitungen 7500 Zeichen einschließlich Leerzeichen zur Verfügung.

Q 2

Demonstrationsplatz statt Schloss

Der Vorsitzende des Zentralkomitees der SED, Walter Ulbricht, auf dem III. Parteitag der SED im Juli 1950 über „Die Großbauten im Fünfjahresplan":

Das Wichtigste ist, daß aus den Trümmern der von den amerikanischen Imperialisten zerstörten Städte solche Städte erstehen, die schöner sind denn
5 je. (Beifall.) Das gilt besonders für unsere Hauptstadt Berlin. Bei der Stadtplanung sollten unsere Fachleute ausgehen von der Sorge um den Menschen in bezug auf seine Arbeit, Wohnung, Kultur
10 und Erholung.

[…] Wir [die SED, M. E.] […] ersuchen die Regierung der Deutschen Demokratischen Republik und den Magistrat von Berlin, die notwendi-
15 gen Maßnahmen zu ergreifen, daß im Wettbewerb der Baufachleute und Architekten der Aufbau der Hauptstadt Deutschlands auf der Grundlage der geschichtlich entstandenen Struktur
20 der Stadt erfolgt. Das Zentrum der Stadt soll sein charakteristisches Bild erhalten durch monumentale Gebäude und eine architektonische Komposition, die der Bedeutung der Hauptstadt Deutsch-
25 lands gerecht wird.

Wäre es nicht zweckmäßig, im Zentrum der Stadt den Straßenzug von der Stalinallee bis zum Brandenburger Tor wiederaufzubauen, den Lustgar-
30 ten und den Alexanderplatz als die beherrschenden Plätze des Stadtinnern zu architektonisch schönen Plätzen zu gestalten, durch den Arbeitsenthusias-

35 mus der Berliner Bevölkerung die alten schönen Gebäude im Zentrum der Stadt wiederherzustellen und die neuen Gebäude an diesen Plätzen und an der Hauptstraße architektonisch schön
40 im Sinne des Volksempfindens zu gestalten? Wir wollen in Berlin keine amerikanischen Kästen und keinen hitlerschen Kasernenstil mehr sehen.

Gleichzeitig ist es notwendig, die
45 Arbeiterviertel bei den großen Industriebetrieben wieder, aber schöner als früher, aufzubauen. (Starker Beifall.) Wir sind überzeugt, daß es unseren Baumeistern gelingen wird, in Berlin
50 und in den Großstädten der Republik in den monumentalen Bauten die Kraft und die Stärke des Aufbauwillens und der großen Zukunft Deutschlands zum Ausdruck zu bringen. (Starker Beifall.)
Ein Volk, das solche gewaltigen Aufga-
55 ben wie den Fünfjahrplan in Angriff nimmt, wird auch Baumeister hervorbringen, die imstande sind, in der Gestaltung der Städte diese grandiosen Ideen zum Ausdruck zu bringen.

60 Unser Beitrag zum Fortschritt auf dem Gebiete des Bauwesens soll gerade darin bestehen, daß sowohl unsere Stadtplanung als auch der Städtebau, der Industriebau, der Bau der neuen
65 Kulturstätten, der Maschinenausleihstationen das Besondere unserer nationalen Kultur zum Ausdruck bringen. Das Zentrum unserer Hauptstadt, der Lustgarten und das Gebiet der jetzigen
70 Schloßruine müssen zu dem großen Demonstrationsplatz werden, auf dem Kampfwille und Aufbauwille unseres

Volkes Ausdruck finden können. (Stürmischer Beifall.)

Walter Ulbricht, Der Fünfjahrplan und die Perspektiven der Volkswirtschaft, Dietz Verlag, Berlin 1950, S. 49 f.

Q 3

Ein einzigartiges Denkmal

Der an der Humboldt-Universität (Ost-Berlin) lehrende Kunsthistoriker Richard Hamann schreibt in einem Brief an den DDR-Ministerpräsidenten Otto Grotewohl am 30. August 1950:

Berlin ist arm an Denkmälern der Vergangenheit. Aber es besitzt ein Werk, das sich den größten der Vergangenheit würdig einreiht und in allen Kunstge-
5 schichten der Welt genannt und abgebildet ist: das Berliner Schloß. Sein Schöpfer ist der größte Bildhauer und Architekt in Norddeutschland, Andreas Schlüter. In Ruinen steht es da: noch
10 immer von einer faszinierenden Wucht und Monumentalität, ein Repräsentant des spezifisch norddeutschen Barock, der sich Michelangelos St. Peter in Rom, dem Louvre in Paris würdig zur Seite
15 stellt. Eine Wiederherstellung des Außenbaus und eines Teiles wertvoller Innenräume ist, wie von Sachverständigen versichert wird, möglich. Bei einem in Berlin so seltenen und in der Welt ein-
20 zigartigen Denkmal der schöpferischen Kräfte des Nun dürfen Kosten keine Rolle spielen. Ebenso wenig dürfen politische Gründe in Frage kommen. […] Kunstwerke wie das Schloß sind gewiß

25 Äußerungen einer versunkenen und überwundenen Zeit. Aber diese wird immer von neuem überwunden durch Geschichte, durch Wissenschaft, für die sie zu Dokumenten herabgesunken sind, 30 sichtbare und deshalb wahrhaftigere Dokumente als Worte und Geschriebenes. Alle Kunsthistoriker [...] macht der Gedanke der Zerstörung des Schlosses und dieses historischen Zentrums Ber- 35 lins krank. Der größte Bildhauer und Architekt Berlins, von dem außer dem Schloß kaum noch Werke bestehen, wäre seiner Zeugen vollends beraubt.

Aber jedes Kunstwerk hat auch 40 Schönheiten unabhängig von jeder Zeitgebundenheit, und umso gewaltiger und ewiger, je großartiger das Werk, je genialer der Meister. Jedes Kunstwerk verkörpert aber den Inbegriff mensch- 45 licher Leistung, den Sieg über die Materie. Der Künstler in Hingabe an sein Werk ist das Vorbild für den Aktivisten des Geistes, den Schöpfer um der Schöpfung willen. Der Künstler, nur 50 der höchste Typ des Arbeiters, ist das Vorbild für jeden Schaffenden und der neue Werttyp anstelle des Machthabers,

des durch Besitz und Geburt Bevorzugten. Große Leistungen zerstören, wo 55 keine unbedingte Notwendigkeit vorliegt, heißt diesen Wert des Schaffenden herabwürdigen.

Schlüter vertritt nicht nur den Künstler, der für Nord- und Ostdeutsch- 60 land Größtes geschaffen hat, sondern auch den, der für Polen und Rußland gewirkt hat. In Petersburg ist er 1714 gestorben. Mit der Zerstörung des Schlosses greift man auch in die Belange dieser 65 Deutschland wie von je kulturell verbundenen Nachbarn ein: und darüber hinaus in die Belange der ganzen Welt.

Zitiert nach: Bernd Maether, Die Vernichtung des Berliner Stadtschlosses, Berlin 2000, S. 228 f.

Q 4

Pläne für den Schlossplatz

Aus Denkschriften zur Umgestaltung der Mitte (Ost-)Berlins, 1951:

[Zu den Raumplanungen – M. E.]:

Bei der Neugestaltung des Marx-Engels-Platzes [Schlossplatz] als den Mit-

telpunkt von Groß-Berlin ist der Platz 5 als politisches Zentrum, als Hauptdemonstrationsplatz, zu gestalten. Der Platz muss in erster Linie den flüssigen Ablauf von Demonstrationszügen gewährleisten. [...] Die Lage der Tribüne 10 muss so gewählt werden, dass trotz der Forderung nach einer möglichst gradlinigen Führung der Demonstrationszüge diese beim Anmarsch trotzdem in möglichst großer Länge, d. h. über die 15 ganze Strasse Unter den Linden hin, von der Tribüne aus übersehbar sind. [...]

Unter Berücksichtigung der historischen Überlieferungen ist hier ein Platz zu schaffen, der seiner Bedeutung 20 entsprechend würdig gestaltet werden muss, d. h. er darf keiner eigentlichen Nutzung – baulicher oder verkehrlicher – zugeführt werden. Insbesondere darf er keinesfalls – auch nicht in Aus- 25 nahmefällen – als Parkfläche Verwendung finden. Dagegen wird es notwendig sein, den Platz so zu gestalten, dass an großen nationalen Feiertagen hier Demonstrationen, festliche Tänze 30 oder andere Zeremonien stattfinden können. →

Q 5

Sprengung des Berliner Schlosses, Foto nach dem 8. September 1950

[Aus den Unterlagen für den Städtebaulichen Wettbewerb zur Gestaltung des Platzes – M. E.]:

35 Das Denkmal für die großen Genies der Menschheit [Marx und Engels] auf dem zentralen Platz der Hauptstadt Deutschlands, Berlin, soll zum Ausdruck bringen, dass das deutsche Volk

40 gewillt ist, mit einer Vergangenheit, in der es selbst und andere Völker so oft ins Unglück gestützt wurden, für alle Zeiten zu brechen. Mit der fortschrittlichen Gesellschaftsordnung in einem

45 Teil Deutschlands in der Deutschen Demokratischen Republik ist die Grundlage geschaffen worden, die Lehre von Marx und Engels, die den Weg zu einem Leben in Freiheit, Frieden, Glück und

50 Wohlstand der Völker aufzeigt, zum Eigentum des ganzen deutschen Volkes zu machen. Die Lehre von Marx und Engels und ihrer großen Fortsetzer Lenin und Stalin ist die schärfste Waffe im

55 Kampf für ein friedliebendes, demokratisches und einheitliches Deutschland.

Zitiert nach: Bernd Maether, Die Vernichtung des Berliner Stadtschlosses, Berlin Verlag, Berlin 2000, S. 129.

Q 6

Gründe für den Wiederaufbau

Bundestagspräsident Wolfgang Thierse in der Debatte über die Wiedererrichtung des Berliner Schlosses im Deutschen Bundestag am 4. Juli 2002:

Ich möchte Ihnen fünf Gründe nennen, warum ich […] für ein neues und modernes Gebäude mit der Teilrekonstruktion dreier Fassaden und des wun-

5 derbaren Schlüterhofes des ehemaligen Schlosses, werbe.

Der historische Grund

Städte sind auch und ganz wesentlich vergegenständlichte Erinnerung. Städte

10 wie Rom, Paris, Prag, jene Städte, die wir so lieben, wirken deswegen so beeindruckend auf ihre Besucher wie ihre Bewohner, weil in ihnen verschiedene historische Schichten präsent, erlebbar

15 und sichtbar sind. In ihnen dominiert keine historische Eindimensionalität […] Berlin gilt bedauerlicherweise zu Recht […] als die Metropole Europas, die sich immer wieder selbst zerstört

20 hat und in der deshalb fast ausschließlich die Architektur eines Jahrhunderts dominiert. […]

Der städtebauliche Grund

Mit Bedacht spricht die Alternative A

25 vom „architektonischen Brückenschlag" zur Museumsinsel und zur Straße „Unter den Linden". Das Berliner Schloss war der geplante und gewollte Abschluss dieses Boulevards. Genauso ist

30 es! Die Straße „Unter den Linden" führte genau auf das Schloss zu. Der Boulevard gehört zu den wenigen großen, berühmten, geschichtsträchtigen, in ihrer Geschichtsträchtigkeit noch oder wie-

35 der sichtbaren und fassbaren Straßen in Deutschland. Die Städte der frühen Neuzeit wurden mit Sichtachsen gebaut, deren einmalige Chance zur Wiederherstellung wir heute haben. […]

Der nutzungsbezogene Grund

40 Wir sind uns […] einig, dass an diesem Standort ein öffentlicher und zugleich kultureller Schwerpunkt für die Bürger dieser Stadt und dieses Landes, entstehen soll. […] Im Übrigen: Mit der zu

45 beschließenden Nutzung knüpfen wir nur an das an, was bereits in den 20er-Jahren des 20. Jahrhunderts von diesem Schloss beherbergt wurde: Es war Ort für Theater, Museen und Ausstellungen

50 geworden und hatte seine preußisch-herrschaftliche Funktion längst hinter sich gelassen.

Der architektonische Grund

55 […] Wenn ich für die Schlütersche Barockfassade plädiere, dann auch deshalb, weil ich sie an diesem Ort für die bessere und ästhetisch angemessenere Lösung halte. Das Berliner Schloss ge-

60 hörte zu den bedeutendsten Barockbauten […] nördlich der Alpen, stellte das bedeutendste Architekturdenkmal Berlins dar. […] Das ist keine generelle Absage an moderne Architektur. In

65 Berlin ist im vergangenen Jahrzehnt so viel Neues gebaut worden wie in sonst keiner europäischen Stadt: Mit dem Kanzleramt, den Parlamentsneubauten, dem Alexanderplatz, der Leipziger Stra-

70 ße, dem Potsdamer Platz, dem Leipziger Platz usw. haben wir Jahrhundertend- und Jahrhundertanfangsarchitektur in Hülle und Fülle, großartige, durchschnittliche und schlechte. […]

75 Ein Wort, liebe Kolleginnen und Kollegen, zum Palast der Republik: Bis auf die Fraktion der PDS sind wir uns einig, wie ich wahrnehme, dass er abgerissen werden muss. Ich sage das ohne

80 jedes Triumphgefühl; denn ich bin das Gegenteil eines Abrissfanatikers. Aber mit dem Abriss des Palastes – das will ich hinzufügen – werden nicht die DDR oder die guten Erinnerungen an sie, die

85 es unbestreitbar gibt, abgerissen. Dass viele Menschen freundliche Erinnerungen an den Palast haben, weiß ich. Ich kann es beschreiben: der großartige Saal, in dem Feste stattgefunden haben;

90 eine Bowlingbahn – so viele gab es in Ostberlin nicht –; die beiden Gaststätten, in denen es gutes, zugleich relativ billiges Essen gab. Das erzeugt gute Erinnerungen. Die werden doch nicht

95 abgerissen. Es bleibt doch viel architektonisches Erbe; es bleiben die vielen architektonischen Zeugnisse der DDR von der Frankfurter Allee bis hin zu den Neubaugebieten in Marzahn und Hel-

100 lersdorf. Man könnte noch eine Menge andere beschreiben.

Der finanzielle Grund

Was vom Palast weiterleben muss, ist der Gedanke der Volkshaustradition.

105 Das neue Gebäude soll deshalb nicht nur musealer Ort sein, sondern ein öffentlicher Ort der Begegnung und der kulturellen Betätigung. Darin sind wir uns einig. Das ist die Anknüpfung an

110 die Volkshaustradition.

http://berliner-schloss.de/die-schlossdebatte/der-grundsatzbeschluss-des-bundestags-2002/ (Stand 09.10.2012).

Q 7

Kulturzerstörung?

Aus einer Wortmeldung des „Freundes-kreises Palast der Republik", Januar 2012:

Die rabiatesten Eroberer haben schon immer die Baudenkmäler der Unterworfenen geschleift. So haben die primitiven Reconqistadoren in Spani-
5 en ihre Kirchen auf den Grundmauern der zerstörten Bauten errichtet, die eine überlegene muslimische Kultur reprä-sentierten. Und so machten es die west-deutschen Kulturbarbaren mit dem Pa-
10 last der Republik der DDR. Wir können nicht einmal sagen: Wartet nur, nächs-tes Mal schleifen wir euere Frankfurter Banken City. Wir können uns mit den Schröders und Merkels nicht gemein
15 machen. Die Achtung vor geschichtli-chen Zeugnissen ist eine Frage der Zi-vilisiertheit.

Der Zweck der Kulturzerstörung ist stets, Erinnerung auszulöschen, dem
20 überwundenen Feind nicht nur Eigen-tum und Macht zu nehmen, sondern auch seine Geschichte, seine Symbo-le, und ihn so zu demütigen und ihm klar zu machen: Du wirst nie mehr
25 aufstehen.

Das ist im Fall des zerstörten Sozi-alismus vergebliche Mühe. Die Gesell-schaft der Zukunft war im 20. Jahrhun-dert noch mit vielen Mängeln behaftet.
30 Aber ein besserer Soziasmus wird wieder aufgebaut werden, weil sich das Entwicklungspotential des Kapitalismus erschöpft und er deshalb seinem ge-schichtlichen Ende entgegen geht. Die
35 Barbaren haben auch nicht mehr die Kraft, die sozialen Erfahrungen und das geistige Erbe der ersten sozialistischen Gesellschaften wirklich auszulöschen. [...]
40 Was den Palast der Republik angeht, steht der zwar nicht mehr, aber die Er-innerung an ihn wird aufrecht erhalten.

http://kritische-massen.over-blog.de/article-die-zerstorung-des-palasts-der-republik-kapita-listische-barbarei-97745645.html.

Q 8

Berliner Schloss, Luftaufnahme, ca. 1919

Q 9

Der Palast der Republik, Luftaufnahme von 1995

Q 10

Militärparade vor dem Palast der Republik am 7. Oktober 1977

Das Material bietet Ihnen die Möglichkeit, an ausgewählten Beispielen die Verbindung von Geschichte, Literatur, Recht und Religion zu untersuchen und zu beurteilen.

1 Erläutern Sie, wie Dirk van Laak die enge Verknüpfung von Geschichte und Literatur begründet (D 1).

2 Ordnen Sie Borcherts „Manifest" in den historischen Kontext ein. Diskutieren Sie, inwiefern durch das literarische Werk historische Einsichten vermittelt werden können (Q 11).

3 Brechts „Arturo Ui" (Q 12) ist eine Gangsterparodie. Informieren Sie sich über den Inhalt dieses Stückes und beurteilen Sie, welche „historische und politische ‚Relevanz'" derartige Texte heute besitzen.

4 Versetzen Sie sich in die Lage eines Reporters, der bei der Verkündung des KPD-Verbotes dabei war und darüber im Radio berichten soll unter dem Stichwort: „Lehren aus der Vergangenheit". Sie haben fünf Minuten Zeit (Q 13).

5 Arbeiten Sie ein Gruppenreferat über die Rolle der Kirchen in der NS-Zeit aus. Beziehen Sie bei Ihrer Bewertung ausdrücklich Q 14 mit ein.

D 1

Geschichte und Geschichten

Der Historiker Dirk van Laak über den Zusammenhang von Geschichte und Literatur, 2011:

Dichtung und Geschichtsschreibung möchten sich zwar gern voneinander unterscheiden, können aber doch nicht voneinander lassen. Ihre gemeinsamen
5 Ursprünge verlieren sich im Nebel der Vorgeschichte. Lange ging man in Europa davon aus, dass „Geschichte" erst mit einem Bewusstsein des Menschen seiner selbst und mit dem Beginn von
10 Schriftlichkeit begann. In überwiegend mündlichen Kulturen war die moderne Vorstellung von Geschichte als etwas, das für sich selbst existiert, noch nicht vorhanden. Noch bei Herodot [grie-
15 chischer Historiker] waren Geschichte und Geschichten bunt miteinander verwoben.

Die Klärung des Verhältnisses von historischer Forschung, Deutung und
20 ansprechender Darstellung blieb seither [Beginn der Aufklärung] nicht nur ein Dauerproblem der Geschichtstheorie, sondern auch das praktische Alltagsproblem eines jeden Historikers.
25 Was der „Geschichte" in diesem Verständnis als etwas Eigenständiges bis heute anhaftet, ist die Erwartung, dass sie die Vergangenheit vor das Gericht der Gegenwart, manchmal auch der
30 Zukunft zieht. […] Die Geschichtswissenschaft seither [Anfang des 19. Jahrhunderts] definierte sich in aus-

drücklicher Abgrenzung zur spekulativen Philosophie, zur moralsuchenden
35 Theologie, zur auf Gesetzen beruhenden Naturwissenschaft, aber auch zur Beliebigkeit der bloßen Unterhaltungsliteratur.

Doch bezog die Geschichtsschrei-
40 bung ihre Autorität zu einem großen Teil noch immer aus der „gelungenen" Erzählung des Erforschten. Nur selten waren Literatur und Geschichte so eng miteinander verschränkt wie im Werk
45 des Historikers und Dichters Friedrich Schiller. Denn in der Tat: Als was soll man die „Geschichte des Abfalls der vereinigten Niederlande von der spanischen Regierung" im Verhältnis zum
50 Drama „Don Carlos" bezeichnen, wie seine „Geschichte des Dreißigjährigen Krieges" im Verhältnis zum „Wallenstein"? […] Dennoch war die Trennung von Kunst und Wissenschaft mit ihrer
55 fortschreitenden Spezialisierung nicht aufzuhalten. Seit dem 19. Jahrhundert galt Kunst meist als ein sinnlicher und individueller Akt der Intuition, Wissenschaft dagegen als arbeitsteiliges Analy-
60 sieren und Kategorisieren. […]

Parallel hierzu wandelte sich die – ursprünglich dem mündlichen Vortrag verpflichtete – Dichtung, ob Epik, Lyrik oder Dramatik, seit dem 18. Jahr-
65 hundert immer stärker zu individuell konsumierten Schriftwerken. Besonders Romane, deren Hochzeit nun begann, präsentierten exemplarische Lebensläufe in Auseinandersetzung mit den

70 Zeitläuften. In ihren gehaltvollsten und überzeitlich gültigen Werken, so könnte eine Hypothese lauten, spiegelte die große Roman- und Dramenliteratur des 18. bis 20. Jahrhunderts das Erbe
75 der Geschichtsschreibung als einer „literatura magistra vitae" wider.

Bis in die Gegenwart hinein zieht sich jedoch die Debatte, ob Literatur jenseits einer vermeintlich autonomen
80 Sphäre der Kunst auch eine historische und politische „Relevanz" besitzt. […]

Politisch ebenso wichtig war für das 18. und 19. Jahrhundert die Vorstellung, dass sich Völker, Kulturen und Zeiten
85 jeweils in charakteristischen Werken der Dichtkunst niederschlagen. Gerade in Liedern, Sagen oder Märchen glaubte Johann Gottfried Herder, glaubten die Romantiker oder die Gebrüder
90 Grimm so etwas wie authentische und unverbildete Kerne eines verschütteten „Volksgeistes" zu entdecken. So wurde etwa das Nibelungenlied erst jetzt als deutsches Ur-Epos wiederentdeckt. […]
95 Geschichtliche Überlieferung und Ursprungsmythen gingen dabei leicht durcheinander. Dichter wie Lord Byron […] konnten vor diesem Hintergrund eine weitreichende internationale Wir-
100 kung entfalten. Im Zeitalter des Nationalismus „konstruierten" sie heroische Vergangenheiten, und sie verwurzelten damit die oft jungen Nationen in einer mythischen Vorzeit. […]
105 Die allzu starke Identifikation zwischen Fiktion und Faktizität konnte

sich aber auch als Fluch erweisen, wenn es einem Volk nicht mehr gelang, das von einem erfolgreichen Buch schein-
110 bar gültig vermittelte Bild eines „Volks-Charakters" wieder abzuschütteln.

Dirk van Laak (Hrsg.), Literatur, die Geschichte schrieb, Göttingen 2011, S. 10–14.

Q 11

„Wir lieben dieses Deutschland"

Der Schriftsteller Wolfgang Borchert, der im Zweiten Weltkrieg gekämpft und zeitweise wegen „Wehrkraftzersetzung" verurteilt worden war, schreibt 1947 in seinem Werk „Das ist unser Manifest":

Und wir wollen den Müttern versprechen:

Mütter, dafür sind die Toten nicht tot: Für das marmorne Kriegerdenkmal,
5 das der beste ortsansässige Steinmetz auf dem Marktplatz baut – von lebendigem Gras umgrünt, mit Bänken drin für Witwen und Prothesenträger. Nein, dafür nicht. Nein, dafür sind die Toten
10 nicht tot: Daß die Überlebenden weiter in ihren guten Stuben leben und immer wieder neue und dieselben guten Stuben mit Rekrutenfotos und Hindenburgportraits. Nein, dafür nicht.
15 Und dafür, nein, dafür haben die Toten ihr Blut nicht in den Schnee laufen lassen, in den naßkalten Schnee ihr lebendiges mütterliches Blut: Daß dieselben Studienräte ihre Kinder nun
20 benäseln, die schon die Väter so brav für den Krieg präparierten. (Zwischen Langemarck und Stalingrad lag nur eine Mathematikstunde.) Nein, Mütter, dafür starbt ihr nicht in jedem Krieg
25 zehntausendmal!

Das geben wir zu: Unsere Moral hat nichts mehr mit Betten, Brüsten, Pastoren oder Unterröcken zu tun – wir können nicht mehr tun als gut sein. Aber
30 wer will das messen, das „Gut"? Unsere Moral ist die Wahrheit. Und die Wahrheit ist neu und hart wie der Tod. Doch auch so milde, so überraschend und so gerecht. Beide sind nackt.
35 Sag deinem Kumpel die Wahrheit, beklau ihn im Hunger, aber sag es ihm

dann. Und erzähl deinen Kindern nie von dem heiligen Krieg: Sag die Wahrheit, sag sie so rot wie sie ist: voll Blut
40 und Mündungsfeuer und Geschrei. Beschwindel das Mädchen noch nachts, aber morgens, morgens sag dann die Wahrheit: Sag, daß du gehst und für immer. Sei gut wie der Tod. Nitschewo.
45 Kaputt. For ever. Parti, perdu und never more.

Denn wir sind Neinsager. Aber wir sagen nicht nein aus Verzweiflung. Unser Nein ist Protest. Und wir haben kei
50 ne Ruhe beim Küssen, wir Nihilisten. Denn wir müssen in das Nichts hinein wieder ein Ja bauen. Häuser müssen wir bauen in die freie Luft unseres Neins, über den Schlünden, den Trichtern und
55 Erdlöchern und den offenen Mündern der Toten: Häuser bauen in die reingefegte Luft der Nihilisten, Häuser aus Holz und Gehirn und aus Stein und Gedanken.
60 Denn wir lieben diese gigantische Wüste, die Deutschland heißt. Dies Deutschland lieben wir nun. Und jetzt am meisten. Und um Deutschland wollen wir nicht sterben. Um Deutschland
65 wollen wir leben. Über den lilanen Abgründen. Dieses bissige, bittere, brutale Leben. Wir nehmen es auf uns für diese Wüste. Für Deutschland. Wir wollen dieses Deutschland lieben wie die
70 Christen ihren Christus: Um sein Leid.

Wir wollen diese Mütter lieben, die Bomben füllen mußten – für ihre Söhne. Wir müssen sie lieben um dieses Leid.

Und die Bräute, die nun ihren Hel
75 den im Rollstuhl spazierenfahren, ohne blinkernde Uniform – um ihr Leid.

Und die Helden, die Hölderlinhelden, für die kein Tag zu hell und keine Schlacht schlimm genug war – wir wol
80 len sie lieben um ihren gebrochenen Stolz, um ihr umgefärbtes heimliches Nachtwächterdasein.

Und das Mädchen, das eine Kompanie im nächtlichen Park verbrauchte
85 und die nun immer noch Scheiße sagt und von Krankenhaus zu Krankenhaus wallfahrten muß – um ihr Leid.

Und den Landser, der nun nie mehr lachen lernt –

90 und den, der seinen Enkeln noch erzählt von einunddreißig Toten nachts vor seinem, vor Opas M.G. –

sie alle, die Angst haben und Not und Demut: Die wollen wir lieben in
95 all ihrer Erbärmlichkeit. Die wollen wir lieben wie die Christen ihren Christus: Um ihr Leid. Denn sie sind Deutschland. Und dieses Deutschland sind wir doch selbst. Und dieses Deutschland
100 müssen wir doch wieder bauen im Nichts, über Abgründen: Aus unserer Not, mit unserer Liebe. Denn wir lieben dieses Deutschland doch. Wie wir die Städte lieben um ihren Schutt – so
105 wollen wir die Herzen um die Asche ihres Leides lieben. Um ihren verbrannten Stolz, um ihr verkohltes Heldenkostüm, um ihren versengten Glauben, um ihr zertrümmertes Vertrauen, um ihre ru
110 inierte Liebe. Vor allem müssen wir die Mütter lieben, ob sie nun achtzehn oder achtundsechzig sind – denn die Mütter sollen uns die Kraft geben für dies Deutschland im Schutt.
115 Unser Manifest ist die Liebe. Wir wollen die Steine in den Städten lieben, unsere Steine, die die Sonne noch wärmt, wieder wärmt nach der Schlacht – Und wir wollen den gro
120 ßen Uuh-Wind wieder lieben, unseren Wind, der immer noch singt in den Wäldern. Und der auch die gestürzten Balken besingt

Und die gelbwarmen Fenster mit
125 den Rilkegedichten dahinter –

Und die rattigen Keller mit den lilagehungerter Kindern darin –

Und die Hütten aus Pappe und Holz, in denen die Menschen noch essen, un
130 sere Menschen, und noch schlafen. Und manchmal noch singen. Und manchmal und manchmal noch lachen –

Denn das ist Deutschland. Und das wollen wir lieben, wir, mit verrostetem
135 Helm und verlorenem Herzen hier auf der Welt.

Doch, doch: Wir wollen in dieser wahn-witzigen Welt noch wieder, immer wieder lieben!

Wolfgang Borchert, Draußen vor der Tür und ausgewählte Erzählungen, 88. Aufl. Reinbek 2006, S. 112–117.

Q 12

Szene aus Bertolt Brechts Stück „Der aufhaltsame Aufstieg des Arturo Ui",
Minerva-Theater in Chichester/Großbritannien, 10. Juli 2012

Q 13

Geschichte und Recht

Aus der Begründung des Verbots der Kommunistischen Partei in der Bundesrepublik durch das Bundesverfassungsgericht, 17. August 1956:

Die liberalen Verfassungen hatten bis in die Anfänge des 20. Jahrhunderts hinein mit politischen Parteien, die die Grundlagen einer freiheitlichen
5 Staatsordnung bekämpften, kaum zu rechnen; so war ihnen die Haltung unbedingter Toleranz und Neutralität gegenüber allen Parteien angemessen. Das ändert sich mit dem Aufkommen
10 der „totalitären" Parteien nach dem ersten Weltkrieg, die das natürliche innere Bewegungsprinzip der freiheitlichen Demokratie, das freie Spiel der politischen Kräfte, ablehnen und an seine
15 Stelle eine starre, von der Parteiführung

festgelegte und politische Doktrin setzen, an die die Mitglieder in strenger Disziplin gebunden sind. Das natürliche Streben jeder politischen Partei nach
20 Einfluß auf den staatlichen Machtapparat wird bei diesen Parteien zum Anspruch auf eine „Machtergreifung", die, wenn sie erreicht wird, ihrem Wesen nach auf Ausschaltung aller ande-
25 ren politischen Richtungen ausgehen muß und – jedenfalls dem Grundsatz nach – eine Freiheitssphäre des Einzelnen gegenüber dem Staat nicht mehr anerkennt. Gegenüber solchen Parteien
30 ist der freiheitlichen Demokratie, die die Würde des Menschen zu verteidigen und zu sichern hat, eine neutrale Haltung nicht mehr möglich, und es wird ein verfassungspolitisches Problem,
35 welche rechtlichen Mittel sie einsetzen will, um die sich nun für sie ergebende

Forderung „keine unbedingte Freiheit für die Feinde der Freiheit" zu lösen. Die Weimarer Verfassung hat auf eine
40 Lösung verzichtet, ihre politische Indifferenz beibehalten und ist deshalb der aggressivsten dieser „totalitären" Parteien erlegen.

Der verfassungsgeschichtliche Stand-
45 ort des Grundgesetzes ergibt sich daraus, daß es unmittelbar nach der – zudem nur durch Einwirkung äußerer Gewalten ermöglichten – Vernichtung eines totalitären Staatssystems eine frei-
50 heitliche Ordnung erst wieder einzurichten hatte. Die Haltung des Grundgesetzes zu den politischen Parteien – wie überhaupt die von ihm verwirklichte spezifische Ausformung der freiheitli-
55 chen Demokratie – ist nur verständlich auf dem Hintergrund der Erfahrungen des Kampfes mit diesem totalitären

System. Der Einbau wirksamer rechtlicher Sicherungen dagegen, daß solche
60 politischen Richtungen jemals wieder Einfluß auf den Staat gewinnen könnten, beherrschte das Denken des Verfassungsgebers. Wenn das Grundgesetz so einerseits noch der traditionellen
65 freiheitlich-demokratischen Linie folgt, die den politischen Parteien gegenüber grundsätzliche Toleranz fordert, so geht es doch nicht mehr so weit, aus bloßer Unparteilichkeit auf die Aufstellung
70 und den Schutz eines eigenen Wertsystems überhaupt zu verzichten. Es nimmt aus dem Pluralismus von Zielen und Wertungen, die in den politischen Parteien Gestalt gewonnen haben, gewisse
75 Grundprinzipien der Staatsgestaltung heraus, die, wenn sie einmal auf demokratische Weise gebilligt sind, als absolute Werte anerkannt und deshalb entschlossen gegen alle Angriffe verteidigt
80 werden sollen; soweit zum Zwecke dieser Verteidigung Einschränkungen der politischen Betätigungsfreiheit der Gegner erforderlich sind, werden sie in Kauf genommen. Das Grundgesetz hat
85 also bewußt den Versuch einer Synthese zwischen dem Prinzip der Toleranz gegenüber allen politischen Auffassungen und dem Bekenntnis zu gewissen unantastbaren Grundwerten der Staats-
90 ordnung unternommen. Art. 21 Abs. 2 GG steht somit nicht mit einem Grundprinzip der Verfassung in Widerspruch; er ist Ausdruck des bewußten verfassungspolitischen Willens zur Lösung
95 eines Grenzproblems der freiheitlichen demokratischen Staatsordnung, Niederschlag der Erfahrungen eines Verfassungsgebers, der in einer bestimmten historischen Situation das Prinzip der
100 Neutralität des Staates gegenüber den politischen Parteien nicht mehr rein verwirklichen zu dürfen glaubte, Bekenntnis zu einer – in diesem Sinne – „streitbaren Demokratie". Diese verfassungs-
105 rechtliche Entscheidung ist für das Bundesverfassungsgericht bindend.

Ist so die vom Grundgesetz eröffnete Möglichkeit der Ausschaltung verfassungsfeindlicher politischer Parteien
110 nicht zu beanstanden, so bietet auch das vorgesehene Verfahren die in einem Rechtsstaat erforderlichen Garantien gegen einen Mißbrauch dieser Möglichkeit.

115 In der Ordnung dieses Verfahrens wird ein anderer, dem Grundgesetz eigentümlicher Zug, der es auch aus dem Kreise der liberal-demokratischen Verfassungen charakteristisch heraus-
120 hebt, deutlich sichtbar: Die starke Betonung der „dritten", der richterlichen Gewalt, das Bestreben, auch Vorgänge des politischen Bereichs, Handlungen politischer Organe in ungewöhnlich weitem
125 Maße der Kontrolle durch unabhängige Gerichte zu unterwerfen und damit die Postulate des Rechtsstaates auch verfahrensmäßig zu realisieren. So ist im Grunde die Stellung der staatsfeind-
130 lichen Parteien nach dem Grundgesetz gesicherter als in Staaten, deren Verfassungen ein förmliches Verbotsverfahren nicht kennen. Denn wie die oben angeführten Beispiele zeigen, läßt das
135 Schweigen der Verfassung praktisch ein Einschreiten der Exekutive aus Gründen der politischen Zweckmäßigkeit jederzeit zu – sei es auf Grund allgemeiner Ermächtigungen oder auf Grund von
140 ad hoc erlassenen einfachen Gesetzen. Das nach dem Grundgesetz bestehende Entscheidungsmonopol des Bundesverfassungsgerichts für die Feststellung der Verfassungswidrigkeit einer Partei
145 schließt dagegen administratives Einschreiten gegen den Bestand einer politischen Partei schlechthin aus, mag sie sich der freiheitlichen demokratischen Grundordnung gegenüber noch so
150 feindlich verhalten.

www.mik.nrw.de/uploads/media/KPD-Urteil_01.pdf (letzter Zugriff 30.09.2012).

Q 14

„Unendliches Leid"

Aus der Stuttgarter Schulderklärung des Rats der Evangelischen Kirche in Deutschland (EKD) im Oktober 1945:

Wir sind für diesen Besuch um so dankbarer, als wir uns mit unserem Volk nicht nur in einer grossen Gemeinschaft der Leiden wissen, sondern
5 auch in einer Solidarität der Schuld. Mit grossem Schmerz sagen wir: Durch uns ist unendliches Leid über viele Völker und Länder gebracht worden. Was wir unseren Gemeinden oft bezeugt ha-
10 ben, das sprechen wir jetzt im Namen der ganzen Kirche aus: Wohl haben wir lange Jahre hindurch im Namen Jesu Christi gegen den Geist gekämpft, der im nationalsozialistischen Gewaltregi-
15 ment seinen furchtbaren Ausdruck gefunden hat; aber wir klagen uns an, dass wir nicht mutiger bekannt, nicht treuer gebetet, nicht fröhlicher geglaubt und nicht brennender geliebt haben.

20 Nun soll in unseren Kirchen ein neuer Anfang gemacht werden. Gegründet auf die Heilige Schrift, mit ganzem Ernst ausgerichtet auf den alleinigen Herrn der Kirche gehen sie daran,
25 sich von glaubensfremden Einflüssen zu reinigen und sich selber zu ordnen. Wir hoffen zu dem Gott der Gnade und Barmherzigkeit, dass er unsere Kirchen als sein Werkzeug brauchen und ihnen
30 Vollmacht geben wird, sein Wort zu verkündigen und seinem Willen Gehorsam zu schaffen bei uns selbst und bei unserem ganzen Volk.

Dass wir uns bei diesem neuen An-
35 fang mit den anderen Kirchen der ökumenischen Gemeinschaft herzlich verbunden wissen dürfen, erfüllt uns mit tiefer Freude.

Wir hoffen zu Gott, dass durch den
40 gemeinsamen Dienst der Kirchen, dem Geist der Gewalt und der Vergeltung, der heute von neuem mächtig werden will, in aller Welt gesteuert werde und der Geist des Friedens und der Liebe
45 zur Herrschaft komme, in dem allein die gequälte Menschheit Genesung finden kann.

So bitten wir in einer Stunde, in der die ganze Welt einen neuen Anfang
50 braucht: Veni creator spiritus!

www.ekd.de/glauben/bekenntnisse/stuttgarter_schulderklaerung.html (letzter Zugriff: 23.09.2012).

Mythen und Geschichtskultur

Bei den Fußballfans gilt der spanische Fußballverein Real Madrid als ein Mythos. Es heißt, in ihm wären die weltbesten Fußballspieler einer jeden Generation vereint und deswegen sei er kaum zu besiegen. In diesem alltagssprachlichen Gebrauch stellt sich der Begriff Mythos als etwas Überhöhendes und Verklärendes dar. Doch auch in der Geschichts- und Erinnerungskultur haben Mythen ihren festen Platz. Mythen von der Schöpfung der Welt gehören genauso dazu wie Berichte vom Entstehen einer Nation und deren Besonderheiten. Erzählungen über zurückliegende Ereignisse oder über Personen werden ständig wiederholt in der Hoffnung, dass Gesellschaften daraus ihre Bindekraft beziehen, dass individuelle und kollektive Identäten gefördert und dass Herrschaftsverhältnisse legitimiert werden können. Dabei wird auch in Kauf genommen, dass der Wahrheitsgehalt dieser Erzählungen in ihren Details einer wissenschaftlichen Überprüfung nicht standhalten kann. Und dennoch: Mythen wirken bis in die Gegenwart hoch aufgeklärter Gesellschaften hinein.

Wie entstehen Mythen?
Woraus beziehen Mythen ihre Wirkmächtigkeit?
Welcher Zusammenhang besteht zwischen Mythos und Geschichte?
Welche unterschiedliche Formen von Mythen gibt es?
Wie werden Mythen dekonstruiert?

Mit den folgenden Schritten können Sie die Inhalte des Kapitels erschließen und Antworten auf die Leitfragen erarbeiten. Dabei werden Sie gleichzeitig den kompetenten Umgang mit Geschichte üben.

Die Herkunft von Mythen

Funktionen und Wirkmächtigkeit von Mythen

Materialgestützte Analyse der Entstehung und Wirkung von Mythen in unterschiedlichen Zeiten
→ mit Kategorien und Begriffen arbeiten
→ Darstellungen von Vergangenheit analysieren
→ Sach- und Werturteile formulieren
→ Entwickeln eigener Deutungsansätze und Werturteile auf der Grundlage von Erklärungsmodellen und Theorien

Der Zusammenhang von Geschichte, Mythos und Politik

Mythen und Realität

Der Mythos „Mao Zedong"

Die historischen Grundlagen für die Entstehung des Mythos „American Dream"

Das Verhältnis von Mythos und Realität in den USA

Analyse und Dekonstruktion des Mythos vom „American Dream"
→ Darstellungen von Vergangenheit analysieren
→ mit Kategorien und Begriffen arbeiten
→ mit Perspektivität umgehen
→ eigene Deutung und Wertung vornehmen

Die Wirkmächtigkeit des Mythos vom „American Dream" bezüglich der nationalen Identität

Die Wirkmächtigkeit des Mythos vom „American Dream" bezüglich der US-amerikanischen Politik in Vergangenheit und Gegenwart

Die Biografie Che Guevaras

Bedingungen für das Entstehen des Mythos „Che Guevara"

Analyse und Dekonstruktion des Mythos „Che Guevara"
→ Darstellungen von Vergangenheit analysieren
→ mit Kategorien und Begriffen arbeiten
→ mit Perspektivität umgehen
→ eigene Deutung und Wertung vornehmen

Die weltweite Wirkung des Mythos „Che Guevara" in Vergangenheit und Gegenwart

Der Mythos „Che Guevara" aus den Perspektiven von Zeitgenossen

Der historische Hintergrund des Mythos vom deutschen Wirtschaftswunder

Das Verhältnis von Mythos und Realität

Analyse und Dekonstruktion des Mythos „Deutsches Wirtschaftswunder"
→ Darstellungen von Vergangenheit analysieren
→ mit Kategorien und Begriffen arbeiten
→ mit Perspektivität umgehen
→ eigene Deutung und Wertung vornehmen

Die Wirkmächtigkeit des Mythos vom „Wirtschaftswunder" bezüglich der nationalen Identität

Die Gestaltung einer Ausstellung als Form der eigenen Deutung und Wertung des Mythos „Wirtschaftswunder"

Abbildung: Aus der Zeit des „Wirtschaftswunders", Ausflug ins Grüne, Foto um 1955

Mythen und Geschichte

Im Harz erzählt man sich die Sage von der schönen Königstochter Brunhilde, die auf der Flucht vor dem bösen Riesen Bodo mit ihrem Pferd über eine tiefe Schlucht sprang. Der Fels, auf dem das Pferd landete und angeblich seinen Hufabdruck hinterließ, heißt bis heute Rosstrappe. Eine schöne Geschichte, doch zum Mythos wurde sie im Unterschied zu anderen Sagen nie. Wann taugen Geschichten zum Mythos? Wie entstehen Mythen? Welche Funktionen haben sie? Warum können und wollen Menschen bis heute nicht auf Mythen verzichten?

Anhand des Darstellungsteils können Sie die Entstehung und die Funktionen von Mythen analysieren sowie an einem Beispiel die Wirkmächtigkeit von Mythen untersuchen.

1. Schreiben Sie einen Lexikoneintrag zu dem Begriff „Mythos".
2. Erläutern Sie den Zusammenhang von Geschichte und Mythos.
3. Schreiben Sie aus der Perspektive eines westlichen Journalisten anlässlich des Geburtstages Mao Zedongs einen Zeitungsartikel über den Mao-Mythos. Beziehen Sie dazu Q 1 mit ein.
4. Versetzen Sie sich in die Lage einer Person auf dem Foto Q 1 und erklären Sie einem Reporter, warum Sie sich an dem Gebet beteiligen.
5. Recherchieren Sie nach weiteren Beispielen für politische Mythen in Vergangenheit und Gegenwart und diskutieren Sie deren Funktion.

Mythen und ihre Herkunft

Seit altersher geben Menschen ihre Geschichte von Generation zu Generation weiter. Dabei wird Wahres durch Erfundenes ergänzt und beides miteinander vermischt. So werden historische Tatsachen verfälscht – unbewusst oder ganz gezielt. Dahinter steckt häufig der Wunsch, die Herkunft der eigenen Gemeinschaft, ihre Zusammengehörigkeit und ihre Besonderheiten aus der Vergangenheit heraus zu erklären und zu begründen. Auch die Suche nach einfachen Antworten in schwierigen Situationen, nach Orientierung in der Gegenwart und nach Sicherheit für die Zukunft spielt eine Rolle. Zudem scheinen die Helden der Erzählungen als Vorbild für das eigene Handeln zu taugen.

All das lässt sich zurückverfolgen bis in die Antike. Wer kennt sie nicht, die Taten des Odysseus oder die Geschichte von der Gründung Roms durch Romulus und Remus? Schon damals wussten die Menschen, dass diese Erzählungen nicht stimmen konnten. Sie bezeichneten sie daher als „Mythen", was nichts anderes bedeutet als „sagenhafte Geschichten". Und doch wurden sie immer weitererzählt. Denn Mythen halten sich hartnäckig – unabhängig davon, wie glaubwürdig sie sind –, weil sie Halt und Orientierung geben.

Geschichte – Mythos – Politik

An diesen Funktionen von Mythen hat sich bis heute nichts geändert. Wie früher sollen sie dazu beitragen, eine gemeinsame Identität zu schaffen und den Menschen Erklärungen für gesellschaftliche Entwicklungen zu liefern. Sie werden von den Herrschenden aber auch gezielt dazu benutzt, das jeweilige politische System zu legitimieren. Damit dies alles funktioniert, müssen die Mythen ein fester Bestandteil der kollektiven Erinnerung und der politischen Kultur der entsprechenden Gesellschaft sein. Und damit sie dies werden können, müssen sie eine möglichst große Verbreitung finden. Die Formen dazu sind vielfältig. Neben mündliche und schriftliche Erzählungen treten Abbildungen in unzähligen Varianten – angefangen von Historiengemälden bis hin zu – heute mithilfe von Photoshop – bearbeiteten Fotos. Hinzu kommen Filme, Denkmäler, Gedenkmünzen oder besondere Veranstaltungen an Orten, die mit dem Mythos irgendwie in Verbindung stehen, und anderes mehr.

Mythen – eine globale Erscheinung

Mythen sind kein europäisches Phänomen, sondern ebenso in anderen Kulturkreisen verbreitet. Ein Beispiel dafür ist der Mythos um den Gründer der Volksrepublik China –

Mao Zedong. Unter seiner Führung war es den chinesischen Kommunisten nach Jahrzehnten der Ausbeutung und der Besetzung von Landesteilen durch fremde Mächte sowie nach einem blutigen Bürgerkrieg gelungen, das Land zu befreien, zu einigen und im Oktober 1949 die Volksrepublik China zu gründen. Mao versprach, die großen inneren Gegensätze zwischen Reich und Arm durch den Übergang zu einer kommunistischen Gesellschaft zu überwinden. Alle Menschen sollten gleiche Rechte, gleiche Chancen und die gleichen Lebensverhältnisse bekommen. Durch die Überhöhung seiner Person als großer „Lehrmeister" des Volkes stilisierte er sich bereits zu Lebzeiten zum mythischen Helden: Seine Bilder waren allgegenwärtig. Zu den wichtigsten Stationen seines bewegten Lebens pilgerten Millionen. Das gemeinsame ständige Studium seiner Schriften galt als unersetzlich für die Errichtung der neuen gerechten Gesellschaft. Seine einfache blaue Kleidung wurde zum Vorbild für alle. Auch über dreißig Jahre nach seinem Tod ist Mao noch ein Mythos, auch wenn er zu verblassen beginnt. Die Kommunistische Partei hat zwar schon bald nach Maos Tod viele seiner Ideen und Prinzipien aufgegeben, zögert aber bis heute, den Mythos Mao infrage zu stellen, weil sie damit die Grundlagen der eigenen Herrschaft untergraben würde.

Mythen und Realität

Mythen wie die des Mao Zedong sind allgegenwärtig. Geht man ihnen jedoch anhand der verfügbaren Quellen auf den Grund, fallen sie häufig zusammen wie ein Kartenhaus. Sicher steckt in den meisten Mythen immer auch ein Körnchen Wahrheit, aber das ist eben nur eine Seite der Medaille.

Unbestreitbar hat Mao einen tief greifenden Umbau Chinas eingeleitet, der auch vielen Menschen Vorteile gegenüber ihrem Leben vor der Revolution gebracht hat. Doch das hatte seinen Preis: Vermutlich 55 Millionen Menschen starben infolge der Hungerkatastrophen, die seine Landreformen bzw. Industrialisierungskampagnen forderten. Jegliche Opposition wurde unterdrückt und ausgeschaltet. So wurden zirka 3 Millionen Menschen Opfer der sogenannten „Kulturrevolution", die sich vor allem gegen Intellektuelle richtete. Sie wurden ihrer Stellungen enthoben und zur Zwangsarbeit auf dem Lande verschleppt.

Dekonstruiert man auf ähnlich kritische Art die Mythen, fragt nach ihrer Entstehung, nach den Menschen, die sie verbreiten, nach deren Motiven und Zielen und ordnet dies alles in den historischen Kontext ein, dann können Mythen viel über Geschichte aussagen. Zugleich können aber auch falsche Leitbilder und Handlungsorientierungen vermieden werden.

Q 1

Einwohner der Geburtsstadt Mao Zedongs beten anlässlich seines Geburtstages vor seiner Statue, Foto vom 26. Dezember 2008

Anhand der Materialien können Sie erörtern, welche Bedeutung Mythen für die Geschichts- und Erinnerungskultur von Gesellschaften haben. In D 1 wird die Beziehung von Geschichte und Mythos dargelegt, D 2 wendet sich der Form der Gründungsmythen zu und Q 2 gibt dafür ein Beispiel. Welche Funktion Helden und Heldenverehrung in Mythen einnehmen können, wird in D 3 und Q 3 deutlich, während in D 4 die Grundfunktionen politischer Mythen untersucht werden.

1. Erklären Sie, welchen Zusammenhang Robert Segal zwischen Geschichte und Mythos sieht.
2. Erörtern Sie, welche Funktionen Leggewie den Mythen für eine Gesellschaft zuordnet.
3. Beschreiben Sie Q 2 und diskutieren Sie die These, der Bismarck-Mythos sei einer der Gründungsmythen des Deutschen Reiches. Berücksichtigen Sie dabei auch die Aussagen in D 2.
4. Erläutern Sie, welche Bedeutung Peter Tepe der Heldenverehrung innerhalb politischer Mythen beimisst. Nennen Sie Beispiele aus der jüngeren Geschichte, auf die Tepes Aussagen zutreffen (D 3).
5. Beurteilen Sie aus der Perspektive eines liberal und demokratisch gesinnten Beobachters die Szene in Q 3.
6. Nehmen Sie Stellung zu der These in D 6, Gesellschaften brauchen Identität stiftende und der Legitimation dienende Mythen.
7. Erarbeiten Sie aus D 1–D 4 eine schematische Übersicht zu den Funktionen politischer Mythen.

D 1

Mythos als erzählte Geschichte?

Der englische Historiker und Philosoph Robert A. Segal schreibt 2007:

Zunächst möchte ich Mythos als erzählte Geschichte definieren.

Es scheint auf der Hand zu liegen, dass ein Mythos bei allem, was er sonst
5 noch sein mag, vor allem auch eine Geschichte ist. Schließlich fallen den meisten, wenn man sie bittet, einige Mythen aufzuzählen, als Erstes Geschichten von griechischen und römischen Göttern
10 und Helden ein. Und doch können Mythen etwas weiter gefasst auch als Glaubensbekenntnis oder Credo betrachtet werden – so der amerikanische Mythos „Vom Tellerwäscher zum Millionär"
15 oder der ebenfalls amerikanische Mythos von der Grenze. […]

Im heutigen Sprachgebrauch ist „Mythos" gleichbedeutend mit Unwahrheit. Mythen sind – „bloße My-
20 then". So veröffentlichteder Historiker William Rubinstein im Jahr 1997 ein Buch mit dem Titel „The Myth of Rescue: Why the Democracies Could Not Have Saved More Jews from the Na-
25 zis". Der Titel sagt bereits alles. Das Buch wendet sich gegen die verbreitete Überzeugung, viele der jüdischen Nazi-Opfer hätten gerettet werden können, wenn die Alliierten sich intensiver um ihre
30 Befreiung bemüht hätten. Rubinstein bestreitet die Annahme, die Alliierten seien dem Schicksal der europäischen Juden gegenüber gleichgültig gewesen und diese Gleichgültigkeit sei ihrem ei-
35 genen Antisemitismus entsprungen. Für ihn fängt der Begriff „Mythos" die Breitenwirkung dieser Überzeugung von der fehlgeschlagenen Rettung sehr viel besser ein als harmlosere Begriffe wie „Irr-
40 glaube" oder „verbreiteter Irrtum". Ein „Mythos" ist eine falsche Überzeugung, die sich hartnäckig hält.

[…] Ich möchte daher vorschlagen, dass eine Geschichte, die natürlich auch
45 Ausdruck einer Überzeugung sein kann, sich dann als Mythos qualifiziert, wenn sie sich innerhalb einer Anhängerschaft hartnäckig hält. Offen bleibt, ob diese Geschichte dann auch tatsächlich wahr
50 sein muss.

Robert A. Segal: Mythos. Eine kleine Einführung, Stuttgart 2007, S. 11 ff. Übers. von Tanja Handels.

D 2

Mythos und Gründung

Der deutsche Politologe Claus Leggewie schreibt 1995:

Zunächst ein paar Stichworte zum Begriff der Gründung und des Mythos – zwei Termini, die eng miteinander zusammenhängen. Auch und
5 gerade der politische Mythos ist eine Erzählung, die gemeinschaftliche Identität stiftet und einer Wir-Gruppe über ihre sozialen Spaltungen und kulturellen Differenzen hinweg selbstverständ-
10 lich-fraglose Geltung erlangt. Nach klassischer Auffassung ist der Mythos ein autoritatives Wort, welches das Gegebene bezeichnet oder, was ihn in die Nähe des Numinosen [des Göttlichen]
15 rückt, offenbart. Archaische Mythen betonen den Anschluß der Gegenwart an die Tradition, moderne Mythen basieren auf revolutionären Zäsuren, tatsächlichen oder imaginären Ver-
20 tragsabschlüssen und Verfassungsgebungen. Soziologisch gesehen stiften Mythen das kollektive Bewußtsein und Gedächtnis großer Gruppen, darunter von Nationen, denen sie jenseits ihrer
25 räumlichen Ausdehnung und territorialen Begrenzung ein inneres Band und zeitliche Kontinuität verleihen. Der politische Mythos beglaubigt, was im Gemeinwesen ist und sein soll, schafft
30 also Glaubwürdigkeit in der ganzen Breite des Wortsinns von Legitimation. Mythen begründen, als Charta der sozialen Ordnung, Selbstverständnis und Selbstverständlichkeiten einer
35 Gesellschaft. Dadurch haben Mythen

Be-Gründungskraft, im wörtlichen wie im übertragenen Sinne.

Politische Mythen enthalten dabei immer Elemente von Wahrheit und
40 Lüge, von Geschichtsschreibung und Prophetie, von Vergangenheit und Zukunft. Sie sind insofern wahr und falsch zugleich. Indem sie soziale und politische Wirklichkeiten begründen, sind sie
45 wahr. Indem sie der Gemeinschaft eine Zukunft weisen, erfüllen sie sich selbst. Indem sie fälschen oder etwas verschweigen (und das tun alle Mythen), säen sie den Zweifel an ihrer Gültigkeit
50 und damit die Keime der Dissidenz, den Gegen-Mythos. Diese „Konstruiertheit" gilt keineswegs nur für „Bananenrepubliken", die sich ihre Existenz mit fadenscheinigen Herleitungen erschummeln
55 müssen, sondern auch für die klassischen Republiken des Westens in Amerika und Europa. Der Sturm auf die Bastille, an der so gut wie nichts wahr ist, reichte dennoch für einen Nati-
60 onalfeiertag, der seit zwei Jahrhunderten unverbrüchlich begangen wird. Und im „We, the People of the United States" fehlen zwar die Ureinwohner Amerikas, aber die Formel gab einer Nation von
65 Einwanderern zwei Jahrhunderte Halt, vielleicht auch noch länger. So schnöde also manche Gründungsmythen nach ihrer De(kon)struktion wirken mögen – etwas analoges hat die Bundesre-
70 publik nicht aufzubieten, die alte nicht und die neue auch nicht.

Im Motiv der Gründung erweist sich die janusköpfige Zeitstruktur politischer Gemeinwesen. Archaische Mythen
75 affirmierten das Alte, rückversichern die Gegenwart in der Ur- und Frühgeschichte des Gemeinwesens. Je weiter sie in eine Vor-Zeit zurückgreifen, desto stärker wirken sie. Mythen der Moder-
80 ne folgen nicht mehr diesem zyklischem Zeit-Begriff – sie müssen sich ganz auf Hervorbringung des Neuen kaprizieren. Das wirft eine kolossale Schwierigkeit auf. Der politische Mythos kann seine
85 abrupt-gewalttätige, den neuen Anfang setzende Natur nicht abwerfen, versucht dies aber durch Kanonisierung bzw. interne Autorisierung seitens berufener

Erzähler vergessen zu machen. Geltung
90 erreicht ein politischer Mythos durch seine Fort-Erzählung in der oralen Tradition der Gemeinschaft und durch intellektuelle Spezialisten. Er verstärkt seine Kraft durch die Bindung an Perso-
95 nen, seien es nun Stifterfiguren in einer (fernen) Vergangenheit oder charismatische Persönlichkeiten der Gegenwart, die als Gründerfiguren anerkannt werden und den Mythos in seiner ganzen
100 Ambivalenz wahren.

Wenn ihnen das nicht gelingt, verlieren sie ihre Autorität. Der lateinische Begriff der auctoritas enthält beide Elemente: die anfängliche Autorenschaft
105 und die von der Person des Stifters sich lösende Geltungskraft. So sind Mythos und Gründung miteinander verwandt. Der Mythos gründet eine Auffassung, die bleiben soll und zum Gemeingut
110 werden, also bleiben kann. Erfinder, Inhaber und Hüter des Mythos sind in

diesem Sinne Autoritäten: Urheber und anerkennungswürdige Personen. Die Erfindung eines Mythos ist somit ein
115 Gründungsakt, der durch Weiter- und Forterzählung affirmiert und zugleich in Zweifel gezogen wird. In ihm sind zwei an sich widersprüchliche Elemente zusammengeführt: die revolutionäre
120 Anfangssituation wird auf Dauer gesetzt. Der Mythos bewahrt den Moment seiner Geburt oder Erfindung, und muß doch zugleich den besonderen geschichtlichen Augenblick, die Situativi-
125 tät und Kontingenz seiner Entstehungsumstände, vergessen machen. Insofern schafft jede Gründung einen Mythos, und jeder Mythos ist Gründung.

Claus Leggewie, Der Mythos des Neuanfangs – Gründungsetappen der Bundesrepublik Deutschland: 1949–1968–1989, abrufbar unter: www.polylogos.org/philosophers/arendt/ arendt-mythos.html#four.

Q 2

„Der Schmied der deutschen Einheit", Postkarte nach einem Gemälde von Guido Schmitt, 1886

D 3

Mythen und Heldenverklärung

Der Medienwissenschaftler Peter Tepe erläutert die Funktion von Helden in Mythen, 2007:

Erweist sich eine bestimmte Heldenverehrung (Lenins, Stalins, Titos usw.) als politisch nützlich, so gelangen die herrschenden Gruppierungen häufig dazu, sie gezielt auszubauen. Die verfügbaren Machtmittel werden eingesetzt, um z. B. Denkmäler bauen zu lassen, welche die Heldenverehrung mit den zugehörigen Überhöhungen in visueller und ästhetisch verdichteter Weise wiedergeben und damit ein höheres Maß an Einprägsamkeit ermöglichen. Entsprechendes gilt für die anderen Kunstformen.

Eine besonders wirksame Vermittlungsform stellen politische Rituale dar, die in genau festgelegten, regelmäßig wiederholten und identischen Abläufen die Verehrung des Helden durch die Teilnehmer demonstrieren. Durch Jahrestage, politische Feiern usw. wird aus der einfachen Verehrung eines politischen Helden ein Personenkult im engeren Sinn.

Die menschliche Anfälligkeit für Illusionsbildungen wird von politischen Eliten oft für die Durchsetzung eigener Machtinteressen genutzt, mit welchem Bewusstseinsgrad auch immer. Die politische Führung kann – ihre Deutungshoheit ausnutzend – die Heldenverehrung zur Herrschaftslegitimation verwenden, indem sie die Überhöhungen von X sowie deren Vermittlungs- und Ausdrucksformen als verbindliche gesellschaftliche Normen etabliert. Die politischen Eliten versuchen, mittels des überhöhten Heldenbildes den eigenen Führungsanspruch zu sichern und auszuweiten – bis hin zur Erzeugung einer neuen system- und interessenkonformen kollektiven Identität.

Peter Tepe: Entwurf einer Theorie des politischen Mythos. In: Mythos No. 2. Politische Mythen. Hrsg. v. Peter Tepe, Thorsten Bachmann, Birgit zur Nieden, Tanjy Semlow, Karin Wemhöner, Würzburg 2007, S. 65.

Q 3

Ehrung während der Hamburger Kolonialwoche am Denkmal für Hermann von Wissmann, der Reichskommissar und Gouverneur der Kolonie Deutsch-Ostafrika war, Foto von 1926

D 4

Mythen und Politik

Die Historikerin Heidi Hein-Kirchner schreibt über politische Mythen, 2007:

Politische Mythen sind in erster Linie Sinngeneratoren. […] Durch diese Sinngebungsfunktion vermitteln sie Orientierung. Daher benötigt jedes Gemeinwesen, auch jedes demokratische, diese Ordnungsfunktion. Dies erklärt, warum gerade in gesellschaftlichen und politischen Umbruchphasen, zu Krisenzeiten, politische Mythen eine Renaissance erleben. In dieser Sinngebungs- und Ordnungsfunktion liegen die Kraft und die Bedeutung von politischen Mythen für moderne Gesellschaften, zumal ihnen in einer säkularen Welt Orientierungs- und Sinngebungsmöglichkeiten fehlen und politische Mythen die Kosten der gesellschaftlichen Rationalisierung kompensieren müssen, so dass sie gewissermaßen eine Art Religionsersatz darstellen. […] Mythen sind immer ein Objekt von Politik, denn Deutungsmacht wird eingesetzt, um bestimmte Mythen, also Interpretationen und Rechtfertigungen von Handlungen, in den Vordergrund zu rücken. Von dieser Hauptfunktion politischer Mythen lassen sich weitere Funktionen ableiten.

Weil politische Mythen historische Leistungen thematisieren, beeinflussen sie das historische Bewusstsein und damit das kollektive Gedächtnis der Gesellschaft. Damit sind politische Mythen eine besondere Form von Erinnerungsorten im historischen Gedächtnis einer Gesellschaft, so dass sie in deren Erinnerungskultur einen wichtigen Platz einnehmen. Sie weisen in ihrer Erzählstruktur immer einen Gegenwartsbezug auf, so dass sie in erheblichem Maße zur Identitätsbildung beitragen. […]

Indem sich ein politischer Mythos durch komprimierte, mitreißende Bilder bzw. Erzählungen auszeichnet und an die Emotionen des an ihm Teilhabenden appelliert, findet eine Beglaubigung der grundlegenden Werte, Ideen und Verhaltensweisen der den Mythos tragenden Gruppe statt, weil die historischen Vorgänge aus ihrer Sicht gedeutet werden. […]

Die Botschaften politischer Mythen heben im kollektiven Gedächtnis hervor, was die Gesellschaft für existenziell notwendig hält. Sie sollen grundlegende Ideen, Werte und Verhaltensweisen der Gesellschaft vermitteln, beglaubigen sowie Wertvorstellungen implementieren und letztlich auch „standardisieren". Dies führt dazu, dass sich die Gesellschaft durch die Verankerung von Mythen im kollektiven Gedächtnis ein Selbstbild schafft, das von Publizisten und anderen „Mythenmachern" aufgegriffen werden kann, um mit anderen Selbst- und Fremdbildern zu kommunizieren. Da persönliche und kollektive Identitätsbildung letztlich nur durch eine Abgrenzung nach außen stattfindet, wird auch Alterität durch Mythen geschaffen: Sie kennzeichnen, wer dazugehört (und dem Mythos folgen kann), und grenzen auf diese Weise ab. Nach innen werden Gegensätze versöhnt und ein Gemeinschaftsglauben im Sinne des kollektiven Gedächtnisses aktiviert.

[…] Insofern geht damit eine integrative Funktion von Mythen einher; die an ihnen Teilhabenden werden zu einer Gemeinschaft durch die spezifische, an die Emotionen appellierende Weise verschmolzen, da sie für die „gemeinsame Sache" eingenommen werden. Der Mythos gibt ihnen die Möglichkeit, sich mit dieser zu identifizieren.

Außer dieser historischen Selbstschau wird eine Selbstverortung insbesondere […] durch Raummythen ermöglicht. So konstruieren Bollwerkmythen eine Zivilisationsgrenze, etwa die diversen europäischen antemurale-christianitatis-Mythen, durch die deren Träger sich zur europäischen Zivilisation zugehörig erklären.

Neben dieser identitätsstiftenden und die Gemeinschaft integrierenden Aufgabe dienen politische Mythen vor allem der Legitimierung, indem sie Herrschaft bzw. Herrschaftsansprüche, Handlungen wie Kriege und Eroberungen, Ansprüche auf Territorien rechtfertigen. Gerade Mythen, die bei Prozessen der Nationswerdung „erfunden" wurden, schaffen Traditionslinien zur mittelalterlichen Geschichte des Landes, durch die gegenwärtige Forderungen und Ziele gerechtfertigt werden.

Der Mythos „bestrahlt" die Mythenmacher, -träger und -förderer mit dem Glanz der dargestellten Leistung, so dass die gegenwärtige herrschaftliche Autorität mit ihren Anforderungen an die Gesellschaft begründet und gerechtfertigt wird. Reale Machtverhältnisse werden auf diese Weise legitimiert, und das soziale Selbstbewusstsein wird gestärkt. Dies wird insbesondere durch die plebiszitäre und akklamierende Funktion von politischen Ritualen gefördert, die den Mythos in einer nonverbalen Handlung umschreiben. Gerade durch Teilhabe an den Ritualen offenbaren sich Loyalitäten, denn wer sich am Ritual beteiligt, gehört dazu. Andererseits werden gerade durch den Massencharakter solcher Rituale die Organisatoren, die Machthaber, in symbolhafter Weise bestätigt.

Weil sie eine um ihr Ansehen und ihre Geschlossenheit ringende Gemeinschaft zu gemeinsamen Handlungen animieren, dienen sie aufgrund ihrer spezifischen Wirkungsweise als Kommunikationsmittel mit den Massen und sollen diese mobilisieren. Daher werden sie von den Führenden einer Bewegung bzw. eines Staates gezielt eingesetzt und verbreitet. Auf diese Weise können politische Mythen zu Bestandteilen und zur Grundlage von Ideologien werden, als deren Essenz, aber auch als Ersatz, Umschreibung und Erklärung sowie Fundament dienen. Der Germanen-Mythos etwa wurde so zu einem wichtigen Element der nationalsozialistischen Ideologie. Die Ausdrucksformen politischer Mythen sind wesentliche Bestandteile (auch demokratischer) politischer Kultur, zumal sie aufgrund ihrer Wirkungsmächtigkeit politisches Handeln ebenso beeinflussen, wie sie es thematisieren.

Heidi Hein-Kirchner, Politische Mythen. In: Aus Politik und Zeitgeschichte. Heft 11 (2007), abrufbar unter: www.bpb.de/apuz/30604/politische-mythen?p=all, Stand: 13.10.2012.

Der „American Dream" – Mythos und Realität

Vom „Tellerwäscher zum Millionär" – in den Vereinigten Staaten von Amerika soll eine solch sagenhafte Karriere für alle möglich sein. So hat man es zumindest lange erzählt und auch geglaubt. Dieser „American Dream" wurde zu einem der bedeutendsten politschen Mythen. Er prägt bis heute das Selbstverständnis vieler Menschen in den USA und übt weltweit eine große Faszination aus. Was verbirgt sich hinter diesem Mythos? Was sagt er über die Denkweisen vieler US-Bürger aus? Was kann man bei seiner Dekonstruktion über die amerikanische Geschichte erfahren?

Anhand des Materialteils können Sie den Mythos vom „American Dream" dekonstruieren und sich ein eigenes Urteil daüber bilden.

1 Erklären Sie Ursprung, Idee und Inhalte des „American Dream".
2 Begründen Sie, weshalb der Mythos vom „American Dream" eine solch große Wirkmächtigkeit entfalten konnte.
3 Beschreiben Sie Q 1 und veranstalten Sie ein Rollenspiel: Sie befragen die beiden Obdachlosen, was sie zu der Botschaft der Plakatwand im Hintergrund meinen. Beziehen Sie den Darstellungstext mit ein.
4 Wählen Sie ein Buch, einen Film oder einen Pop-Song aus, in dem Bezüge zum „American Dream" vorhanden sind, und stellen Sie dies in der Klasse vor.

„Streben nach Glück" und „American Dream"

Das „Streben nach Glück" – „pursuit of happiness" – ist ein in der amerikanischen Unabhängigkeitserklärung vom 4. Juli 1776 verbriefter Grundsatz, der genauso wichtig ist wie „Freiheit" oder „Leben". Die Verfasser meinten damit, dass jeder Mensch unveräußerliche, von Gott gegebene Rechte habe, und dazu gehöre insbesondere das Recht, sein eigenes Leben so zu gestalten, wie man es selbst für richtig halte. Die Grenze dieses Strebens sind die Rechte des Mitbürgers, in gleicher Weise ebenfalls nach Glück zu streben.

Dieses Streben nach Glück ist letztlich der wesentliche Kern des „American Dream". Geprägt hat diesen Begriff der amerikanische Historiker James T. Adams zu Beginn der 1930er-Jahre. Zum einen wollte er die Besonderheiten der USA im Vergleich zu den Staaten Europas hervorheben, zum anderen wollte er den durch die Weltwirtschaftskrise zutiefst getroffenen Mitbürgern neuen Mut geben. Er erinnerte sie an die Ideen der Gründerväter der Vereinigten Staaten und deren wichtigste Werte: Freiheit, Chancengleichheit, die Bereitschaft, sich anzustrengen und unermüdlich zu arbeiten, sowie moralische Integrität. Mit dem Glauben an diesen „amerikanischen Traum" seien sie im Unabhängigkeitskampf erfolgreich gewesen und er könne auch als Erfolgsrezept für die Zukunft gelten. Seitdem ist der „American Dream" ein Schlagwort, mit dem viele ihre Sehnsüchte und Wünsche beschreiben: Geschäftsleute oder Filmstars versuchen, damit ihren Erfolg zu erklären, und Politiker möchten damit ihre Programme für jeden verständlich machen. Für Millionen von Einwanderern wurde der „American Dream" zum wichtigsten Motiv, ihre Heimat zu verlassen und in den Vereinigten Staaten ihr Glück zu versuchen.

Vom Traum zum Mythos

Den „American Dream" interpretieren die Menschen durchaus unterschiedlich. Für viele bedeutet er das unbeschränkte Streben nach materiellem Reichtum. Durch Fleiß schien der soziale Aufstieg möglich zu sein. Als Beispiel dafür galten Biografien wie die des Großindustriellen John D. Rockefeller (1839–1937). Vom kleinen Handelsvertreter, der mit einem Bauchladen durch die Gegend zog, hatte er es schließlich zu einem der reichsten Industriellen gebracht. In der Gegenwart werden gern die Karrieren des Apple-Gründers Steve Jobs oder der Popikone Madonna, die beide aus „kleinen" Verhältnissen stammen, als Beleg für das Funktionieren des „American Dream" angeführt. Und nicht wenige träumen davon, es ihnen gleichzutun.

Q 1

Obdachlose vor einem Filmplakat in Hollywood, Foto vom
1. Februar 1993

Für andere bedeutet der „American Dream" die Freiheit, unterschiedlichste unkonventionelle Lebensentwürfe zu verwirklichen. Die Hippie-Bewegung der 1960er-Jahre als Gegenentwurf zur Betonung materieller Werte und vorwiegend familiär geprägter Lebensformen ist dafür ebenso ein Beispiel wie das beharrliche Streben der Schwulen und Lesben, ihre Rechte einzuklagen. Das bekannteste Beispiel dafür, dass mit dem „American Dream" nicht nur materielle Werte verbunden sind, ist jedoch die Bürgerrechtsbewegung der Afro-Amerikaner in den 1960er-Jahren. Sie versuchte unter der Führung von Martin Luther King mit einigem Erfolg, ihren Traum von der Gleichberechtigung der Nachkommen ehemaliger Sklaven zu verwirklichen.

All diese Beispiele aus der amerikanischen Geschichte zeigen, dass aus dem „American Dream" ein wirkmächtiger Mythos geworden ist. Und die Freiheitsstatue in der New Yorker Hafeneinfahrt wurde zu einem seiner bekanntesten Symbole.

Mythos und Realität

Nicht erst die Berichte über die jüngste Immobilienkrise in den Vereinigten Staaten haben jedoch deutlich gemacht, dass die Realität mit dem Mythos vom „American Dream" wenig zu tun hat. Millionen Menschen, für die ein eigenes Haus der große Traum war, leben nun am Rande der Armut. Bildungs- und damit Aufstiegschancen sind nach wie vor ungleich verteilt. Auch wenn die Anziehungskraft der Vereinigten Staaten weiterhin groß ist, müssen vor allem die vielen illegalen Einwanderer aus Mittel- und Südamerika immer wieder erfahren, dass ihre Chancen, den „American Dream" zu verwirklichen, sehr gering sind.

Auch das Scheitern der Vereinigten Staaten im Vietnamkrieg in den 1960er-Jahren und das Vorgehen im Irak und in Afghanistan seit 2001 haben das Vertrauen und die Überzeugung vieler Amerikaner erschüttert, dass die mit dem „American Dream" verbundenen eigenen Wertvorstellungen immer und überall als Richtschnur der amerikanischen Politik gelten können.

Der Mythos lebt

Die Wirkmächtigkeit des Mythos vom amerikanischen Traum wird in vielerlei Hinsicht deutlich: Politiker, Industrielle, aber auch die Medien beschwören den „American Dream" immer von Neuem. Auch in Literatur, Film und der Popmusik wird er wach gehalten. Die Denkweise, dass jeder in Eigenverantwortung nach Wohlstand streben kann und sollte, ist in der amerikanischen Gesellschaft durchaus lebendig. Das zeigt sich auch darin, dass die USA nur über einen vergleichsweise schwachen Sozialstaat verfügen. Stattdessen setzt man auf Eigeninitiative und privates Engagement. Staatliche Maßnahmen wie etwa eine gesetzliche Krankenversicherung werden von vielen misstrauisch betrachtet und als Einmischung in private Angelegenheiten abgelehnt.

Anhand der Materialien können Sie sie die vom „American Dream" geprägte Identität der Amerikaner aus verschiedenen Perspektiven dekonstruieren und sich im Anschluss daran ein eigenes Urteil bilden. Q 1 zeigt das Selbstbild eines europäischen Einwanderers, D 1 und D 2 geben zwei Sichtweisen des späten 20. bzw. frühen 21. Jahrhunderts wieder, während D 3 eine europäische Perspektive zum Ausdruck bringt.

1. Analysieren Sie Q 2 und Q 3. Wie deutet sich in diesen frühen Zeugnissen der Geschichte der USA bereits der spätere Mythos vom „American Dream" an.
2. Erläutern Sie, welche Merkmale Marc Pachter der amerikanischen Gesellschaft zuordnet. Vergleichen Sie diese mit dem Abschnitt „Mythos und Realität" auf S. 113 und beurteilen Sie Pachters Selbstbild (D 1).
3. Versetzen Sie sich in die Lage eines Reporters, der bei der Rede Clintons dabei war, und schreiben Sie einen Kommentar (D 2).
4. Erörtern Sie die Aussagen des Journalisten Freedland zum „American Dream" (D 3).
5. Interpretieren Sie die Karikatur Q 4.

Q 2

„Was ist ein Amerikaner?"

Michel-Guillaume Jean de Crèvecoeur (1735–1813), französischstämmiger Siedler und später französischer Konsul in New York, schreibt 1782 in seinen „Letters from an American Farmer":

Der ist Amerikaner, der all seine alten Vorurteile und Sitten zurücklässt und neue dafür eintauscht von dem neuen Lebensstil, den er in sich auf-
5 nimmt, von der neuen Regierung, der er gehorcht und von dem neuen Rang, den er bekleidet. Er wird Amerikaner durch die Aufnahme in den großen Schoß unserer Alma Mater (hier: Hei-
10 mat). Hier werden Angehörige aller Nationen in eine neue Menschenrasse umgeschmolzen, deren Arbeit und deren Nachkommen einst große Veränderungen in der Welt schaffen werden. Die
15 Amerikaner sind auf Pilgerfahrt nach Westen und fuhren die ganze Summe von Künsten, Wissenschaften, Kraft und Fleiß mit sich, die schon vor langem im Osten erblühten. Die Amerika-
20 ner werden den großen Kreis schließen. [...] Hier hält der Lohn für seinen Fleiß gleichen Schritt mit seiner Mühe; seine Arbeit gründet sich auf die Grundlage der Natur selbst, den Eigennutz. [...]
25 Nirgends wird er von einem despotischen Fürsten oder einem reichen Abt oder einem mächtigen Adligen in Anspruch genommen. Auch die Religion fordert hier nur wenig von ihm: eine

30 kleine freiwillige Besoldung für den Pfarrer und Dank an Gott. [...] Der Amerikaner ist ein neuer Mensch, der nach neuen Grundsätzen handelt, und deshalb muss er neue Gedanken hegen

35 und neue Meinungen bilden. [...] Das ist ein Amerikaner.

Zit. nach: Fritz Wagner: USA. Geburt und Aufstieg der neuen Welt. Geschichte in Zeitdokumenten. 1607–1865, München 1947, S. 99.

Q 3

Plakat, mit dem billiges Farmland angeboten wird, 1872

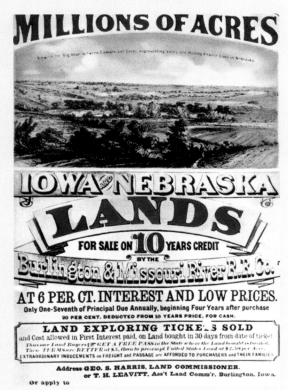

D 1

„Wer sind wir heute?"

In der Zeitschrift „The United States"
schreibt der Leiter der National Portrait
Gallery, Marc Pachter, 2005:

Eine Mitgliedschaft in der amerikanischen nationalen Gemeinschaft setzt
nur die Entscheidung voraus, Amerikaner zu werden – eine politische Ent-
5 scheidung, die auch eine moralische
Dimension enthält. Alle Amerikaner,
einschließlich der im Land geborenen, werden als Amerikaner aus „freier
Entscheidung" und nicht lediglich als
10 Amerikaner aufgrund eines gemeinsamen historischen Erbes betrachtet. Die
Begeisterung für Entscheidungsfreiheit
könnte sogar die zentrale Dynamik und
den Wert der Gesellschaft ausmachen.
15 Diese aktive Form der Freiheit setzt
nicht nur die Abwesenheit politischer
oder wirtschaftlicher Einschränkungen
voraus, sondern auch die Chance, von
einem breitgefächerten Angebot von
20 Möglichkeiten auswählen zu können.
Die Kultur frönt diesem Wert auf trivialste Weise durch das Angebot einer
endlosen und oft bedeutungslosen Vielfalt von Kaufoptionen.
25 Auf tieferer Ebene existiert in der
Liebe zur Entscheidungsfreiheit eine
Erinnerung an die Chance, der Auswegslosigkeit des Lebens in von Abstammung bestimmten Kulturen zu entrin-
30 nen und in einer Neuen Welt das Leben
zu schaffen, das man führen will. Viele
Amerikaner wiederholen dieses Migrationsmuster, indem sie [...] in einen
westlichen Bundesstaat ziehen oder
35 indem sie [...] in ihrem Berufs- oder
Privatleben nach neuen Anfängen und
zweiten Chancen suchen. Obwohl die
tragischen Erfahrungen der amerikanischen Ureinwohner und Afroamerika-
40 ner jahrelang eine Verspottung des nationalen Ethos der Entscheidungsfreiheit
darstellten, fordern auch sie heute das
Recht ein, ihr eigenes Schicksal bestimmen zu können und an den Chancen
45 teilzuhaben, die als amerikanisches Geburtsrecht angesehen werden.

Die Vereinigten Staaten glauben an
Selbstbestimmung und das Konzept
des Selfmademan bzw. heute der „Self-
50 madewoman". Diesem Glauben liegt
die Überzeugung zugrunde, dass Ererbtes und Abstammung lange nicht so
105 wichtig sind wie der Weg, den man für
sich selbst wählt und die Energie, die
55 man in diese Entscheidung steckt. [...]
Abgesehen von den unbeugsamen und
ketzerischen Einschränkungen des Konzepts Rasse, auf das später eingegangen
werden soll, gehen die Amerikaner bei
60 sich selbst und anderen davon aus, dass
die Herkunft ihr Leben zwar bereichert,
aber nicht ihr Schicksal prägt.

Obwohl dieses Konzept des gesellschaftlichen und wirtschaftlichen frei-
65 en Willens als Annahme und Ideal befreiend ist, bringt es auch die Last der
Verantwortung für das eigene Schicksal
mit sich. In einer Gesellschaft, die sich
im ewigen Zustand des Werdens be-
70 findet, gibt es keine gesellschaftlichen
oder wirtschaftlichen Absolute und keine Entschädigung für die Unfähigkeit,
sein Leben zu verbessern, aus welchem
Grund auch immer. Wenn Ambiti-
75 onen frustriert werden und Wohlstand
ausbleibt, sehen die Amerikaner darin
eine Perversion der natürlichen Weltordnung. Obwohl eine Begeisterung
für Entscheidungsfreiheit die Triebkraft
80 des amerikanischen Individualismus ist,
kann sie auch selbstsüchtiges Verhalten
korrigieren. Aus dem Blickwinkel traditionellerer Gesellschaften erscheinen
die Vereinigten Staaten als eine Nati-
85 on versprengter Individuen im gesellschaftlichen freien Fall; sie haben aber
den Sinn sozialer Verantwortung nicht
abgeschafft. Sie haben lediglich seine
erbliche Grundlage ersetzt.
90 Die Amerikaner treten Vereinen bei,
melden sich freiwillig für Ehrenämter
und sind Philantropen. Sie befürworten eine Reihe von aus freien Stücken
übernommenen Pflichten und Aufga-
95 ben und setzen ihren Individualismus
so für soziale Zwecke ein. Wenn Europäer, Asiaten, Afrikaner und Lateinamerikaner sich über den Mangel an
Zugehörigkeitsgefühl zu einer Groß-
100 familie, an Ahnenverbindungen und
Klassenstrukturen in den Vereinigten

Staaten wundern, wundern sich die
Amerikaner gleichermaßen über das,
was sie als kleinliche Abneigung seitens
105 der Mitglieder traditioneller Kulturen
gegenüber nichtreligiösen oder nichtfamiliären Möglichkeiten ehrenamtlicher
Tätigkeit und der Spendenbereitschaft
für gute Zwecke sehen.

Zit. nach: http://blogs.usembassy.gov/amerikadienst/2005/05/09/die-amerikanische-identitat/.

D 2

„Wir müssen Amerika erneuern"

Rede von US-Präsident Bill Clinton
anlässlich seiner Amtseinführung am
20. Januar 1993:

[...] Als unsere Gründerväter kühn
der Welt die Unabhängigkeit Amerikas
und Gott dem Allmächtigen unsere Ziele erklärten, wußten sie, daß Amerika,
5 um Bestand zu haben, sich verändern
mußte. Verändern nicht um der Veränderungen willen, sondern verändern,
um Amerikas Ideale – das Leben, die
Freiheit und das Streben nach Glück –
10 zu bewahren. Obwohl wir nach der Musik unserer Zeit marschieren, ist unser
Auftrag zeitlos. Jede Generation muß
definieren, was es heißt, Amerikaner
zu sein. [...] Aufgewachsen in beispiel-
15 losem Wohlstand erben wir eine Wirtschaft, die immer noch die stärkste der
Welt ist, aber von Konkursen, stagnierenden Einkommen, wachsender Ungleichheit und tiefen Gräben zwischen
20 unseren Bürgern geschwächt wird.

Als George Washington zum ersten
Mal den Eid leistete, den ich gerade zu
halten geschworen habe, verbreiteten
sich Nachrichten nur langsam zu Pferde
25 über Land und per Schiff über die Meere. Heute werden die Bilder und der Ton
dieser Feier unverzüglich zu Milliarden
Menschen in der ganzen Welt übertragen.
30 Kommunikation und Handel haben globalen Charakter, Investitionen
sind mobil, die Technologie grenzt an
Zauberei und der Ehrgeiz für ein besseres Leben ist überall anzutreffen. Wir

verdienen unseren Lebensunterhalt im Amerika von heute in friedlichem Wettbewerb mit Menschen auf der ganzen Welt.

Grundlegende und mächtige Kräfte erschüttern unsere Welt und gestalten sie neu, und die drängende Frage unseres Zeitalters lautet, ob wir den Wandel zu unserem Freund und nicht zu unserem Feind machen können.

Diese neue Welt hat bereits das Leben von Millionen Amerikanern bereichert, die in der Lage sind, in ihr zu konkurrieren und zu gewinnen. Wenn jedoch die meisten Menschen für weniger mehr arbeiten, wenn andere überhaupt nicht arbeiten können, wenn die Kosten des Gesundheitswesens Millionen ruinieren und viele unserer Unternehmen – große und kleine – in den Bankrott zu treiben drohen, wenn die Furcht vor Verbrechen gesetzestreue Bürger ihrer Freiheit beraubt und wenn Millionen armer Kinder sich das Leben, das wir sie zu führen auffordern, noch nicht einmal vorstellen können, haben wir den Wandel nicht zu unserem Freund gemacht.

Wir wissen, daß wir uns harten Wahrheiten stellen und energische Schritte unternehmen müssen. Dies haben wir jedoch nicht getan. Statt dessen haben wir uns treiben lassen, und dieses Treibenlassen hat unsere Ressourcen erschöpft, unsere Wirtschaft zerrüttet und unser Vertrauen erschüttert.

Zwar sind unsere Herausforderungen furchteinflößend, doch dasselbe gilt auch für unsere Stärken. Die Amerikaner sind seit jeher ein ruheloses, suchendes und hoffnungsvolles Volk gewesen. Unserer heutigen Aufgabe müssen wir die Vision und den Willen derjenigen hinzufügen, die vor uns waren.

Von unserer Revolution über den Bürgerkrieg und die Große Depression bis zur Bürgerrechtsbewegung hat unser Volk die Entschlossenheit aufgebracht, aus diesen Krisen die Pfeiler unserer Geschichte zu bauen.

[…] Um unsere Demokratie soll uns nicht nur die ganze Welt beneiden, unsere Demokratie muß auch die Lo-

komotive unserer Erneuerung werden. Amerika hat keine Schwächen, die nicht durch Amerikas Stärken behoben werden könnten.

So geloben wir heute, daß die Ära des Stillstands und des Dahintreibens vorüber ist und ein neues Zeitalter der amerikanischen Erneuerung begonnen hat.

Um Amerika zu erneuern, müssen wir kühn sein.Wir müssen tun, was keine Generation zuvor tun mußte. Wir müssen mehr in unser Volk, seine Arbeitsplätze und seine Zukunft investieren und gleichzeitig unsere massive Verschuldung abbauen. Und wir müssen dies in einer Welt tun, in der wir um jede Chance konkurrieren müssen.

[…] Wir müssen tun, was Amerika am besten leistet: mehr Chancen für alle bieten und von allen mehr Verantwortung fordern.

[…]

http://blogs.usembassy.gov/amerikadienst/1993/01/20/prasident-clinton-usa-mussen-weiterhin-herausforderungen-im-ausland-bewaltigen/.

D 3

Ideal und Wirklichkeit

In der englischen Zeitung „The Observer" untersucht der Journalist Jonathan Freedland den Mythos vom „Tellerwäscher zum Millionär", 1995:

The numbers show America to be the most economically unequal country in the industrialised world. It is now common for a corporate US chief executive to be on a million-dollar salary, earning at least forty times as much as one of his ordinary employees. According to some measures, the US is simultaneously the richest country in the developed world and the one with the highest proportion of people living in poverty. And yet Americans seem quite happy with this state of affairs. When the British Social Attitudes Survey asked workers in eight countries whether large differences in income were necessary for economic prosperity, 37 per cent of

Americans said they were. Similar polls show hardly any Americans believe the government should close the gap between rich and poor. How come? The easy answer is that the US is a wealthier country than the other seven, and that to be badly off there is probably a better fate than being 'comfortable' in, let's say, southern Italy. On this logic, the 18 per cent of Americans defined as 'poor' in that they have less than half the medium income of a very rieh society: in absolute terms, they are not poor at all.

But such an answer is cheating a little – and it misses the more interesting point. Americans accept great inequality not just because their overall Standard of living is high, but for a much deeper reason, one that forms a key part of their national myth. It is the American dream – the belief that everyone has a fair shot at the top. Rags alongside riches are tolerable when you believe anybody can make the leap from one to the other in a lifetime. Never mind your surname, your accent or your hometown. Never mind what your parents did or how much money they had. You can reach the top. So The phrase may seem ludicrous – or ironic – outside the US, but the American dream still exercises a firm grip on the nation's imagination.

The watchword is mobility. Americans do not demand equality of rich and poor, just free movement between them. What they dislike are fixed, hereditary classes determined from birth and closed to outsiders. If someone works hard and has talent, then no prize should be out of reach.

That at least is the ideal, written into the founding documents of the new nation. It forms the first, post-preamble sentence of the Declaration of Independence; 'We hold these truths to be self-evident, that all men are created equal.' The Founders were adamant7 there should be no hereditary ruling class, like the one they had left behind in England. That's why they insisted the head of State be 100 referred to as nothing grander than Mr. President.

Q 4

„Welcome to all", Lithografie von John Keppler, 1880

So much for the founding ideal. But how much of the American dream of classlessness and social mobility is reality today? At first glance, it does not look good. The big families may be shamelessly new money in origin but they are hereditary dynasties all the same.

The US has an aristocracy of sorts, whether it is the Kennedys, the Pulitzers or the Vanderbilts. More mundanely, America's upper middle class locks in its good fortune, so that well-to-do families live in good areas, where good state schools train their children for entry to the best Colleges from where those children can repeat, and build on, the economic success they have inherited. Meanwhile, the child born in the ghetto, raised by a lone parent on a welfare cheque, is all but sentenced from birth to a lifetime trapped in the cycle of dependency.

Little movement here from rags to riches, and not much traffic the other way either. Yet that sketch does not tell the whole story. In fact, the modern US can still boast remarkable social mobility One statistic makes the case almost alone: of all the people in the bottom fifth of the US income scale in 1975, only five per cent were still there in 1991. To put it another way, within a decade and a half 95 per cent of the American poor were poor no more. From the top branches of the money-tree comes similar proof of social mobility: four out of every five US millionaires made their pile from Scratch. Recent evidence showing a slow-down in mobility from the very bottom – with the poorest finding it harder to climb out of abject poverty – has done little to dim at confidence. You see it still, in the Americans flipping burgers or waiting tables, all sharing the faith that one day they will move to bigger and better things. Hollywood likes the coat-check girl who dreams of being 'in pictures'. […]

Zit. nach: Kirsten Hoffmann, The American Dream – promise and reality, Stuttgart 2011, S. 29 f.

„Che" – ein Revolutionär wird zum Mythos

Der kubanische Revolutionär Ernesto Guevara übt seit vielen Jahrzehnten auf zahlreiche Menschen eine ungebrochene Faszination aus. Dabei handelt es sich um einen Mann, der bei dem Versuch, die Lebensverhältnisse seiner Mitmenschen zu verbessern, auch vor Mord nicht zurückschreckte. Wodurch konnte er dennoch zum Mythos werden?

Der Darstellungsteil gibt Ihnen einen Überblick über das Leben Che Guevaras. Zugleich versucht er deutlich zu machen, wie Che Guevara außerhalb Kubas wahrgenommen und schließlich zum Mythos stilisiert wurde. Daran können Sie analysieren und deuten, wie Mythen entstehen und in das kollektive Gedächtnis eingehen.

1. Versetzen Sie sich in die Lage eines Reporters, der aus Anlass von Che Guevaras Todestag darüber berichten soll. Sie haben fünf Minuten Zeit. Beziehen Sie dabei auch Q 1 mit ein.
2. Erläutern Sie die Gründe, weshalb Che Guevara sich besonders gut eignete, zu einem Mythos zu werden. Beziehen Sie dabei die Ausführungen S. 120–122 mit ein.
3. Zeigen Sie in Ihrem Verwandten- oder Bekanntenkreis das Bild Che Guevaras (Q 1) und fragen Sie, was Ihre Gesprächspartner mit dem Bild und dem Namen Che Guevaras verbinden. Fassen Sie die Ergebnisse in einem Artikel für Ihre Schülerzeitung zusammen unter dem Thema: „Che Guevara heute".
4. Versetzen Sie sich in den Mann im Wahlkampfbüro der CDU (Q 2) und beantworten Sie aus seiner Perspektive die Frage: „Was hat Sie bewogen, ein T-Shirt mit dem abgebildeten Porträt zu tragen?"

Vom Arzt zum Revolutionär

Eigentlich sprach nichts dafür, dass Ernesto Rafael Guevara de la Serna, besser bekannt unter seinem Spitznamen „Che" (= „Freund"), eines Tages als gehetzter Revolutionär im bolivianischen Urwald von Soldaten gejagt und 1967 im Alter von nur 39 Jahren erschossen und an einem lange unbekannten Ort verscharrt werden würde. Che, der 1928 in Argentinien geboren worden war, stammte aus gutbürgerlichen Verhältnissen. Daher war es ihm möglich, nach der Schule Medizin zu studieren. Während dieses Studiums unternahm er seit 1950 mehrere Reisen durch Mittel- und Südamerika. Dabei lernte er das Elend und die Armut großer Teile der Bevölkerung kennen. In hohem Maße verantwortlich dafür war die Politik der Vereinigten Staaten. Sie griffen immer wieder direkt oder indirekt in die Politik zahlreicher Länder ein, um ihre politischen Interessen im Kampf gegen den Kommunismus im Zeichen des sich verschärfenden amerikanisch-russischen Gegensatzes durchzusetzen. Auch die Landrechte und Gewinne großer Konzerne wie der United Fruit Company sollten geschützt werden. Rücksichtslos unterstützten die USA Diktatoren, die, wie in Guetamala, Peru oder Venezuela, ihre Völker ausbeuteten und jegliche Opposition blutig unterdrückten. Dies trifft auch auf die Politik gegenüber dem kubanischen Diktator Fulgencio Batista zu.

Entscheidend für seinen Wandel vom wohlhabenden Spross aus bürgerlichem Hause zum Revolutionär, der das kapitalistische System mit Gewalt stürzen wollte, war schließlich seine Begegnung mit Fidel Castro. Der kämpfte seit den 1940er-Jahren gegen die korrupten, teilweise eng mit der amerikanischen Mafia verbundenen Regierungen Kubas. Aus dem Reisenden, den die Ausbeutung und Unterdrückung großer Teile der Bevölkerung tief erschüttert hatte, wurde nun ein von marxistischem Gedankengut beeinflusster politisch denkender und handelnder Revolutionär.

Revolutionärer Kämpfer

Als Fidel Castro im Herbst 1956 mit wenigen Getreuen den Guerillakrieg gegen Batistas Regime eröffnete, war Che Guevara dabei. Obwohl gering an Zahl, gelang es den Guerillakämpfern, die reguläre Armee zurückzudrängen. Das Versprechen, Unterdrückung und Ausbeutung zu beenden, verschaffte ihnen immer mehr Rückhalt in der Bevölkerung. In diesem Kampf stieg Che Guevara schnell zum „Commandante" auf – dem höchsten Rang der revolutionären Armee. Energisch, aber auch brutal trieb er die ihm unterstellten Kämpfer an. Er schreckte auch nicht vor der Hinrichtung vermeintlicher „Verräter" zurück. Am 1. Januar 1959, als Batista und seine Anhänger fluchtartig das Land verlassen hatten, übernahm er zusammen mit Fidel Castro die Macht.

An der Macht – und doch gescheitert?

Nach dem Ende der Revolution unterstützte Che Guevara Fidel Castro bei der Machtsicherung. Als Chef der Militärtribunale war er für die Verfolgung, Inhaftierung und Hinrichtung führender Anhänger des alten Regimes verantwortlich. Bald übernahm er als Notenbankchef und Industrieminister auch wichtige Aufgaben bei der Umwandlung des bisherigen kapitalistischen in ein sozialistisches Wirtschaftssystem. Erfolgreich war er dabei nicht. Innerhalb kurzer Zeit stand die kubanische Wirtschaft vor dem Zusammenbruch, vor dem sie nur die Hilfe der Sowjetunion bewahrte. Inwieweit Che Guevara für diese Krise verantwortlich war, ist allerdings bis heute umstritten.

Nach internen Auseinandersetzungen brach Che Guevara mit einigen Getreuen in den afrikanischen Kongo auf. Sein Versuch, dort eine Revolution auszulösen, scheiterte jedoch. Die Bevölkerung hatte wenig Sympathie für den Guerillakämpfer und dessen Ideen. So kehrte er nach Kuba zurück, verließ die Insel jedoch bald in Richtung Bolivien – wieder mit dem Ziel eines revolutionären Umsturzes. Von der bolivianischen Armee und ihren amerikanischen Verbündeten gejagt, wurde er im Oktober 1967 gefangengenommen und erschossen.

Vom Revolutionär zum Mythos

Für Che Guevaras Wandel vom Revolutionär zum Mythos gibt es unterschiedliche Gründe. Er galt für viele als das jugendliche Aushängeschild einer Revolution, die eine wahrhaft gerechte Gesellschaft anstrebte. Eng verknüpft damit war seine Überzeugung, dass dieses Ziel nur auf revolutionärem Wege zu verwirklichen sei. Sein bedingungsloses Handeln für dieses eine Ziel – auch unter Einsatz des eigenen Lebens – verlieh ihm fast übermenschliche Züge. Für studentische Bewegungen, die Ende der 1960er-Jahre für eine Änderung der Arbeits- und Lebensverhältnisse sowie wirkliche Demokratie in den Vereinigten Staaten und Europa demonstrierten, wurde er so zum Vorbild, dem es nachzueifern galt. Mit seinen Ideen vom Kampf auch in offenkundig aussichtslosen Situationen lieferte er das Rezept für zahlreiche oppositionelle Bewegungen, bis hin zu gewaltsamen Auseinandersetzungen mit den Herrschenden. Sein Bild wurde zu ihrer Ikone. Daran hat sich bis heute wenig geändert. Für manche verkörpert Che Guevara nach wie vor den Willen zu einer grundlegenden Erneuerung der bestehenden Verhältnisse, für andere ist er aufgrund seines jugendlichen Aussehens und der Dynamik, die er ausstrahlt, eine willkommene Figur, mit der sich Werbung für eigene politische oder kommerzielle Ziele machen lässt: T-Shirts, Tassen und Poster mit seinem Konterfei sind auch heute in vielen Kreisen populär. Welche radikale Ideen und Widersprüche, welche Fehlentscheidungen und Verbrechen des realen Che Guevaras sich hinter diesem Mythos verbergen, wissen nur die wenigsten.

Q 1

Che Guevara, Foto von Alberto Korda. Es entstand am 5. März 1960 bei der Trauerfeier für die Opfer einer Schiffsexplosion im Hafen von Havanna. Korda beschnitt den Schnappschuss und versuchte das Bild – zunächst erfolglos – zu veröffentlichen. Seine große Verbreitung fand es erst nach 1967.

Q 2

Blick in die Wahlkampfzentrale der CDU in Berlin, 2005

Die folgenden Materialien erlauben Ihnen herauszuarbeiten, warum Che Guevara bis heute ein „Mythos" ist, welche Ziele er verfolgte, aber auch, wie eigene Weggefährten ihn beurteilen.

1 Nehmen Sie Stellung zu der These, erst die Umstände seines Todes hätten Che Guevara zu einem Mythos gemacht (Q 3, Q 4, Q 7, D 3).

2 Erörtern Sie, inwieweit Che Guevara mit seinen Schriften zu seinem Mythos beigetragen hat (Q 5, Q 6).

3 Diskutieren Sie die These, Che Guevara habe „seinem Leben einen Sinn" gegeben (D 3).

4 Arbeiten Sie aus D 1 und D 3 heraus, welche Umstände für das Entstehen eines Mythos um Che Guevara günstig waren.

5 Die einen bezeichnen Che Guevara als vollkommensten Mann seiner Zeit (D 1), die anderen sehen sein Leben als große Lüge (D 2). Schreiben Sie ein Kurzporträt Che Guevaras.

Q 3

Ein Mensch ohne Makel?

Am 18. Oktober 1967, neun Tage nach Che Guevaras Tod, sagt der kubanische Regierungschef Fidel Castro:

Wenn wir einen Menschen zeichnen wollen, der nicht in unsere Zeit gehört, sondern in Zukunft, dann erkläre ich aus vollem Herzen, dass dieser Mensch
5 Che ist, ein Mensch ohne Makel, ohne einen einzigen Makel in seinem Verhalten. Und wenn wir beschreiben wollen, wie wir uns unsere Kinder wünschen, dann rufen wir, die leidenschaftlichen
10 Revolutionäre, voller Inbrunst: „Sie sollen so sein wie Che!"

Zit. nach: Antonio Sáez-Arance, Stratege der Revolution? In: DAMALS 39, 2007, H. 10, S. 8 f.

D 1

Ein Mythos wird geschaffen

In der Einleitung zu der Biografie Che Guevaras schreibt der Historiker und Publizist Frank Niess, 2003:

Kaum ein Mensch des 20. Jahrhunderts hat eine solche Berühmtheit erlangt wie der Argentinier Ernesto Che Guevara. Der französische Philo-
5 soph Jean-Paul Sartre hat ihn als den

Q 4

Die Leiche Ernesto Guevaras wurde einen Tag nach seiner Hinrichtung am 9. Oktober 1967 von bolivianischen Militärs in Vallegrande zur Schau gestellt.

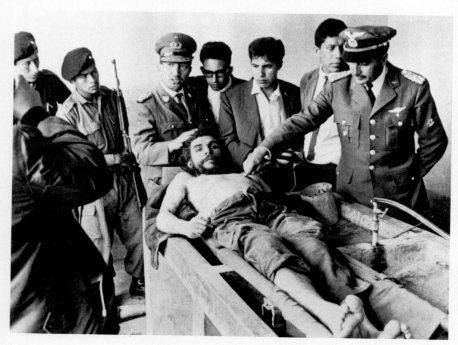

„vollkommensten Mann seiner Zeit" gerühmt. Kaum eine herausragende historische Figur, deren Wesenszüge man nicht in ihm hat wiederaufleben sehen. Zu dieser Ahnengalerie gehören die „guten Menschen" Franz von Assisi, Bartolomé de las Casas und Albert Schweitzer. Man hat ihn unter die „Märtyrer der beiden Amerikas", die lateinamerikanischen Befreiungskämpfer Hidalgo, Morelos, Bolívar, San Martín, Zapa- ta und Sandino eingereiht. Der kubanische Nationaldichter Nicolás Guillén tat ein Übriges, ihn mit seiner Ode „Che Comandante" in „den Pantheon der historischen Helden Lateinamerikas" zu erheben.

Und die Europäer standen in ihren Elogen auf Che Guevara den Lateinamerikanern in nichts nach. Sie schufen mit am „Mythos Che", indem sie ihn zum „roten Robin Hood", zum „Don Quichotte des Kommunismus", zum „neuen Garibaldi", „marxistischen Saint-Just" oder „Cid Campeador der Verdammten dieser Erde" stilisierten Man hat ihn auch zum „ersten Bürger der Dritten Welt" verklärt, zum „Menschen des 21. Jahrhunderts", „zu einem der hervorragendsten ethischen Symbole in der Geschichte der Zivilisation" und, mit einem merkwürdigen Zug ins Metaphysische, zum „Rebellen Christus am Kreuz". Als „San Ernesto" (de la Higuera) und als „Christus von Vallegrande" ist Che Guevara in die Geschichte eingegangen. Und es waren nicht nur die „einfachen Gläubigen" in Lateinamerika, sondern auch hoch gestellte Geistliche, die neben dem Kruzifix in ihrer Behausung ein Foto des berühmten Che aufstellten. Über kaum eine andere historische Figur sind so viele Lieder und Gedichte geschrieben worden: etwa 135 an der Zahl, Theaterstücke wie „Él" (Che Guevara), Filme, Romane, Anekdotensammlungen und politische Comicstrips, ganz zu schweigen von den Biographien, deren es mittlerweile einige Dutzend gibt, und der wissenschaftlichen Literatur, zu der ein eigenes Che-Guevara-Lexikon gehört. Die Zahl der Aufsätze und Monographien geht in die Tausende. Nicht zu vergessen die unüberschaubare Präsenz des Che im Internet auf Tausenden von Seiten.

Daneben die Fülle der Produkte und Devotionalien, die sein Bild und seinen Namen tragen: Bierflaschen, Zigarettenschachteln, Geldscheine, Briefmarken, Mützen, Tücher, Ringe, Taschen, Uhren, Aschenbecher, Feuerzeuge, Tassen und, natürlich: T-Shirts. Wer gedacht haben sollte, das Charisma des Che würde verblassen, wenn seine glühenden Verehrer der 68er-Generation erst in ihrer bürgerlichen Existenz dem Idealismus abgeschworen hätten, sieht sich durch den andauernden und neuerlichen Che-Guevara-Boom widerlegt.

Der Mythos des bärtigen Rebellen ist ungebrochen. Er ist zur Pop-Ikone und zum T-Shirt-Helden der Loveparade geworden. Zur „Ikone revolutionären Märtyrertums". Die Vermarktung dieses „Hohenpriesters der Weltrevolution" geht unvermindert weiter. Und der Drang, in diese Kultfigur alle unerfüllten Sehnsüchte und Wünsche zu projizieren, hält unvermindert an.

Da bleibt mit dem uruguayischen Schriftsteller Eduardo Galeano nach dem Grund für diese stetige „Wiederauferstehung" des Che zu fragen: „Ist es nicht deshalb, weil Che das sagte, was er dachte und das machte, was er sagte? Ist das nicht der Grund, daß er weiter außergewöhnlich ist in einer Welt, in der sich die Worte und die Taten sehr selten treffen?" Über das Faszinosum der Einheit von Denken und Handeln, wie sie Che Guevara eigen war, soll diese Monographie Aufschluss geben.

Frank Niess, Che Guevara, Rowohlt Verlag Reinbek bei Hamburg 2003, S. 7 f.

Q 5

„Wir Sozialisten sind freier"

In seiner Schrift „Der Sozialismus und der Mensch in Kuba" formuliert Che Guevara in den 1960er-Jahren:

Wir wissen, dass Opfer auf uns warten. [...] Alle und jeder Einzelne von uns entrichtet pünktlich seinen Beitrag an Opfern in dem Bewusstsein, durch die Befriedigung der erfüllten Pflicht belohnt zu werden, mit allen gemeinsam dem neuen Menschen entgegenzugehen, der sich am Horizont abzeichnet. Lassen Sie mich versuchen, einige Schlussfolgerungen zu ziehen:

Wir Sozialisten sind freier, weil wir erfüllter sind; wir sind erfüllter, weil wir freier sind. Das Gerüst unserer vollen Freiheit steht, es fehlt die fleischliche Substanz und die Hülle, wir werden sie schaffen. Unsere Freiheit und ihre tägliche Verteidigung haben die Farbe des Blutes und sind voller Opfer. Unser Opfer ist bewusst; ein Beitrag, die Freiheit zu bezahlen, die wir schaffen.

Der Weg ist lang und zum Teil unbekannt; wir kennen unsere Grenzen. Wir werden den Menschen des 21. Jahrhunderts hervorbringen: uns selbst. Wir härten uns im täglichen Handeln, indem wir einen neuen Menschen mit einer neuen Technik schaffen.

[...]

Die freiwillige Arbeit ist der genuine Ausdruck der kommunistischen Einstellung zur Arbeit in einer Gesellschaft, in der die wichtigsten Produktionsmittel gesellschaftliches Eigentum sind, und das Beispiel der die Sache des Proletariats liebenden Menschen, die dieser Sache ihre Freizeit und Erholung opfern, um selbstlos die Aufgaben der Revolution zu erfüllen. Die freiwillige Arbeit ist eine Schule für die Bewusstseinsbildung, Anstrengung in der Gesellschaft für die Gesellschaft, individuell und gemeinschaftlich geleistet, und führt zur Herausbildung dieses hohen Bewusstseinsstandes, der es uns erlaubt, den Prozess des Übergangs zum Kommunismus zu beschleunigen. [...] Freiwillige Arbeit ist solche, die außerhalb der regulären Arbeitszeit ohne zusätzliche ökonomische Vergütung geleistet wird.

Zit. nach: Ernesto Che Guevara. Ausgewählte Werke in Einzelausgaben. Bd. 6: Der neue Mensch. Entwürfe für das Leben in der Zukunft. Hrsg. und übertr. von Horst-Eckart Gross. Bonn 1990, S. 35, S. 166 f.

Q 6

Die Rolle der Ausgebeuteten

Kurz vor seinem Tode 1967 veröffentlicht Che Guevara eine „Botschaft an die Völker der Welt“:

Und uns, den Ausgebeuteten der Welt, welche Rolle kommt uns zu? Die Völker der drei Kontinente sehen das Beispiel Vietnam und lernen davon. An
5 gesichts der Tatsache, dass die Imperialisten durch Drohung mit dem Krieg die Menschheit zu erpressen suchen, ist es die richtige Antwort, den Krieg nicht zu fürchten: […] Das Hauptausbeu
10 tungsgebiet des Imperialismus umfasst die drei rückständigen Kontinente Amerika, Asien und Afrika. […] Schließlich muss man in Rechnung stellen, dass der Imperialismus als letztes Stadium des
15 Kapitalismus ein weltumspannendes System ist, und dass er in einer großen weltweiten Konfrontation geschlagen werden muss. Das strategische Ziel dieses Kampfes muss die Vernichtung des
20 Imperialismus sein. Der Beitrag, der uns, den Ausgebeuteten und Unterentwickelten dieser Welt, zufällt, besteht darin, dem Imperialismus die Existenzgrundlage zu entziehen, nämlich unse
25 re unterdrückten Völker, aus denen sie Kapitalien, Rohstoffe, Techniker und billige Arbeitskräfte herausholen. […]

Der Grundbestandteil dieser strategischen Zielsetzung wird also die
30 tatsächliche Befreiung der Völker sein: […] Und die Kämpfe werden keine bloßen Straßenschlachten mit Steinen gegen Tränengas noch friedliche Generalstreiks sein, […]; es wird ein lang
35 andauernder, blutiger Kampf werden: […] Sie treiben uns zu diesem Kampf; es bleibt kein anderes Mittel, als ihn vorzubereiten und sich zu entschließen, ihn aufzunehmen. […] Wie licht und
40 nah würde sich uns die Zukunft darbieten, wenn zwei, drei, viele Vietnams auf der Erdoberfläche zu Tage träten

Zit. nach: Ernesto Che Guevara. Ausgewählte Werke in Einzelausgaben. Bd. 4: Schriften zum Internationalismus. Hrsg. und übertr. von Horst-Eckart Gross. Bonn 1997, S. 218 ff.

D 2

„Che – eine große Lüge“

In einem Gespräch mit einem Mitglied der Bewegung „Kirche in Not“ äußert sich ein ehemaliger, später wegen oppositionellen Verhaltens von der kubanischen Regierung lange inhaftierter Weggefährte Che Guevaras, Huber Matos, 2008:

Ich habe ihn [Che] in der Sierra Maestra kennen gelernt, kurz nachdem ich mit einem Flugzeug aus Costa Rica – mit Waffen beladen – gelandet war.
5 Das war Anfang April 1958. […] Che war ein abenteuerlustiger Mann. Alles was außergewöhnlich war, anders als sonst, hat ihn angezogen. Er suchte einen Platz, an dem er etwas bewirken
10 konnte. Er hat mir selbst erzählt, dass er nach Kuba gekommen ist, weil er in dem revolutionären Klima eine Möglichkeit sah, Wichtiges erreichen zu können. […]
15 Ich unterstützte die Revolution am Anfang, wie viele andere auch, um die Demokratie in Kuba wiederherzustellen. Als aber die Castros an die Macht kamen, wurde die Diktatur schlimmer
20 als vorher unter Batista. Das kubanische Volk musste in diesen fünfzig Jahren vieles ertragen: Demütigung, Angst, Terror, Tausende von Erschossenen, Gefängnisse voller politischer Gefangener. Die ar
25 men Leute haben sich ins Meer gestürzt, um zu entkommen. Das war ein Desaster, noch mehr: Es war ein großer Verrat am kubanischen Volk. Diejenigen, die auch heute noch an Fidels Revolu
30 tion glauben, sind geistesschwach oder blind. […] In unseren Schriften und Reden hatten wir dem Volk versprochen, die Diktatur Batistas zu beenden und die Demokratie wiederherzustellen, in
35 der das Volk seine Souveränität wieder durch freie Wahlen und verschiedene politische Parteien ausüben kann. Aber dann kamen wir zur Macht und schleichend verwandelte sich Fidel Castro in
40 einen Diktator, in einen mit den Kommunisten verbündeten Herrscher. Deshalb zog ich mich zurück. […]

Leider muss man sagen, dass Guevara auch ein Instrument des Terrors

45 der Castros geworden ist. Ich bin sicher, dass Fidel, als wir die Macht in Januar 1959 übernahmen und vielleicht schon vorher, zu Che gesagt hat: „Che, du musst töten, du musst erschießen, die
50 Leute müssen Angst vor dir haben, weil diese Revolution eine radikale Revolution ist." […] Für mich geht Guevara als große Lüge in die Geschichte ein. Für
55 viele ist Che aber immer noch ein Vorbild. […] Er hat eine Spur von Verbrechen und Hass hinter sich gezogen. Er hat schreckliche Sachen in Kuba angerichtet, viele Menschen umgebracht und ungerechterweise hinrichten las
60 sen. Nach einer Rede bei der UNO hat er erklärt: „Wir haben geschossen, wir schießen, und wir werden weiter schießen". Er war eine Marionette von Fidel und Raul, aber er war auch ein Kompli
65 ze, denn er hat ja zugestimmt und viele Verbrechen begangen.

Kirche in Not, 14.06.2008, Interviewerin Paola Beckett.

D 3

„Dem Leben einen Sinn gegeben“

Der Che-Guevara-Biograf Stephan Lahrem über dessen Bedeutung für die 1968er-Bewegung, 2005:

Jorge Castañeda [mexikanischer Publizist] meint, der Tod Che Guevaras habe seinem Leben einen Sinn gegeben. Einiges spricht dafür, dass
5 Guevara dies in seinen letzten Monaten ebenso gesehen hat. Für die rebellierende Jugend jenseits des Atlantik, in den westeuropäischen Großstädten, stand das jedenfalls außer Frage. Mehr noch:
10 Das Ereignis im fernen Bolivien machte aus einer bis dato nur rudimentär bekannten Biografie geradezu ein Paradigma für ein sinnerfülltes Leben. Die Nachricht von Che Guevaras Tod traf
15 in einem Moment ein, als die Ideen, die er proklamiert und für die er gekämpft hatte, die Diskussionen der nichtkommunistischen Linken dominierten. Ohne Berücksichtigung dieser Über
20 einstimmung ist nicht erklärlich, warum Che Guevara innerhalb kürzester

Zeit zur Symbolfigur der Studentenrevolte aufsteigen konnte. Wie sehr seine Visionen den Nerv des studentischen

25 Protestes trafen, ihn beflügelten und radikalisierten, lässt sich am Beispiel der außerparlamentarischen Opposition (APO) in der Bundesrepublik Deutschland zeigen. Eine Hauptrolle

30 spielte dabei ein Themenfeld, das mit den Stichworten Entkolonialisierung, Internationalismus und Antiimperialismus umschrieben werden kann. Die kubanische Revolution, der algerische

35 Unabhängigkeitskampf und der immer heftiger tobende Krieg in Vietnam hatten in den sechziger Jahren einen alten politischen Traum wiederbelebt, allerdings in neuer Gestalt: die Idee einer

40 Weltrevolution, die aber nicht mehr von Paris oder Moskau ausgehen sollte, sondern von den Befreiungsbewegungen in Lateinamerika, Afrika und Asien [...].

[...] Und niemand anderes als Che

45 Guevara verschaffte ihr den Schlachtruf: „Schaffen wir zwei, drei, viele Vietnam!" [...]

Kaum war sie bekannt geworden, machte sich Rudi Dutschke, führender

50 Kopf im Sozialistischen Deutschen Studentenbund (SDS), zusammen mit seinem aus Chile stammenden Freund Gaston Salvatore an die Übersetzung. Dieser Text, unter dem Titel „Botschaft

55 an die Völker der Welt" veröffentlicht, machte Che Guevara mit einem Schlag in Deutschland berühmt. Die nahezu zeitgleich eintreffende Nachricht von seinem Tod in der bolivianischen

60 Guerilla verlieh Guevaras Forderungen nach praktischer Solidarität eine enorme moralische Autorität. Hatte er nicht selbst zuerst seinen Ministerposten und schließlich sogar sein Leben geopfert,

65 um an der Seite der unterdrückten Völker für deren Befreiung zu kämpfen? So wenigstens wurde es im SDS wahrgenommen, der damals in der westdeutschen Linken den Ton angab. [...]

70 Guevaras Schicksal schien jedoch Anlass genug für eine politische Radikalisierung zu bieten. Schließlich war er es gewesen, der in seiner Botschaft an die Völker der Welt den unversöhn-

75 lichen Hass auf den imperialistischen Feind gepredigt hatte. [...] Che Guevara hat die romantischen Phantasien nicht nur einer protestierenden Generation beflügelt. Sein Aussehen – überliefert

80 zumeist in Form der berühmten Fotografie von Alberto Korda, die ihn mit Baskenmütze zeigt, der Blick hart und sehnsüchtig zugleich – hat gewiss nicht wenig zur Verklärung beigetragen. Es

85 versinnbildlichte zugleich eine ganz andere Art von Sozialismus oder Kommunismus: jugendliche Militanz, stets in Kampfmontur, statt der biederen alten Herren aus dem Kreml oder dem Ost-

90 Berliner Politbüro. [...]

Dieser Unterschied spiegelte sich auch in der Sprache wider. Um Che Guevara zu verstehen, bedurfte es nicht der Kunst, zwischen den Zeilen lesen

95 zu können. [...] Seine Formulierungen waren einfach, klar, undiplomatisch, rücksichtslos.

[...] Und noch ein anderes Moment trug dazu bei, dass Che Guevara zum

100 Idol der Studentenrevolte aufsteigen konnte. Der, der ausgezogen war, die Welt zu revolutionieren, war in gewisser Hinsicht einer von ihnen: ein junger Weißer aus gutem Hause, der

105 es in kaum mehr als zehn Jahren vom vagabundierenden Abenteurer zur Verkörperung des Revolutionärs gebracht hatte, dem es gelungen war, mit einer Handvoll Mitstreiter einen Diktator zu

110 stürzen, der als Autodidakt die Wirtschaft eines Landes dirigiert hatte und als Bürgerschreck vor der UNO aufgetreten war. Das war eine Biografie, die bewies, dass nichts unmöglich war,

115 wenn man das Schicksal in die eigenen Hände nahm. Da war der Tod im Dschungel noch das Ausrufezeichen hinter einem sinnerfüllten Leben. Che Guevara hat die Studentenrevolte nicht

120 hervorgebracht, aber von einem bestimmten Zeitpunkt an maßgeblich inspiriert und radikalisiert. Das gilt für die theoretischen Diskussionen ebenso wie für den militanten Protest.

Stephan Lahrem, Che Guevara, Frankfurt am Main 2005, S.123ff.

Q 7

Graffiti in der peruanischen Hauptstadt Lima 2010

Das deutsche Wirtschaftswunder – ein Mythos?

In die Erinnerung vieler Menschen hat sich die Entwicklung der Bundesrepublik in den 1950er-Jahren als ein Wunder eingebrannt: Obwohl große Teile vom Kriege zerstört waren, Millionen Flüchtlinge und Vertriebene aus den ehemaligen Ostgebieten eine neue Heimat suchten, entwickelte sich das Land innerhalb kurzer Zeit wieder zu einer der führenden Industrienationen der Welt. Handelt es sich tatsächlich um ein „Wunder" oder eher um einen Mythos? Wie ist die Entwicklung in jenen Jahren zu erklären? Und was bedeutete sie für die Menschen damals?

Anhand des Darstellungsteils können Sie analysieren, aus welchen realen Entwicklungen die Deutung jener Jahre als „Wirtschaftswunder" hergeleitet wurde und welche historischen Tatsachen für eine kritische Sicht auf diese Deutung sprechen. Auf dieser Grundlage wird es Ihnen möglich, ein eigenes Werturteil zu fällen.

1. Führen Sie eine Debatte: Die 1950er- und 1960er-Jahre – ein ganz „normaler" Wirtschaftsaufschwung oder ein unerwartetes „Wunder"?

2. Begründen Sie, weshalb die wirtschaftliche Entwicklung der 1950er- und 1960er-Jahre in der kollektiven Erinnerung der bundesrepublikanischen Gesellschaft einen so bedeutsamen Platz einnimmt.

3. Das Foto Q 1 zeigt eine scheinbar völlig belanglose Szene. Versetzen Sie sich in die Lage des Fotografen und schreiben Sie auf, warum Sie das Bildmotiv für sehr aussagekräftig halten. Ordnen Sie das Foto in den historischen Kontext „Wirtschaftswunder" ein.

Ein Land in Trümmern

Als am 8. Mai 1945 der Krieg zu Ende war, lagen große Teile Deutschlands in Trümmern: Fast die Hälfte der Wohnungen war zerstört, ebenso wichtige Teile der Infrastruktur. Millionen Flüchtlinge und Vertriebene aus den Ostgebieten verschärften die ohnehin angespannte Lage auf dem Wohnungsmarkt und bei der Versorgung mit Lebensmitteln und Dingen des alltäglichen Bedarfs noch. Hunger war weitverbreitet. Die „Kohlenkrise" verschärfte die ohnehin schwierige Lage zusätzlich: Der wichtigste Energieträger der damaligen Zeit konnte nicht in ausreichender Menge gefördert und verteilt werden. Hinzu kam die Politik der Alliierten, den ehemaligen Kriegsgegner durch Demontagen für die von ihm angerichteten unvorstellbaren Schäden wenigstens teilweise bezahlen zu lassen.

Wiederaufbau und Wirtschaftsaufschwung

Angesichts der Not und des Elends weiter Teile der Bevölkerung überdachten die Westalliierten allerdings bald ihre Politik in ihren Besatzungszonen. Dahinter stand der Wille, im Zeichen der unübersehbaren Teilung des Kontinents in einen freiheitlich-demokratischen Westen und einen von

der kommunistischen Sowjetunion beherrschten Osten den von ihnen verwalteten Teil zu stärken und für das eigene Lager zu gewinnen. Aber auch rein ökonomische Überlegungen spielten eine große Rolle. Nur ein wiederaufgebautes Europa konnte langfristig ein guter Partner der amerikanischen Wirtschaft sein. Grundlage für dieses Wiederaufbauprogramm war der nach dem amerikanischen Außenminister benannte Marshallplan. Seit 1947 flossen Kredite nach Deutschland und in viele andere zerstörte Länder Westeuropas. Die Bildung eines einheitlichen Wirtschaftsraums in den Westzonen, die Währungsreform und schließlich die Gründung der Bundesrepublik 1949 waren weitere Voraussetzungen für eine wirtschaftliche Gesundung. Aber auch der Wille vieler Verantwortlicher aus Politik und Wirtschaft, die sozialen Gegensätze durch eine neue Form der Wirtschaftsordnung – die „soziale Marktwirtschaft" – zu überwinden, spielte eine wichtige Rolle. Künftig sollten Wettbewerb und sozialer Fortschritt eng miteinander verbunden sein. Hinzu kam, dass große Absatzmärkte vorhanden waren, weil es durch die Kriegszerstörungen an nahezu allem Lebensnotwendigen mangelte. Und als dann 1950 der Koreakrieg ausbrach, fanden deutsche Wirtschaftsgüter dort reißenden Absatz, wo vor allem die amerikanische Industrie kriegsbedingt nicht liefern konnte.

Anfänglich erschien ein rascher Wirtschaftsaufschwung jedoch eher fraglich. Die Währungsreform machte zwar dem „Schwarzmarkt" ein Ende, leere Regale und schnell steigende Preise verschärften jedoch den Unmut in der Bevölkerung. Ende 1948 riefen die Gewerkschaften sogar zum Generalstreik auf. Gleichwohl begannen, innerhalb der nächsten zwei Jahre die eingeleiteten Reformen zu greifen. Seit Anfang der 1950er-Jahre wuchs die jährliche Wirtschaftsleistung stetig. Gleichzeitig sank die anfänglich hohe Arbeitslosigkeit; Mitte der 1950er-Jahre warb die Industrie bereits die ersten Gastarbeiter im Ausland an. Eng verknüpft mit diesem stürmischen Wirtschaftswachstum war ein Strukturwandel: Industrie und Dienstleistungssektor wurden ausgebaut und weniger Menschen arbeiteten in der Landwirtschaft.

Die „Wohlstandsgesellschaft" entsteht

Zwischen 1950 und 1960 verdoppelten sich nicht nur das Bruttosozialprodukt, sondern auch die Einkommen der Arbeiter und Angestellten. Damit einher ging eine Stärkung der Kaufkraft. Die Folge war ein Ansteigen des Binnenkonsums: Viele Dinge des alltäglichen Bedarfs, die während des Krieges zerstört oder verloren gegangen waren, wurden ersetzt. Neue Konsumgüter wie Kofferradios, Kühlschränke und Fernseher, Motorräder und schließlich das eigene Auto

wurden angeschafft. Auch erste Urlaubsreisen wurden in steigendem Maße innerhalb und außerhalb Deutschlands unternommen. Besonders wichtig war für viele jedoch der Bau des eigenen Hauses oder der Kauf der eigenen Wohnung. Steuerliche Anreize halfen, dass mehr Menschen als zuvor sich diesen Traum erfüllen konnten.

„So schön war die Zeit!?"

So lautet der Titel einer Ausstellung im Lüneburger Salzmuseum zu den 1950er-Jahren. Er zeigt: Nicht alle Menschen gehörten zu den „Gewinnern" des „Wirtschaftswunders". In den meisten Haushalten ging es noch lange sehr bescheiden zu. Auf viele Luxusgüter wie Fernseher oder das Auto bzw. einen Urlaub im sonnigen Süden mussten die Menschen lange sparen, wenn sie sich das überhaupt leisten konnten. Darüber hinaus gab es viele, die der Krieg entwurzelt hatte und die sich nur schwer eine neue Existenz aufbauen konnten. Auch hielten die Aufstiegsmöglichkeiten nicht ewig an. Erste Anzeichen dafür gab es schon zu Beginn der 1960er-Jahre, als billige Auslandskonkurrenz die Kohleförderung bremste. Wirtschaftsrezessionen Mitte der 1960er- und Mitte der 1970er-Jahre sowie Arbeitsplatzabbau durch Rationalisierungen in den 1970er-Jahren wirkten auf viele Menschen ernüchternd. Vielleicht gerade deswegen verklärten viele Deutsche die 1950er-Jahre und ließen sie zum Mythos werden: Nach Jahren der Entbehrungen hatten sie das Gefühl, dass sich ein „Wunder" ereignet hatte.

Q 1

Reklamewand vor einem Bonner Reisebüro, Foto von
J. H. Darchinger, 1955

Das Material bietet Ihnen die Möglichkeit, die wesentlichen Merkmale der Wirtschaftsentwicklung der Bundesrepublik in den beiden ersten Nachkriegsjahrzehnten unter der Fragestellung zu analysieren, weshalb in jüngster Zeit das sogenannte „Wirtschaftswunder" als Mythos begriffen wird. Auf dieser Grundlage können Sie eine eigene Deutung vornehmen.

1 Begründen Sie, warum sich die wirtschaftliche Entwicklung in den 1950er- und 1960er-Jahren besonders eignete, zum Gründungsmythos der Bundesrepublik zu werden (D 1, D 2).

2 Erläutern Sie Wehlers Auffassung, das „nostalgisch verklärte Wirtschaftswunder" habe in eine Sackgasse geführt. Welche Schlussfolgerungen zieht Wehler daraus? Formulieren Sie ein eigenes Urteil.

3 Vergleichen Sie Q 2 mit Q 5 und beziehen Sie Stellung zu beiden Deutungen der Wirtschaftsentwicklung.

4 Versetzen Sie sich nacheinander in ein Kind der Fotos Q 3 und Q 4. Schreiben Sie je einen Tagebucheintrag.

5 Führen Sie jeweils ein fiktives Interview mit den Jugendlichen in Q 6 und einem Teilnehmer der Demonstration in Q 7. Beachten Sie dabei Aufnahmeort und -zeit der beiden Fotos.

6 Fertigen Sie ein Schaubild mit der Überschrift „Mythos Wirtschaftswunder" an (D 1, D 2, Q 2–Q 7).

D 1

Ein Mythos, der begeistert

Der Berliner Politikwissenschaftler Herfried Münkler schreibt über das „Wirtschaftswunder", 2009:

Weder die Westbindung noch die europäische Integration hatten das Zeug, zu politischen Gründungsmythen der Bundesrepublik zu werden, zumal ihnen
5 die Staatsgründung vorausging. Beides hat der Republik Sicherheit, Stabilität und Prosperität verschafft. Es bildete das Zentrum der westdeutschen Staatsräson. Für narrative Variation, ikonische
10 Verdichtung und rituelle Inszenierung waren Westbindung und europäische Integration allerdings ungeeignet; sie blieben in der politischen Vernunft angesiedelt und vermochten kaum politi-
15 sche Emotionen zu mobilisieren. Genau das aber zeichnet politische Mythen aus: dass sie begeisterte Zustimmung hervorbringen, wie sie bei einem nüchternen Abwägen der Vor- und Nachteile
20 nie zustande käme. In diesem Sinne hat die Bundesrepublik keinen politischen Gründungsmythos hervorgebracht. Das verhinderte schon ihr Anspruch auf die Rechtsnachfolge des Deutschen Reichs
25 und der selbstauferlegte Provisoriumscharakter. Aber ohne Gründungsmythos können politische Großverbände auf Dauer nicht auskommen. So entstand ein vor allem wirtschaftlicher Grün-
30 dungsmythos, in dem das materielle Wohlergehen herausgestellt wurde, das man sich nach Krieg und Nachkriegszeit nur als „Wunder" erklären konnte. Man führte es freilich auf eine politische
35 Entscheidung zurück, die der Staatsgründung um fast ein Jahr vorangegangen war: die Währungsreform, die am 20./21. Juni 1948 erfolgte, während das Grundgesetz erst am 8. Mai 1949
40 in Kraft trat. Der gründungsmythische Kern der alten Bundesrepublik war nicht die politische Verfassung, sondern die wirtschaftliche Ordnung.

Das ist im Prinzip bis heute der Fall,
45 zumindest wenn man bedenkt, dass das Wirtschaftswunder mit der Entwicklung des Sozialstaats einherging. Der nämlich stellt sicher, dass tendenziell alle am Wohlstand partizipieren können.
50 Veränderungen des Sozialstaats rufen in der Bevölkerung durchweg größere Besorgnis hervor als Debatten über die verfassungspolitische Ordnung. […]

Dass die Währungsreform im Nach-
55 hinein derart positiv erinnert würde, war zunächst nicht absehbar. Hatte es bis dahin einen Kaufkraftüberhang gegeben, dem keine Waren gegenüberstanden, so waren nun die Auslagen der
60 Geschäfte voll, aber das Geld knapp. Der Übergang von der Mangel- zur Überflussökonomie war nicht leicht zu verkraften, und die Vermögensumverteilung wurde überwiegend als
65 ungerecht empfunden, lief der Wäh-

rungsschnitt doch auf die Enteignung der Geldwertbesitzer hinaus, während die Eigentümer von Sachwerten und Produktionsvermögen begünstigt wur-
70 den: Bank- und Sparguthaben wurden im Verhältnis 1 : 6,5, Aktien dagegen in der Relation 1 : 1 umgestellt. Man hat die Währungsreform als „die größte Enteignungsaktion für Bargeldbesit-
75 zer in der deutschen Geschichte" bezeichnet.

[…]

Aber der tiefe Einschnitt in die Wirtschaft, dieser „quasirevolutionäre Grün-
80 dungsakt" der Bundesrepublik, zeigte schließlich Wirkung: Den deutschen Unternehmern gelang es, Exportmärkte zurückzuerobern, die während des Zweiten Weltkriegs verloren gegangen
85 waren. Die nach dem Ausbruch des Koreakriegs wachsende Nachfrage nach deutschen Fertigwaren führte dazu, dass die Bundesrepublik ein Jahrzehnt der Vollbeschäftigung erlebte, das seit-
90 dem der Maßstab wirtschaftlicher Prosperität ist. Zwischen 1950 und 1958 entstanden pro Jahr eine halbe Million neue Arbeitsplätze, mit der Folge, dass ab 1956 sogenannte Gastarbeiter ins
95 Land geholt werden mussten.

Das Wachstum des westdeutschen Bruttosozialprodukts in diesem Zeitraum übertraf mit durchschnittlich 8,2 Prozent alle Erwartungen. Die Las-
100 ten der Währungsreform gerieten in

Vergessenheit. Nun markierte sie im kollektiven Gedächtnis den Beginn eines wirtschaftlichen Wachstums, das die Westdeutschen gerne auf ihren
105 Fleiß und ihre Leistungsbereitschaft zurückführten. Das war eine gute Voraussetzung für eine gründungsmythische Erzählung, die zu einer Identifikation mit dem neuen Staat beitrug, wie sie die
110 Weimarer Republik nie erreicht hatte und die wahrscheinlich auch die Voraussetzung dafür war, dass die Republik auf ihre politische Selbstanerkennung verzichten konnte. An deren Stelle
115 trat die Erzählung, damals habe jeder mit den von den Banken als Startgeld ausgezahlten vierzig Mark ein neues Leben begonnen. Sie ging ins kollektive Gedächtnis über und wurde zum festen
120 Bestandteil des bundesrepublikanischen Gründungsmythos.

Herwig Münkler, Die Deutschen und ihre Mythen, 2. Aufl. Reinbek bei Hamburg 2011, S. 457–460.

D 2

„Nie sind Deutsche schneller wohlhabend geworden"

Der Bielefelder Historiker Hans-Ulrich Wehler schreibt 2005:

Zwei Jahre dauerte es, bis sich die Hoffnungen erfüllten, die viele in die Währungsreform und Ludwig Erhards Reformpaket im Sommer 1948 gesetzt
5 hatten. Erst der Korea-Krieg löste von Juni 1950 an einen Boom aus, der selbst die kühnsten Erwartungen übertraf. Ganz unerwartet ging er sogar in eine in der deutschen Geschichte beispiel-
10 lose, langlebige Hochkonjunktur über. Sie hielt dem Trend nach bis zum ersten Ölpreisschock im Jahre 1973 an. Das ist jene Wachstumsphase, die umgangssprachlich alsbald als „deutsches Wirt-
15 schaftswunder" firmierte.

Für diesen Begriff gab es gute Gründe: Anfangs erreichten die jährlichen Wachstumsraten des Bruttosozialprodukts märchenhafte 9,5 Prozent,
20 im Durchschnitt der fünfziger Jahre 8,5 Prozent, seither bis 1973 immer

noch 4,8 Prozent. Zum einen lagen sie weit über den Werten für die Zeit der deutschen Industriellen Revolution bis
25 1913, als jährlich 1,1 Prozent erzielt worden waren. Zum anderen wuchs das Bruttosozialprodukt zunächst doppelt so rasch wie in den USA und in 23 Jahren mehr, als zwischen 1800 und 1945
30 möglich gewesen war. Die Quote der Investitionen, des Treibstoffs für den Motor der ökonomischen Expansion, kletterte auf fabulöse 25 Prozent des Bruttosozialprodukts, vor allem aber
35 verdoppelte sich das individuelle Realeinkommen schon bis 1960, verdreifachte sich sogar bis 1973; der Privatverbrauch stieg um 300 Prozent.

Nie zuvor sind Deutsche schneller
40 wohlhabend geworden als jene in der Bundesrepublik in dem Vierteljahrhundert nach 1950. Kein Wunder, dass nach zwei verlorenen Kriegen und zwei Inflationsschocks, nach der Vertreibung
45 von 14 Millionen Deutschen, der Zerstörung vieler Städte im Luftkrieg und den Abermillionen Toten diese ganz unvorhersehbare Konjunkturerfahrung verklärt wurde. Nur vor diesem Hinter-
50 grund kann man die mystische Überhöhung des „Wirtschaftswunders", wie sie sich in derart exaltierter Form allein in der Bundesrepublik einstellte, angemessen verstehen. Dieser rasche Auf-
55 stieg wurde damals tief verinnerlicht. Er drang in das westdeutsche Selbstverständnis und Leistungsbewusstsein ein, er übte gar einen prägenden Einfluss auf das Identitätsgefühl der zweiten Re-
60 publik aus. Seine Folgewirkung hält bis in die unmittelbare Gegenwart als Fixierung auf einen tiefverankerten Wachstumsfetischismus an, der Züge einer neuen Säkularreligion gewonnen hat.
65 Obwohl die Legende nur das „deutsche Wirtschaftswunder" kennt, handelt es sich bei jener hochkonjunkturellen Trendperiode tatsächlich um ein gemeineuropäisches Phänomen, wahrschein-
70 lich sogar um ein „Welt-Wirtschaftswunder".

[...]

Die Erfolgserfahrung der zweieinhalb Jahrzehnte nach 1950 nährte einen

75 starren Wachstumsfetischismus, der an der Wiederholbarkeit eines einzigartigen „Großen Spurts" festhielt. Dass die von Grund auf veränderte Konstellation, die durch das verschärfte Tempo der
80 Globalisierung noch dramatisiert wurde, außerordentlich anstrengende und schmerzhafte Anpassungsleistungen erfordert, um überhaupt die enorme Leistung eines Wachstums um zwei Prozent
85 weiter erbringen zu können, sickerte nur langsam in die Köpfe der Politiker, noch zähflüssiger in die Öffentlichkeit ein. Das nostalgisch verklärte „Wirtschaftswunder" verwandelte sich in die
90 schwere Bürde eines Erfolgs, der eine verzerrte Realitätswahrnehmung und politische Lähmung auslöste. War es damals nicht ständig bergauf gegangen, und hatte man nicht alle Rezessionen
95 und Ölschocks bravourös überwunden? Das Ergebnis dieser beharrlich geleugneten Einmaligkeit des „Wirtschaftswunders" war ein starrer Strukturkonservativismus: Er vertraut blind auf das
100 Fehlurteil, dass sich ein denkwürdiges Unikat beliebig wiederholen lasse.

Aus der Sackgasse, in die diese Chimäre geführt hat, müssen sich Politik und Wählerschaft endlich herausbe-
105 wegen, um durch die unvermeidbare Fortsetzung der viel zu spärlich initiierten Reformen jene Flexibilität und Leistungsfähigkeit wiederzugewinnen, welche die Bundesrepublik früher
110 einmal insgesamt, nicht nur ihre Exportindustrie ausgezeichnet hat. Die Grundvoraussetzung dafür bleibt freilich der endgültige Abschied von dem gefährlichen Wunschtraum, das Wachs-
115 tumstempo der fünfziger/sechziger Jahre noch einmal erreichen zu können. Ein derart singulärer Boom kann sich in Deutschland nicht wiederholen. Das aber heißt: Goodbye, ihr Wachstums-
120 raten einer unwiederbringlichen Vergangenheit. Sollten in Zukunft zwei Prozent erreicht und gehalten werden, wäre das eine Leistung, die alle Anerkennung verdient.

Hans-Ulrich Wehler, Der deutsche Fetisch, in: SPIEGEL special, 1/2006: Die 50er Jahre, Hamburg 2006, S. 108 f.

Q 2

Zu viel „Deutsches Wunder"?

Die Zeitschrift „Mensch und Arbeit" berichtet 1956 über die Folgen des „Wirtschaftswunders":

Dieser Tage ging bei uns eine Karte aus Schottland ein. „Ich bin zum zweiten Mal nach England heimgekehrt und werde langsam wieder Mensch …"
5 stand neben freundlichen Grüßen darauf zu lesen. Die Vorgeschichte ist nicht uninteressant.

Ein Freund der Familie ging 1935 als Ingenieur nach England, arbeite-
10 te dort in seinem Fach, kam aber – als Kriegsgefahr drohte – rechtzeitig wieder nach Hause, um den grauen Rock anzuziehen. 1947 gelang es ihm dann auf Grund früherer Beziehungen, drüben
15 wieder einen Arbeitsplatz zu finden. Es ging ihm nicht schlecht; trotzdem folgte er ein paar Jahre später einem Angebot, das ihm in Westdeutschland eine gehobene Stellung in einem mittleren Werk
20 zusicherte und verschaffte.

Als wir ihn einige Monate später sprachen, machte er aus seiner Meinung kein Hehl. „Ihr seid anscheinend nicht mehr bei Sinnen hier!" war der Extrakt
25 seiner Feststellungen. Was und wie hier nun schon seit sieben oder acht Jahren gearbeitet würde, grenze schon fast an freiwillige Sklaverei. Kein gehobener Angestellter, der sich nicht ganze Packen
30 Arbeit mit nach Hause nähme. Die Belastung der Verantwortlichen – zu denen ja auch er nun gehörte – habe ein Ausmaß angenommen, das nur noch mit Raubbau an der eigenen Gesundheit
35 charakterisiert werden könnte. Täglich eineinhalb oder zwei, drei Überstunden habe er immer wieder als Norm gefunden. Sein Chef schlafe oft genug im Büro über der Maschinenhalle. Nachts fahre
40 er plötzlich hoch, wenn eines der vertrauten Geräusche ausgesetzt hat oder sonst etwas ungewöhnliches klingt. Minuten später ist er dann selbst in Hosenträgern und Pantoffeln unten, um nach
45 dem Rechten zu sehen. Noch in den Urlaub muß man ihm die wichtigsten Vorgänge nachschicken. Und offensichtlich habe sich bei all den kleinen Betriebsleitern in den großen Werken, bei den Di-
50 rektoren, Prokuristen, Werkstatt-Leitern die Vorstellung eingenistet, das müsse so sein. Das wäre nie anders gewesen, ein „erfolgreicher" Mann habe kein Recht mehr auf angemessenes Arbeitspensum,
55 pünktlichen Feierabend usw., usw.

Unbeteiligten Zuschauern muß dies vorkommen, als ob bei einem Rundstrecken-Autorennen vergessen wurde, die Runden zu zählen. Und nun traut
60 sich niemand das Rennen abzuwinken, weil man nicht mehr weiß, wann und ob das Ziel erreicht wurde. Was ist denn nun eigentlich das „Ziel" dieses Rennens? Ein Lebensstandard à la
65 Schweden (der ja noch höher sein soll als der US-amerikanische)? Oder ein „Deutschland, Deutschland über alles" auf wirtschaftlichem Gebiet? Oder was eigentlich? Der Schreiber dieser Zeilen
70 bedauert, die Antwort hierauf nicht geben zu können. Er muß – es ist ja gerade erst Mitternacht – schnell noch einen Artikel schreiben. Sein Volkswagen ist ihm nicht mehr schnell genug.

Zit. nach: Adenauers Welt. Ein Lesebuch zur Alltags- und Sozialgeschichte der frühen Republik. Zusammengestellt von Kirsten Petrak, Dietmar Petzina und Werner Plumpe, Essen 2006, S. 141.

Q 3

Staatlich geförderte Neubausiedlung in Deutschland, Foto vom 2. Juni 1951

Q 4

Kinder vor einer notdürftig bewohnbar gemachten Ruine in Köln, Foto von J. H. Darchinger, 9. August 1956

Q 5

„Keine Hoffnung"

In einem Bericht über „Deutsche Fami-
lien" heißt es 1954:

Vater E. hat die Volksschule und Mittelschule besucht, dann drei Jahre Maschinenbauschule. [...]

5 Er arbeitet [nach dem 1. Weltkrieg] als Maschinenschlosser, Baggermeister und Maschinenmeister. Dann besucht er die Maschinenbauschule, verdient sich das Schulgeld nebenher. Besteht die Prüfung und wird Maschineninge-
10 nieur. [...]

Gegen Ende des [2.] Krieges zerstört ein Bombentreffer sein Haus. Er verliert damit allen Besitz. Nach Kriegsschluß wird er Handelsvertreter. Seine
15 Tätigkeit bringt keinen Erfolg. Bis zur Währungsreform sind all Ersparnisse aufgebraucht. Bis zur Währungsreform verdient er seinen Lebensunterhalt als Hilfsarbeiter. In seinem Alter belastet
20 ihn die Maurerarbeit zu stark. Er wird so nicht lange durchhalten und gibt die Beschäftigung auf, weil er seine Arbeitskraft der Familie erhalten will.

Das Arbeitsamt nimmt ihm jede
25 Hoffnung, als Ingenieur eine Stelle zu finden. „Die Altersgrenze für eine Einstellung liegt bei 45 Jahren" wird ihm gesagt. Im Krieg verschlechterte sich seine Sehfähigkeil [...Das Sehen strengt
30 ihn an. Für den Innendienst und Konstruktionen kommt er nicht mehr in Frage.

Alle seine Pläne nach der Währungsreform schlugen fehl. Er wollte
35 die Vertretung für Leichtmetallrahmen übernehmen. Ohne Fahrzeug, ohne repräsentable Kleidung besteht keine Aussicht. Er wollte mit einem Bauer zusammen einen Traktor kaufen, aber
40 er bekommt keinen Kredit. Er versucht, bei den Amerikanern eine Stelle zu Iinden. Er wird aber nur dann eingestellt, wenn er früher schon einmal dort arbeitete. Seit einer Woche ist er Versiche-
45 rungsagent bei einer Lebensversicherung. [...] In zwei Tagen, dem Anfang seiner neuen Tätigkeit, verdient er 4 Mark. Aus dem Vorort, wo er wohnt, geht er eine Stunde in die Stadt zu Fuß,
50 weil er das Fahrgeld nicht aufbringt. Sein Fahrrad steht unbenutzbar im Schuppen. Der Schlauch ist unbrauchbar; Geld, um einen neuen zu kaufen, fehlt. In vier Wochen wird der letzte
55 Anzug aufgetragen sein, dann darf er sich nicht mehr auf der Straße blicken lassen. Das letzte Paar Schuhe steht in der Ecke. Die Reparatur kostet 6 Mark. Er will warten, bis für das Besohlen et-
60 was erübrigt wird. [...]

Mann und Frau beurteilen die nächsten Jahre ausgesprochen trübe. „Was haben wir schon viel zu erhoffen. Wer einmal so tief unten ist wie
65 wir, kommt schwer wieder hoch." Die wirtschaftliche Lage im allgemeinen wird sich ihrer Meinung nach wohl kaum bessern. „Deutschland hat den Krieg verloren, seine Wirtschaft kann
70 sich nicht frei entwickeln." Vielleicht findet E. endlich eine lohnende Arbeit, darüber läßt sich gar nichts sagen. „Wir haben schon so viel Pech gehabt im Leben, daß wir jeder neuen Lage auch
75 mißtrauen."

Zit. nach: Adenauers Welt. Ein Lesebuch zur Alltags- und Sozialgeschichte der frühen Republik. Zusammengestellt von Kirsten Petrak, Dietmar Petzina und Werner Plumpe, Essen 2006, S. 520 f.

Q 6

Jugendliche Mopedfahrer in Dortmund, Foto von J. H. Darchinger, 29. August 1959

Q 7

Demonstration in Dortmund gegen Arbeitsplatzabbau durch Zechensterben, Foto von J. H. Darchinger, 29. August 1959

Auf den Spuren des „deutschen Wirtschaftswunders"

Wollen Sie der Frage nachgehen, warum der Mythos „Wirtschaftswunder" eine so starke Wirkmächtigkeit entfalten konnte, müssen Sie ihn dekonstruieren. Das heißt zu analysieren, was dieser Mythos beinhaltet, aus welchen Gründen und in welcher historischen Situation er entstand und von wem er getragen wurde. Das könnten Sie zum Beispiel tun, indem Sie Zeitzeugen befragen und zusätzliche Quellen aus jenen Jahren kritisch auswerten. Dabei werden Sie jedoch nicht stehen bleiben wollen. Vielmehr werden Sie eine eigene Deutung und Wertung anstreben. Die Ergebnisse Ihrer Forschungsarbeit könnten Sie schließlich in einer Ausstellung dokumentieren.

Planung und Vorbereitung

1. Bevor Sie auf Spurensuche gehen, sollten Sie sich darüber klar werden, unter welchem Thema Sie Ihre Ausstellung gestalten möchten. Davon hängen die Leitfragen ab, mit denen Sie in die Interviews mit den Zeitzeugen gehen.
2. Ein Interviewer sollte immer gut informiert sein. Deswegen ist es unerlässlich, zunächst möglichst viele Sachinformationen über die Zeit zwischen Kriegsende und dem Ende des „Wirtschaftswunders" zusammenzutragen, in der Klasse zu diskutieren und daraus ein Interviewkonzept zu entwickeln.
3. Auch der äußere Rahmen der folgenden Ausstellung – der Ausstellungsort, der zur Verfügung stehende Platz, die vorhandenen gestalterischen Möglichkeiten – sollten von Anfang an mitgedacht werden. So ist es beispielsweise ein großer Unterschied, ob die Ausstellung nur im Klassenraum, in der Pausenhalle oder im Rathausfoyer aufgebaut werden soll, ob nur Stellwände oder auch Ausstellungsvitrinen zur Verfügung stehen und ob die Sicherheit von ausgestellten Objekten jederzeit gewährleistet werden kann.

Auswahl der Zeitzeugen

Auf der Suche nach Interviewpartnern denkt man sicher zuerst an die eigenen Großeltern oder andere Verwandte. Darüber hinaus kann man natürlich auch in der Nachbarschaft um ein Gespräch bitten. Sicher helfen Ihnen auch gern Ihre Lehrerinnen und Lehrer bei der Vermittlung von Zeitzeugen. Bedenken Sie bei der Auswahl, dass Menschen bei der Rückschau von ganz unterschiedlichen Perspektiven ausgehen. Wer zum Beispiel aus einer wohlhabenden Familie stammte, hatte oft mehr und besseres Spielzeug als mancher seiner Freunde, konnte weitere Reisen unternehmen oder auch öfter ins Kino gehen. Sie müssen also darauf achten, möglichst Menschen aus unterschiedlichen sozialen Schichten (Bauer, Arbeiter, einfacher Angestellter oder wohlhabender Kaufmann), unterschiedlichen Alters (Vor-, Kriegs- oder Nachkriegsgeneration), unterschiedlicher Herkunft (Flüchtling, Vertriebener, Einheimischer) zu befragen.

Das Interview

1. Sicher kann man nicht alle Fragen vorher ausarbeiten. Viele werden sich aus dem Gesprächsverlauf ergeben, aber einige Leitfragen muss man sich vorher überlegen und auch notieren. Das könnten Fragen zum Alltag, also nach den Wohnverhältnissen, den Freizeitmöglichkeiten, dem Lieblingsspielzeug, dem ersten Urlaub, dem ersten Fernsehgerät usw. sein. Vergessen Sie auch nicht, nach den Arbeitsbedingungen wie Arbeitszeiten, Arbeitswegen, Lohn und Gehalt, vielleicht auch Arbeitskämpfen zu fragen. Wichtig ist für das Thema „Mythos Wirtschaftswunder" auch herauszubekommen, ob sich die Befragten für ihr gesellschaftliches und politisches Umfeld interessierten, ob ihnen beispielsweise klar war, warum es mit der Wirtschaft so rasant vorwärtsging und ob sie die Grenzen des Wachstums erkannt hatten. Auch solche Gefühle wie Glück und Freude, aber auch Ängste, etwa vor Arbeitslosigkeit usw. sollten eine Rolle spielen, denn Sie wollen ja möglichst genau erfassen, wie die Menschen diese Zeit wahrgenommen und wie sie möglicherweise darüber reflektiert haben.
2. Fallen Sie nicht mit der Tür ins Haus, sondern erklären Sie, was Sie möchten, z. B.: Wir möchten gern mehr über die Zeit des „Wirtschaftswunders" erfahren. Uns interessiert, wie Sie die Zeit damals erlebt haben. Sicher können Sie sich noch gut daran erinnern." Verschweigen Sie auch nicht, dass Sie die Ergebnisse Ihrer Umfrage in einer Ausstellung veröffentlichen möchten. Bitten Sie um

das Einverständnis, Antworten zitieren und vielleicht auch Namen nennen zu dürfen. Wenn Sie Fotos für Ihre Ausstellung verwenden wollen, benötigen Sie dafür unbedingt eine Einverständniserklärung. Sie sollten bei Nachfragen nicht auf einer Antwort beharren, denn es könnte dem Betreffenden peinlich sein. Wenn jemand nicht antwortet, ist dies vielleicht auch eine Antwort.

3. Versuchen Sie bei Ihrem Interview, geschickt Frageanlässe zu schaffen. Eine Möglichkeit wäre, sich Überreste aus jenen Jahren zeigen zu lassen: die Modelleisenbahn des Großvaters, die Puppenstube der Großmutter, das erste Kofferradio oder auch die Fotoalben ihrer ersten Urlaube in den bayerischen Bergen, an der Ostsee oder an der italienischen Adria, alte Möbel oder Haushaltsgegenstände. Dann beginnen die älteren Leute oft ganz von allein zu erzählen. So erfahren Sie beispielsweise, wie lange sie darauf sparen mussten, wie schwer es überhaupt war, so etwas zu kaufen, oder auch, was diese Gegenstände in ihrem Alltag bedeuteten.

4. Klären Sie auch vor dem Gespräch: Wer führt das Interview? Wer führt Protokoll? Wer filmt, fotografiert oder macht die Tonaufnahmen?

Die Auswertung

1. Diskutieren Sie in der Klasse, welche Ergebnisse die Interviews der einzelnen Gruppen gebracht haben und fassen Sie diese schriftlich zusammen. Sollten noch wesentliche Fragen offengeblieben sein, müssten Sie gegebenenfalls noch einmal nachfragen.

2. Neben dem Erfassen der Interviewergebnisse kommt es darauf an, Ihre eigene Deutung und Wertung der Aussagen vorzunehmen und ebenfalls schriftlich zu dokumentieren.

Die Ausstellung

1. Eine Ausstellung lebt von interessanten Objekten. Das können neben Fotos, Spielzeugen, Gebrauchsgegenständen (s. o.) auch Tagebuchaufzeichnungen, Briefe oder auch Tonaufnahmen sein, die Sie leihweise oder auf Dauer zur Verfügung gestellt bekommen haben. Doch für sich genommen haben diese Objekte nur wenig Aussagekraft. Sie müssen beschriftet, kommentiert und in den historischen Kontext eingeordnet werden.

2. Beim Aufbau der Ausstellung sollte ein roter Faden deutlich werden. Schließlich wollen Sie nicht nur ein Sammelsurium aus jenen Jahren zeigen, sondern eine Antwort geben auf die Frage, warum diese Zeit den Menschen als „Wunder" erschien und inwiefern es sich beim „Wirtschaftswunder" um einen Mythos handelt.

3. Denken Sie daran, Ihre Interviewpartner zur Ausstellungseröffnung einzuladen.

Q 1

Endlich wieder genug zu essen, 1955

Q 2

Die erste elektrische Eisenbahn, 1960

Q 3

Der erste gemeinsame Familienurlaub, 1956

Abiturwissen im Überblick

Geschichts- und Erinnerungskultur

Geschichtsbewusstsein und Geschichtskultur

→ S.16–21

Geschichtsbewusstsein

Fähigkeit des Menschen, Erfahrungen und Erinnerungen aus der Vergangenheit zu überliefern und daraus Erkenntnisse für gegenwärtiges und zukünftiges Leben zu gewinnen. Untersuchungsgegenstände und erkenntnisleitende Fragestellungen für die Beschäftigung mit vergangenen Zeiten ergeben sich aus der Gegenwart heraus. Die Interpretation und Deutung von Vergangenheit erfolgt immer individuell. Sie sind abhängig von den jeweiligen Lebensumständen (z.B. Alter, soziales Umfeld), individuellen Interessen, Einstellungen und Vorkenntnissen. Geschichtsbewusstsein wird von Schule, Politik, Medien und anderen Vermittlungsinstanzen beeinflusst. Daraus folgt: Geschichte ist nicht das reale Abbild der Vergangenheit sondern immer ein individuell und gesellschaftlich geprägtes Konstrukt.

Geschichtskultur

Gesamtheit all der öffentlichen Erscheinungs- und Aneignungsformen von Geschichte mit den sie tragenden und produzierenden Institutionen und Berufen.

Kollektives, kommunikatives und kulturelles Gedächtnis

→ S.17, S.20/21

Kollektives Gedächtnis

These des französischen Philosophen und Soziologen Maurice Halbwachs und des französischen Historikers Pierre Nora zum Thema Erinnerung:
Gruppen von Menschen, Völker oder Nationen entwickeln ein kollektives Gedächtnis. Dieses macht sich fest an für die Gruppe wichtigen Erinnerungsorten, die identitätsstiftende Funktion besitzen. Dabei kann es sich um tatsächliche Orte im geografischen Sinne handeln, aber auch um symbolische Orte, um Mythen, Bilder, Erzählungen.

Kommunikatives und kulturelles Gedächtnis

Die deutschen Kulturwissenschaftler Aleida und Jan Assmann untergliedern das kollektive Gedächtnis in das kommunikative und das kulturelle Gedächtnis:
Das **kommunikative Gedächtnis** bezieht sich auf die jüngste Vergangenheit. Es ist auf den mündlichen Austausch zwischen den drei jüngsten Generationen beschränkt. Es handelt sich um Erinnerungen, die der Mensch mit seinen Zeitgenossen teilt. Danach setzt das **kulturelle Gedächtnis** ein, das durch Überlieferungsrituale und Traditionen geformt wird. Der Übergang vom kommunikativen ins kulturelle Gedächtnis wird durch Medien ermöglicht. Medien sichern die lebendigen Erinnerungen, die einen Platz im kulturellen Gedächtnis haben.

Funktion historischer Erinnerung

→ S.22–27

Identitätsstiftung:
- individuelle Identität
- Gruppenidentität: soziale Gruppen, Parteien, religiöse Gruppierungen, ethnische Gruppen, Standesorganisationen usw.
- nationale Identität: Vermittlung von Nationalbewusstsein bei den Angehörigen eines nationalen Verbandes, erfolgt häufig in Abgrenzung gegenüber anderen Nationen

Legitimation von Herrschaft und Macht

Ziel der historischen Erinnerung und Deutung der Vergangenheit ist, die bestehenden Verhältnisse zu stabilisieren. Um diese Wirkung zu erzielen, wurden sinnstiftende Traditionen in der Vergangenheit teils erst neu konstruiert.

Kritische und negative Erinnerung

Aus der Auseinandersetzung mit den Verbrechen des Nationalsozialismus ist in Deutschland mittlerweile eine neue, historisch einzigartige Form des selbstkritischen Gedenkens und Erinnerns entstanden. Gedenktage, Denkmäler und Gedenkstätten erinnern in der Bundesrepublik an die NS-Diktatur. Ziel der intensiven, kritischen Auseinandersetzung mit der Zeit des Nationalsozialismus ist es, aus den Verbrechen jener Zeit Leitlinien für ein angemessenes Denken und Handeln in Gegenwart und Zukunft abzuleiten.

Formen historischer Erinnerung

→ S. 28–35

Geschichte vermittelnde Institutionen
- Museum: Sammeln, Erforschen und Präsentieren historischer Objekte
- Gedenkstätten: Erinnern an historische Ereignisse an authentischen Orten (in Deutschland zumeist an Orten nationalsozialistischer Verbrechen), Bewahren, Auswerten und Dokumentieren historischer Zeugnisse.

Geschichte im öffentlichen Raum
- Straßennamen
- Denkmäler
- Bezeichnung öffentlicher Gebäude ...

Formen historischer Erinnerung

Gespielte Geschichte
- „Living History" oder „Reenactment" z. B. Ritterspiele, Simulation von Alltagsleben in der Vergangenheit ...

Medien der Geschichtsvermittlung
- Geschichtsmagazine
- historische Romane
- Film und Fernsehen
- Internet ...

Erinnerungsanlässe
- Gedenktage
- Jubiläen

Nationale Gedenk- und Feiertage in verschiedenen Ländern

Gedenk- und Feiertage in Geschichte und Gegenwart

→ S. 38–43

Gedenk- und Feiertage

Religiöse Gedenk- und Feiertage

Erinnern an die religiösen Ursprünge, an Sitten und Gebräuche

Beispiele:
- Weihnachten: Geburt Jesu Christi
- Reformationstag: Luthers Thesen, Beginn der Reformation
- Pessach-Fest: Auszug der Juden aus Ägypten, Befreiung von der Tyrannei des Pharaos
- Ramadan: Fastenmonat der Muslime

Nationale Gedenk- und Feiertage

Dienen den Angehörigen einer Nation der Selbstvergewisserung, der Bildung von Traditionen und der Identifizierung mit dem Staat

Beispiele:
- Herrschergeburtstage
- 4. Juli in den USA: Unabhängigkeitstag – Befreiung von der englischen Herrschaft
- 14. Juli in Frankreich: Sturz des absolutistischen Systems
- Staaten Afrikas begehen als nationalen Feiertag häufig den Tag der Unabhängigkeit von kolonialer Herrschaft

Gedenk- und Feiertage gesellschaftlicher Gruppierungen bzw. nicht staatlicher Institutionen

Selbstvergewisserung der Zugehörigkeit zu bestimmten Gruppierungen, Gedenken

Beispiele:
- 1. Mai (in zahlreichen Staaten der Erde): Internationaler Tag der Arbeit
- Hansetag: Treffen ehemaliger Hansestädte, die damit an die Rolle der Hanse erinnern wollen

Erinnern für die Zukunft – der 27. Januar in Deutschland

→ S. 44–49

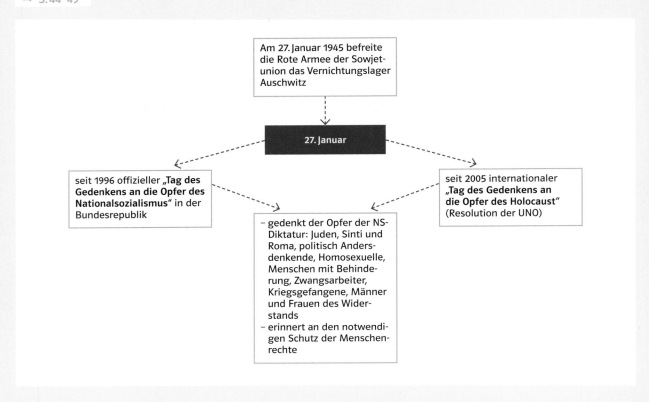

Am 27. Januar 1945 befreite die Rote Armee der Sowjetunion das Vernichtungslager Auschwitz

27. Januar

seit 1996 offizieller „**Tag des Gedenkens an die Opfer des Nationalsozialismus**" in der Bundesrepublik

seit 2005 internationaler „**Tag des Gedenkens an die Opfer des Holocaust**" (Resolution der UNO)

- gedenkt der Opfer der NS-Diktatur: Juden, Sinti und Roma, politisch Andersdenkende, Homosexuelle, Menschen mit Behinderung, Zwangsarbeiter, Kriegsgefangene, Männer und Frauen des Widerstands
- erinnert an den notwendigen Schutz der Menschenrechte

Umgang mit NS-Verbrechen in der Bundesrepublik – von der Verdrängung bis zum Gedenken

→ S. 44–49

Nachkriegszeit

Versuch, die direkt oder indirekt miterlebten NS-Verbrechen zu vergessen bzw. zu verdrängen; stattdessen stehen persönliche Sorgen und Nöte des Nachkriegsalltags im Mittelpunkt

1960er-Jahre

öffentliche Gerichtsprozesse gegen Täter und Verantwortliche der NS-Herrschaft sowie Nachfragen der jungen Generation nach dem Verhalten und der Beteiligung der Eltern und Großeltern regen Diskussion über die Verantwortung der Deutschen während der NS-Diktatur an

1970er-/1980er-Jahre

- Bundeskanzler Willy Brandt verneigt sich vor den Opfern des Warschauer Ghettos (1970)
- TV-Serie „Holocaust" entfacht neue Debatte über die NS-Verbrechen
- Bundespräsident Richard von Weizsäcker bezeichnet den 8. Mai 1945 (Ende des Zweiten Weltkriegs) als Tag der Befreiung

seit den 1990er-Jahren

- 1996 wird der 27. Januar zum offiziellen Gedenktag an die Opfer des Nationalsozialismus
- 2005 wird das Denkmal für die ermordeten Juden Europas (Holocaust-Mahnmal) in Berlin eingeweiht

Der 12. Oktober – ein Feiertag mit unterschiedlichen (Be-)Deutungen

→ S. 50–59

12. Oktober

Día de la Hispanidad (Tag der Hispanität)

Nationalfeiertag in Spanien

- erinnert an die „Entdeckung" Amerikas durch Christoph Columbus
- Feier der Epoche der Ausbreitung der spanischen Kultur

→ S. 50–55

Día de la Raza (Tag der Rasse)/ Día de la Resistencia Indígena (Tag des indianischen Widerstands)

Feiertag in zahlreichen Staaten Mittel- und Südamerikas, etwa: Argentinien, Chile, Ecuador, Kolumbien, Mexiko, Venezuela

- Feiertag im Wandel:
  · einstmals Feier der kulturellen Verbindung mit Spanien
  · heute meist kritisches Gedenken und Erinnern an die Beweggründe der damaligen Entdecker und Eroberer und an die kulturellen und sozialen Folgen der Begegnung mit den europäischen Entdeckern
  · heute im Fokus: Gedenken und Würdigung der eigenen Identität

Columbus Day

Feiertag in den USA

- Ursprung: Suche nach einer Identität stiftenden Heldenerzählung; Kolumbus als Träger jener Werte geehrt, für die die Gründer der USA gekämpft hatten
- Feiertag im Wandel: amerikanische Ureinwohner und Afroamerikaner kritisieren Beweggründe der damaligen Entdecker und Eroberer, erinnern an die kulturellen und sozialen Folgen der Begegnung mit den europäischen Entdeckern und fordern Wiedergutmachung

→ S. 56–59

Geschichtsbegegnungen in Alltag und Kultur

Formen der Erinnerung an die Opfer des Nationalsozialismus

→ S. 22–27, S. 64–73

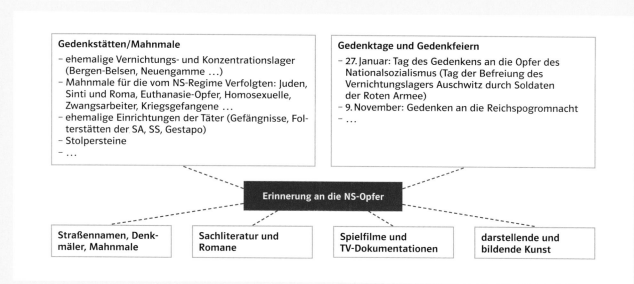

Gedenkstätten/Mahnmale

- ehemalige Vernichtungs- und Konzentrationslager (Bergen-Belsen, Neuengamme …)
- Mahnmale für die vom NS-Regime Verfolgten: Juden, Sinti und Roma, Euthanasie-Opfer, Homosexuelle, Zwangsarbeiter, Kriegsgefangene …
- ehemalige Einrichtungen der Täter (Gefängnisse, Folterstätten der SA, SS, Gestapo)
- Stolpersteine
- …

Gedenktage und Gedenkfeiern

- 27. Januar: Tag des Gedenkens an die Opfer des Nationalsozialismus (Tag der Befreiung des Vernichtungslagers Auschwitz durch Soldaten der Roten Armee)
- 9. November: Gedenken an die Reichspogromnacht
- …

Erinnerung an die NS-Opfer

Straßennamen, Denkmäler, Mahnmale

Sachliteratur und Romane

Spielfilme und TV-Dokumentationen

darstellende und bildende Kunst

Formen der Rezeption des Mittelalters

→ S. 28–31, S. 74–83

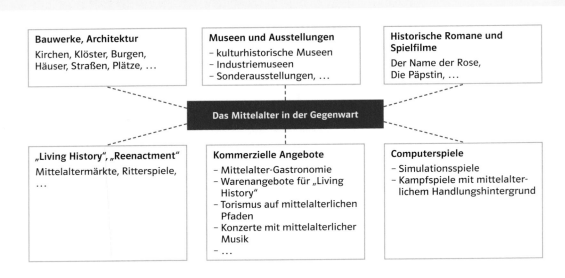

Bauwerke, Architektur

Kirchen, Klöster, Burgen, Häuser, Straßen, Plätze, …

Museen und Ausstellungen

- kulturhistorische Museen
- Industriemuseen
- Sonderausstellungen, …

Historische Romane und Spielfilme

Der Name der Rose, Die Päpstin, …

Das Mittelalter in der Gegenwart

„Living History", „Reenactment"

Mittelaltermärkte, Ritterspiele, …

Kommerzielle Angebote

- Mittelalter-Gastronomie
- Warenangebote für „Living History"
- Torismus auf mittelalterlichen Pfaden
- Konzerte mit mittelalterlicher Musik
- …

Computerspiele

- Simulationsspiele
- Kampfspiele mit mittelalterlichem Handlungshintergrund

Geschichte im Film und in elektronischen Medien

→ S. 84–93

Geschichtsdarstellungen im Film

Filmdokument

im Original erhaltene Aufzeichnung aus der Vergangenheit

Beispiele: Wochenschauen, Nachrichtensendungen, Reportagen, alte Dokumentar- und Spielfilme

Stellenwert: historische Quelle

Kommentierter Dokumentarfilm

zu Informations-, Bildungs- und Unterhaltungszwecken hergestellte Darstellung historischer Themen

Beispiele: TV-Reihe History im ZDF, Dokumentarfilme

Stellenwert: Deutung von Geschichte

Historischer Spielfilm

rein fiktionale Erzählung, die in der Vergangenheit spielt

Beispiele: Die Brücke, Effi Briest, Sophie Scholl, …

Stellenwert: Fiktion, kann Zuschauer zu Empathie und zum Hineinversetzen in eine historische Situation führen

Geschichte in Computerspielen und im Internet

Historische Computerspiele

Reine Fiktion auf Epochenschauplätzen: Antike, Mittelalter, Zeit der Entdeckungen, 19. und 20. Jahrhundert

häufig eindimensionale Ausrichtung auf kriegerische Elemente ohne Bezug zu historischen Fakten

fantasievolle Ausschmückungen überlagern tatsächlich nachweisbare Ereignisse der Vergangenheit.

Geschichte im Internet

Webseiten mit historischen Inhalten von sehr unterschiedlicher Qualität:

Internetportale von wissenschaftlicher Qualität

Zahlreiche privat betriebene Internetseiten ohne Gewähr für die Richtigkeit der eingestellten Informationen

Begegnung mit der Geschichte in der Kultur

→ S. 94–101

Bauwerke
- Architektur und Stadtanlage
- Was galt und gilt als erhaltenswert, was nicht?

Widerspiegelung von Geschichte in Form von Quellen und im Umgang mit der Überlieferung

Kunst und Literatur
- historische Themen
- Aussagen über die Entstehungszeit
- Was wurde überliefert? Was geriet in Vergessenheit?

Recht
- historische Wurzeln von Rechtssystemen
- Verfassungen, Gesetzgebung und Rechtsprechung im Wandel der Zeit

Religion
- Entstehung und Entwicklung von Religionen und Religionsgemeinschaften
- Auswirkungen religiösen Denkens auf die Geschichte
- Deutung von Geschichte durch Vertreter der Religionen
- Verfassungen, Gesetzgebung und Rechtsprechung im Wandel der Zeit

Mythen in der Geschichts- und Erinnerungskultur

Mythen und Geschichte

→ S. 106–111

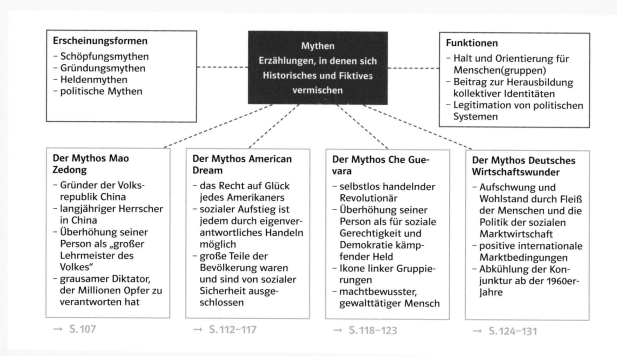

Erscheinungsformen
- Schöpfungsmythen
- Gründungsmythen
- Heldenmythen
- politische Mythen

Mythen Erzählungen, in denen sich Historisches und Fiktives vermischen

Funktionen
- Halt und Orientierung für Menschen(gruppen)
- Beitrag zur Herausbildung kollektiver Identitäten
- Legitimation von politischen Systemen

Der Mythos Mao Zedong
- Gründer der Volksrepublik China
- langjähriger Herrscher in China
- Überhöhung seiner Person als „großer Lehrmeister des Volkes"
- grausamer Diktator, der Millionen Opfer zu verantworten hat

→ S. 107

Der Mythos American Dream
- das Recht auf Glück jedes Amerikaners
- sozialer Aufstieg ist jedem durch eigenverantwortliches Handeln möglich
- große Teile der Bevölkerung waren und sind von sozialer Sicherheit ausgeschlossen

→ S. 112–117

Der Mythos Che Guevara
- selbstlos handelnder Revolutionär
- Überhöhung seiner Person als für soziale Gerechtigkeit und Demokratie kämpfender Held
- Ikone linker Gruppierungen
- machtbewusster, gewalttätiger Mensch

→ S. 118–123

Der Mythos Deutsches Wirtschaftswunder
- Aufschwung und Wohlstand durch Fleiß der Menschen und die Politik der sozialen Marktwirtschaft
- positive internationale Marktbedingungen
- Abkühlung der Konjunktur ab der 1960er-Jahre

→ S. 124–131

Probeklausur

Mithilfe der nachfolgenden Probeklausur haben Sie die Möglichkeit, Ihre Kompetenz, Geschichtsdarstellungen zu dekonstruieren und zu bewerten, anzuwenden. Dabei stellen Sie Bezüge zum Kernmodul „Geschichts- und Erinnerungskultur" und dem Pflichtmodul „Nationale Gedenk- und Feiertage in verschiedenen Ländern" her.

1 Fassen Sie nach einer quellenkritischen Einführung zusammen, auf welche Weise sich die Stadt Regensburg 2012 der Verbrechen des Nationalsozialismus erinnert hat.

2 Arbeiten Sie heraus, wie das Verhältnis von Schuld und Verantwortung anhand der Geschichte der Stadt Regensburg thematisiert wird.

3 Beurteilen Sie die Rolle des Holocaust-Gedenktages für die Gesellschaft der Bundesrepublik Deutschland vor dem Hintergrund von Erinnerungskultur und Identitätsstiftung.

Der Regensburger Oberbürgermeister Hans Schaidinger führt in einer Rede zum Internationalen Holocaust-Gedenktag am 29. Januar 2012 aus:

Geschichtsbewusstsein – nichts anderes ist ja das Erinnern auch an die dunklen Seiten unserer Vergangenheit – ist ein wesentlicher Bestandteil unserer
5 Kultur. Und die manifestiert sich nun einmal auch in Ritualen, in Handlungen und Zeichen. Sie sind nicht nur Ausweis unserer Haltung, unserer Gesinnung. Wir geben mit diesem symbolischen
10 Tun unsere Einstellung weiter. Eine humane Gesellschaft ist ja kein Zustand, den man einmal erreicht hat. Sie ist eine permanente Aufgabe, der sich alle Generationen stellen müssen.
15 Das gilt auch für uns hier in Regensburg. [...] Wir begehen den internationalen Holocaust-Gedenktag ja nicht hinter verschlossenen Türen. Wir haben uns hier in Stadtamhof versammelt. Am
20 Gedenkstein für die Opfer des KZ-Außenlagers.

Wir erinnern [...] daran, wie alles angefangen hat. Mit der Entrechtung der jüdischen Mitbürger, die nach der
25 Reichspogromnacht im November 1938 auf einem Schandmarsch durch die Stadt getrieben wurden, ein Zug, der nach dem Willen der Nazis den gedemütigten Menschen zu Spott und

30 Schande gereichen sollte; der aber ein Marsch der Schande für unsere Stadt und so Teil unserer Stadtgeschichte geworden ist.

Wir ziehen nachher zum Platz der
35 Synagoge, die niedergebrannt worden ist. Von dort aus haben die Transporte in die Vernichtungslager für unsere jüdischen Mitbürgerinnen und Mitbürger ihren Anfang genommen. Wir erinnern
40 uns an die Frauen und Kinder, die Männer, die alten Menschen und die Kranken, die der Todesmaschinerie überantwortet worden sind. Wir kennen ihre Namen. Wir haben Briefe von ihnen,
45 aus denen wir [...] erfahren, dass ihnen Schreckliches bevorstand.

Wenn ich von einer Todesmaschinerie spreche, dann heißt das nicht, dass da nur von oben herab ein teuflischer
50 Mechanismus in Gang gesetzt worden sei, ohne Menschen, die durch ihre Beteiligung Schuld auf sich geladen hätten. Im Gegenteil: Da gab es biedere Menschen, Mitbürger auch, die glaubten, ihre Pflicht tun zu müssen – Verwaltungsleute, Polizisten, Eisenbahner, SS-Angehörige. Sie stellten Kadavergehorsam über ihr Gewissen, ihre Pflicht zur Menschlichkeit, über die christlichen Gebote.

Es ist uns bewusst, dass es Schuld und Schuldige auch in unserer Stadt

gegeben hat und dass beinahe alle weggesehen haben, die meisten aus Angst,
65 nicht wenige aber aus Gleichgültigkeit oder gar aus antisemitischer Gesinnung. [...]

[Auch nach 1945] wollte man lange Zeit vom Holocaust nichts wissen. An-
70 fang der Siebzigerjahre fand am Landgericht Regensburg einer der großen NS-Verbrechensprozesse der Bundesrepublik statt. Das öffentliche Interesse war gering. Angeklagt waren Offiziere
75 des SS- und Polizeiregiments Russland Süd der Beihilfe an der Ermordung von 35 000 Juden. Das Einsatzkommando war auch beteiligt an der Tötung von 30 000 Juden in der Babi-Jar-Schlucht
80 bei Kiew. Der Kommandant war ein Regensburger aus gutbürgerlichem Hause.

[...] Schuld ist nicht vererbbar. Sehr wohl aber Verantwortung. Der müssen wir uns stellen. Indem wir uns erin-
85 nern, zeigen wir Bereitschaft, diese Verantwortung anzunehmen. Nur damit sind wir in der Lage, unseren Beitrag zu leisten, nicht erneut in eine Epoche der Unmenschlichkeit zu geraten. [...]
90 Deshalb können wir auf Gedenkstunden wie diese nicht verzichten [...]

www.regensburg-digital.de/wp-content/uploads/2012/01/Gedenktag-Nationalsozialismus-2012-gehalten-am-Gedenkstein-1.pdf (letzter Zugriff 23.09.2012).

Zum Umgang mit dem Material

Es empfiehlt sich, zunächst das Klausurmaterial unvoreingenommen zu sichten. Lesen Sie den Text einmal gründlich durch, um sich einen ersten thematischen und inhaltlichen Eindruck zu verschaffen. Dabei können Sie bereits erste Schlüsselbegriffe, Stichworte oder problematische Fachbegriffe markieren oder notieren. Sie verhindern so einen Tunnelblick, der Sie davon abhält, andere als in den Aufgabenstellungen enthaltene Aspekte zu bemerken, die Ihnen aber bei der Aktivierung Ihres Fachwissens bzw. der abschließenden Reflexion helfen können.

Die Aufgabenstellungen und Vorbereitung der Niederschrift

Eine angemessene Aufgabenbearbeitung hängt im Wesentlichen von der richtigen Kenntnis und Umsetzung der Operatoren ab. Die Leistungserwartungen finden Sie auf S. 146 f. Das bedeutet: Bereits im Vorfeld müssen Sie sich mit den Operatoren bspw. im Rahmen von Hausaufgaben auseinandersetzen.

Die Klausur gliedert sich in drei Anforderungsbereiche:
- quellenkritische Erfassung, inhaltliche Wiedergabe
- inhaltliche Einordnung, Erläuterung
- Deutung und Reflexion

Lesen Sie die Aufgabenstellungen ganz genau und machen Sie sich mittels Unterstreichung deutlich, was von Ihnen verlangt wird. Beachten Sie, dass eine Nachlässigkeit oder Flüchtigkeit, so die Nichtberücksichtigung eines Aufgabenteils wie „nach einer quellenkritischen Einführung" oder „unter Berücksichtigung des Materials/Ihrer Ergebnisse" frühzeitig das Ergebnis Ihrer Leistung schmälern wird. Machen Sie sich Notizen, die Sie als Grundlage für eine Gliederung nutzen können. Sorgen Sie dafür, dass Sie schon zu Beginn Ihrer Antwort wissen, wie das Fazit lauten wird: Ihr Gedankengang sollte den berühmten roten Faden enthalten, der Ihren Ausführungen Stabilität verleiht. Strukturieren Sie Ihren Gedankengang mittels Absätze in Sinnabschnitte, um die Verständlichkeit zu fördern. Spätere Einfügungen sind nicht an den Seitenrand, sondern fortlaufend nummeriert unten auf die Seite oder auf ein Extrablatt zu schreiben.

Quellenkritische Einleitung und inhaltliche Wiedergabe

Die erfolgreiche inhaltliche Erfassung bildet die Grundlage der weiteren Aufgaben. Nutzen Sie jede Ihnen zur Verfügung stehende Information zur genaueren Bestimmung des Materials: Wer ist der Verfasser, wie lautet der Titel des Textes, wo, wann und in welchem Kontext ist das Material entstanden/veröffentlicht worden, um was für Material handelt es sich, auf welche Kernbotschaft lässt sich der Inhalt zuspitzen? Es wird von Ihnen erwartet, die relevanten Aspekte korrekt wiederzugeben. Beachten Sie, dass hierzu nicht nur die sprachlichen Kompetenzen wie der korrekte Umgang mit der indirekten Sprache erwartet werden, sondern dass Sie die einzelnen inhaltlichen Aspekte auch sinnvoll strukturieren. Seien Sie sprachlich so präzise wie möglich: Schreiben Sie lieber „er betont/erinnert an" als „er sagt". Der Oberbürgermeister setzt sich als oberster Repräsentant seiner Stadt nicht nur mit der NS-Geschichte Regensburgs auseinander, sondern stellt sich auch der Frage nach Schuld und Verantwortung.

Zur Herausarbeitung

Wichtige Ansatzpunkte für das Textverständnis sind der Verfasser, das Erscheinungsjahr und die Quellengattung: Hierzu müssen Sie die Funktion der Rede im Rahmen einer öffentlichen Gedenkveranstaltung im Blick behalten, um die Ausführungen des Oberbürgermeisters über Schuld und Verantwortung Regensburger Bürger zutreffend zu erfassen. Achten Sie darauf, dass das Material der Bezugspunkt Ihrer Antwort ist. Behalten Sie hierbei im Blick, wie sich die öffentliche Auseinandersetzung mit den Verbrechen des Nationalsozialismus vollzieht bzw. bisher erfolgt ist. Zitate sind im Kontext Ihres Fachwissens argumentativ einzubinden bzw. zum Ausgangspunkt der von Ihnen darzustellenden Fachkenntnisse zu machen.

Zur Beurteilung

Das letzte Halbjahr bietet die Möglichkeiten, Vorkenntnisse aus dem letzten Semester einfließen zu lassen. In dieser Aufgabe gilt es zu beurteilen, in welcher Weise der institutionalisierte Holocaust-Gedenktag sinnstiftend für Identität und Erinnerung der bundesdeutschen Gesellschaft ist. Denken Sie daran, dass dieses Halbjahr unter dem Rahmenthema „Geschichts- und Erinnerungskultur" geführt wird. Führen Sie die im Unterricht erworbenen Fachkenntnisse argumentativ heran. Es bietet sich an, diese an dem vorliegenden Redeauszug zu überprüfen, da der Oberbürgermeister unmissverständliche Aussagen über das Geschichtsbewusstsein im Allgemeinen und das Sicherinnern am Beispiel der Stadt Regensburg macht. Arbeiten Sie also auch in dieser Aufgabe quellenorientiert. Achten Sie darauf, dass Sie Ihr Urteil in ein Fazit münden lassen.

Medien-Methodenkompetenzen im Überblick

Quellen

Textquellen

Textquellen sind eine Großgattung von Quellen. Es gibt eine Vielzahl unterschiedlicher Textquellenarten. Jede von ihnen legt über andere Dinge Zeugnis ab und muss unter diesem Gesichtspunkt betrachtet werden.

Zeitungen:
historische Momentaufnahmen eines ganzen Spektrums von Lebensbereichen (Politik bis Kleinanzeigen)

Zeitzeugenaussagen:
nachträglich „hergestellte" und zunächst mündliche Quelle aus subjektiver Erfahrungsperspektive, persönliche Erinnerungen oft mit späteren Kenntnissen und Erfahrungen gemischt und durch nachträgliche Änderungen und Rechtfertigungen beeinflusst

Analyseschritte

Beschreiben
→ Angaben zum Verfasser
→ Entstehung (Zeit, Ort, Zusammenhang)
→ Textsorte
→ Adressat(en)

Untersuchen
→ Thema
→ Aussage
→ Intention
→ sprachliche Gestaltung (Wortwahl, Satzbau, rhetorische Mittel)

Deuten und Bewerten
→ zentrale Information/Botschaft des Textes
→ Einordnen in den historischen Kontext
→ unter Beachtung von Perspektivität ein eigenes Sach- und Werturteil formulieren

Briefe:
subjektive Sicht auf Ereignisse und Personen, Gefühle und Befindlichkeiten des Verfassers

Flugblätter:
adressatenorientierte, komprimierte Darstellung von Überzeugungen und Zielen politischer oder konfessioneller Gruppierungen, Kritik an Gegnern

Gesichtspunkte für die Analyse (Beispiele)

Bildquellen

Bildquellen sind eine Großgattung von Quellen. Es gibt eine Vielzahl unterschiedlicher Bild-
quellenarten. Jede von ihnen legt über andere Dinge Zeugnis ab und muss unter diesem
Gesichtspunkt betrachtet werden.

Fotos:

vordergründig rein
technische Dokumen-
tation historischer
Realität, dennoch stark
beeinflusst durch Dar-
stellungsabsichten des
Fotografen und ggf.
Veröffentlichungskon-
text; private Fotografie
als wichtige Quelle zur
Alltagsgeschichte

Gemälde:

subjektive Sicht,
künstlerische Freiheiten
können stark verfremden,
bei Historienmalereien
erfährt man weniger
über das dargestellte
historische Faktum als
über die Vorstellungen
des Künstlers

Analyseschritte

Beschreiben

→ erster Eindruck
→ hervorstechende Elemente
→ bemerkenswerte Einzelheiten
→ Künstler/Urheber
→ Entstehung (Zeit, Ort, Zusammenhang)

Untersuchen

→ Thema
→ Bildgattung
→ dargestellte Personen, Ereignisse, Gegenstände
→ Bildaufbau
→ Perspektive
→ Figurendarstellung
→ Größenverhältnisse
→ Licht- und Farbwirkungen

Deuten und Bewerten

→ Gesamtaussage des Bildes
→ zeittypische Sichtweisen, Vorstellungen, Haltungen
→ eigenes Sach- und Werturteil

Plakate:

adressatenorientierte,
komprimierte Darstel-
lung von Überzeugungen
und Zielen politischer
oder konfessioneller
Gruppierungen, Kritik
an Gegnern, aber auch
zeittypische Produktwer-
bung in bildlicher und
grafischer Verdichtung

Karikaturen:

kritische und tenden-
ziöse Urteile über Per-
sonen und Ereignisse
der Zeit in Form von
Verfremdungen und
Anspielungen

Gesichtspunkte für die Analyse (Beispiele)

Darstellungen

Statistiken

Beschreiben	Untersuchen	Deuten und Bewerten
→ Thema → Zeitpunkt/Zeitraum → Größen/Einheiten → Art der Darstellung (absolute Zahlen, Prozentzahlen, Indexwerte)	→ Herkunft der Statistik → Besonderheiten und wichtige Veränderungen in den Zahlenangaben → ggf. Umrechnungen (Prozentzahlen, Indexwerte) → ggf. Übertragung in Diagramm-Darstellung	→ zentrale Aussagen über das Thema → Gründe für dargestellte Entwicklungen (historischer Kontext) → offene Fragen

Karten

Beschreiben	Untersuchen	Deuten und Bewerten
→ Thema → dargestellter Raum → Größen/Einheiten → dargestellte Zeit	→ Entnahme von Informationen im Hinblick auf Untersuchungsfrage → Berechnungen (z. B. Entfernungen, Flächen, Häufigkeiten)	→ Zusammenfassung zentraler Aussagen → Verknüpfung mit vorhandenen Kenntnissen → Probleme der Kartendarstellung

Sachtexte

Beschreiben	Untersuchen	Deuten und Bewerten
→ Verfasser → Thema → Aufbau	→ genaue Fragestellung → Argumentationsgang → Urteile → Belege und Begründungen → sprachliche Mittel	→ zentrale Aussagen → Plausibilität

Fernsehdokumentationen

Beschreiben	Untersuchen	Deuten und Bewerten
→ Thema/Fragestellung → Entstehung (Zeit, Ort, Zusammenhang)	→ verwendete Dokumente (Filmquellen, Bildquellen, Textquellen) → Zeitzeugenaussagen → Experten → Sprecherkommentar → nachgespielte Szenen → Ton/Musik	→ Deutung des historischen Geschehens → geschlossene Deutung oder Offenheit für weitere Deutungen

Spielfilme

Beschreiben
→ Thema
→ Entstehung (Zeit, Ort, Zusammenhang)
→ inhaltliche Akzentsetzungen
→ wichtige Personen
→ zentrale Szenen

Untersuchen
→ Darstellung der Hauptpersonen
→ filmische Mittel (Kameraführung,
  Ton/Musik, Licht)

Deuten und Bewerten
→ Deutung des historischen Geschehens
→ historische Genauigkeit
→ gegenwartsbezogene Botschaft

Internetseiten

Suchen
→ geeignete Schlagwörter
→ geeignete Seite, geeignetes Portal

Überprüfen
→ wichtige sachbezogene Informationen
→ Glaubwürdigkeit intern (Institution,
  Verfasser, Nachweise)
→ Glaubwürdigkeit extern (Vergleich
  unterschiedlicher Seiten, Vergleich
  mit anderen Informationsmedien)

Auswerten
→ Auswahl von Informationen
→ Einfügen in eigenes Konzept
→ Nachweis von zitierten oder para-
  phrasierten Passagen
→ Verwendung und Nachweis von Bil-
  dern oder anderen Visualisierungen

Ausstellungen

Beschreiben
→ Thema
→ Aufbau
→ wichtige Objekte

Untersuchen
→ Auswahl von Objekten
→ Präsentation von Objekten
→ Erläuterung von Objekten
→ Verbindung von Themenbereichen
  („roter Faden")
→ ergänzende Medien und Materialien

Deuten und Bewerten
→ Anregungspotenzial
→ Lernpotenzial
→ Konzept insgesamt

Operatoren und Anforderungsbereiche für das Lösen von Aufgaben

(Übernahme aus dem Kerncurriculum für das Gymnasium – gymnasiale Oberstufe, die Gesamtschule – gymnasiale Oberstufe, das Berufliche Gymnasium, das Abendgymnasium, das Kolleg Geschichte Niedersachsen, S. 40 f.)

Anforderungsbereich I

Operator	Beschreibung der zu erwartenden Leistung
beschreiben	strukturiert und fachsprachlich angemessen Materialien vorstellen und/oder Sachverhalte darlegen
gliedern	einen Raum, eine Zeit oder einen Sachverhalt nach selbst gewählten oder vorgegebenen Kriterien systematisierend ordnen
wiedergeben	Kenntnisse (Sachverhalte, Fachbegriffe, Daten, Fakten, Modelle) und/oder (Teil-)Aussagen mit eigenen Worten sprachlich distanziert, strukturiert und damit unkommentiert darstellen
zusammenfassen	Sachverhalte auf wesentliche Aspekte reduzieren und sprachlich distanziert, strukturiert und unkommentiert wiedergeben

Anforderungsbereich II

Operator	Beschreibung der zu erwartenden Leistung
analysieren	Materialien, Sachverhalte oder Räume kriterienorientiert oder aspektgeleitet erschließen und strukturiert darstellen
charakterisieren	Sachverhalte in ihren Eigenarten beschreiben, typische Merkmale kennzeichnen und diese dann gegebenenfalls unter einem oder mehreren bestimmten Gesichtspunkten zusammenführen
einordnen	begründet eine Position/ein Material zuordnen oder einen Sachverhalt begründet in einen Zusammenhang stellen
erklären	Sachverhalte so darstellen – gegebenenfalls mit Theorien und Modellen –, dass Bedingungen, Ursachen, Gesetzmäßigkeiten und/oder Funktionszusammenhänge verständlich werden
erläutern	Sachverhalte in ihren komplexen Beziehungen an Beispielen und/oder Theorien verdeutlichen (auf Grundlage von Kenntnissen bzw. Materialanalyse)
herausarbeiten	Materialien auf bestimmte, explizit nicht unbedingt genannte Sachverhalte hin untersuchen und Zusammenhänge zwischen den Sachverhalten herstellen
in Beziehung setzen	Zusammenhänge zwischen Materialien, Sachverhalten aspektgeleitet und kriterienorientiert herstellen und erläutern
nachweisen	Materialien auf Bekanntes hin untersuchen und belegen
vergleichen	Gemeinsamkeiten, Ähnlichkeiten und Unterschiede von Sachverhalten kriterienorientiert darlegen

Anforderungsbereich III

Operator	Beschreibung der zu erwartenden Leistung
beurteilen	den Stellenwert von Sachverhalten oder Prozessen in einem Zusammenhang überprüfen, um kriterienorientiert zu einem begründeten Sachurteil zu gelangen
entwickeln	zu einem Sachverhalt oder zu einer Problemstellung eine Einschätzung, ein konkretes Lösungsmodell, eine Gegenposition oder ein Lösungskonzept inhaltlich weiterführend und/oder zukunftsorientiert darlegen
erörtern	zu einer vorgegebenen Problemstellung eine reflektierte, abwägende Auseinandersetzung führen und zu einem begründeten Sach- und Werturteil kommen
interpretieren	Sinnzusammenhänge aus Quellen erschließen und eine begründete Stellungnahme abgeben, die auf einer Analyse, Erläuterung und Bewertung beruht
Stellung nehmen	Beurteilung mit zusätzlicher Reflexion individueller, sachbezogener und/oder politischer Wertmaßstäbe, die Pluralität gewährleisten und zu einem begründeten Werturteil führen
überprüfen	Inhalte, Sachverhalte, Vermutungen oder Hypothesen auf der Grundlage eigener Kenntnisse und mithilfe zusätzlicher Materialien auf ihre sachliche Richtigkeit bzw. auf ihre innere Logik hin untersuchen

Operatoren zur Perspektivenübernahme

Operator	Beschreibung der zu erwartenden Leistung
Tagebucheintrag	Gegenüber der Situationsbeschreibung steht die Kommentierung aus ganz persönlicher Sicht im Vordergrund. Sie äußern sich über ein Geschehnis, das Sie erlebt haben, über die Begegnung mit einer Person, die Sie beeindruckt hat, oder über Ihre persönliche Lage und Befindlichkeit.
Brief	Sie berichten einem Ihnen zumeist bekannten, vielleicht vertrauten Adressaten über ein Ereignis, einen Sachverhalt oder eine fremde Position und nehmen dazu Stellung. Der Adressat muss sowohl Ihre Wiedergabe als auch Ihre Beurteilung ohne weitere Informationen nachvollziehen können. In einem öffentlichen Brief nehmen Sie zu einer aktuellen Frage pointiert Stellung. In einem Leserbrief formulieren Sie aus persönlicher Perspektive und auf der Basis eigener Erfahrung Ihre Meinung zu einem Thema, über das in der betreffenden Zeitung berichtet worden ist oder das in der öffentlichen Diskussion steht.
Zeitungsartikel	Vor allem Leitartikel und Kommentar sind von Interesse. Hierbei handelt es sich um Meinungsartikel: Sie beurteilen ein Ereignis, einen Sachverhalt oder eine fremde Position; dabei richten Sie sich an ein weites Publikum, das Sie argumentativ und rhetorisch zu überzeugen versuchen. Besonderes Augenmerk müssen Sie auf die Formulierung von Schlagzeile, Dachzeile (zweite Überschrift unter der Schlagzeile) und Vorspann (kurzer, fett gesetzter Einleitungstext, der das Wesentliche knapp zusammenfasst) richten; hier werden die Deutungsrichtung und Wirkungsabsicht des Textes signalisiert.
Rede	Sie formulieren ein bestimmtes – politisch, sozial, über das Geschlecht begründetes – Interesse einer Person. Die Argumentation ist stärker zielgerichtet als beim Zeitungsartikel, der Einsatz der (auf den mündlichen Vortrag ausgerichteten) Rhetorik ausgeprägter. Sie sollten die Rede auch halten.
Flugblatt	Sie verdichten eine Position, eine Meinung auf wenige, eingängige Schlagwörter. Ein Flugblatt zielt auf öffentliche Wirksamkeit ab. Dazu gehört auch eine funktionale Gestaltung.
Plakat	Wie in einem Flugblatt, allerdings in einem größeren Format und in der Regel stärker bildorientiert. Es geht um die funktionale Verknüpfung von Text, Bild und Grafik, die der wirkungsvollen öffentlichen Vermittlung einer Botschaft dienen soll.
Interview	In Form des fingierten Interviews können historisch Handelnde, Beteiligte oder Augenzeugen in konzentrierter und leicht verständlicher Form Auskunft über ihre Beweggründe, Erlebnisse und Meinungen geben. Sie müssen dafür sowohl Fragen als auch Antworten entwerfen.
Reportage	Persönlich gefärbter Bericht, der auf eigenen Beobachtungen und Recherchen zu einem Thema beruht. Allgemeine Informationen werden mit konkreten Beispielen, Äußerungen von Handelnden oder Betroffenen und subjektiven Eindrücken verbunden. Dabei können Sie sehr gut auch Fotos einbeziehen.

Verzeichnis der Namen, Sachen und Begriffe

Verwendete Abkürzungen

A = Abbildung; amerikan. = amerikanisch; brit. = britisch; chin. = chinesisch; dt. = deutsch; engl. = englisch; fläm. = flämisch; franz. = französisch; geb. = geboren; hist. historisch; israel. = israelisch; ital. = italienisch; jüd. = jüdisch; kath. = katholisch; kuban.= kubanisch; mittelalt. = mittelalterlich; niedersächs. = niedersächsisch; poln. = polnisch; span. = spanisch; südamerik. = südamerikanisch; Ü = Übersicht; weißruss. = weißrussisch

Hinweise

→ Verweis auf ein anderes Stichwort

Bildquellenverzeichnis